ETF
全球投资
第一课

顾成琦 叶 桢 朱雪莹 汪 旭 ◎ 著

SPM 南方传媒 广东经济出版社

·广州·

图书在版编目（CIP）数据

ETF 全球投资第一课 / 顾成琦等著． -- 广州：
广东经济出版社，2024.12. -- ISBN 978-7-5454-9468-6
Ⅰ.F830.91
中国国家版本馆 CIP 数据核字第 2024W2F414 号

责任编辑：陈　晔
责任校对：张刘洋
责任技编：陆俊帆
封面设计：邵一峰

ETF 全球投资第一课
ETF QUANQIU TOUZI DI-YI KE

出 版 人：	刘卫平
出版发行：	广东经济出版社（广州市水荫路 11 号 11～12 楼）
印　　刷：	广东鹏腾宇文化创新有限公司
	（珠海市高新区唐家湾镇科技九路 88 号 10 栋）

开　　本：730 毫米×1020 毫米　1/16	印　　张：16.25
版　　次：2024 年 12 月第 1 版	印　　次：2024 年 12 月第 1 次
书　　号：ISBN 978-7-5454-9468-6	字　　数：275 千字
定　　价：68.00 元	

发行电话：（020）87393830
广东经济出版社常年法律顾问：胡志海律师
如发现印装质量问题，请与本社联系，本社负责调换。
版权所有·侵权必究

简　介

　　本书详细呈现了美国ETF发展史，系统性地介绍了美国ETF体系，并对每一个资产类别对应的主要ETF做了详细介绍，是目前国内少有的详细解读美国ETF的科普书籍。

　　在第一编中，本书以丰富的历史资料、专业的金融知识将美国ETF的发展历史以不同人物、机构的视角来呈现，在一个个故事中让读者理解美国ETF发展的方方面面。

　　在第二编中，本书从不同大类资产出发，深入浅出地介绍了ETF的运行机制，有哪些品种，差异是什么，让读者可以清晰了解、快速查询到主要ETF。

　　本书不仅是一本介绍美国ETF发展历程的专业书籍，也可以作为美国ETF查询的工具类书籍，无论对于专业的从业者还是普通的投资者，本书都很有价值。

ETF市场：美元资产的星辰大海

"Mikko、Mag7最近的相对表现过于强势了，你觉得做一下美股轮动，把一部分仓位从SPY切换到IWM怎么样？或者索性防御性地配置点SPYV？"

"如果美联储降息比市场预期更快的话，配置一点XBI会不会受益？通常生物科技会受益于降息。长端美债的TLT还能追吗？GLD能不能再看高一线？"

"最近Anything but China交易很火，你觉得我应该继续买入印度ETF、日本ETF或者沙特ETF吗？"

"'木头姐'的基金这一轮已经回调很多了，当刮彩票抄个底玩玩吧。"

"比特币ETF通过了，应该又会迎来一轮资金流入从而推升价格吧？"

很难想象，类似的对话已经悄无声息地渗透到我与各色各样的客户与投资者的日常交流中了。

对于中国市场的投资者而言，一旦克服了"将计价货币从人民币转向美元"的心理障碍，开始以美元本位思考自己的投资选择，那么他可能会很快重新发现投资的乐趣。

于我而言，在过去十五年的从业历程中，最令我感到心安的是一个稳定且有利于投资者获利的政策与流动性环境，以及不断涌现的优质投资标的，这意味着你可以稳定地获取收益。除此以外，在这个优良的生态环境下，丰富的产品与工具会让你感到如鱼得水，ETF市场让每一个全球市场投资者都感到如鱼得水。

一个有趣的现象是，无论是对于市场中的老手还是新手，交易员还是研究员，ETF似乎可以做到把不同的投资群体"拉平"到同一个维度。或许每个人的投资理念、方法、策略、偏好以及习惯各不相同，但这并不妨碍大家最终都需要寻找某一个标的作为载体来表达自身的想法，ETF作为产品容纳了他们的共识。

当你想要配置股票的时候，ETF可以帮助你快速地表达你的区域偏好、行业偏好、市值偏好以及风险偏好；当你想要配置债券的时候，ETF甚至可以让你表达期限偏好，股票投资者学会了"上久期"。如果你是极端的风险追逐者，杠杆ETF也提供了更强的波动体验——ETF的便利性大幅降低了你的一系列学习成本和流程成本，推动你快速地上手不同类型的资产，解锁更为丰富的投资体验。我最近甚至已经开始关注市政债和信用债的ETF，而之前对这些品类提不起丝毫兴趣。

在阅读《ETF全球投资第一课》以前，我对ETF的了解仅限于三大资管公司的一些轶事。该书作者从ETF展开，梳理了整个ETF行业的发展轨迹。

让我感到最为有趣的是，指数基金之父博格虽然看准了指数基金的发展趋势，但却没能乘上ETF的浪潮。他认为ETF诱导投资者进行频繁交易，违背了低成本、长期持有的投资原则。

该书第一编从诸多行业巨头的视角出发，提供了许多有趣的行业细节。资管巨头虽然规模都很大，但其经营哲学却大相径庭：贝莱德注重为客户提供多样化的投资工具，满足各种交易需求；先锋集团则专注于低成本、长期持有的指数基金，坚持被动投资的原则。这同样表现在它们对新兴行业的看法上，比如对于数字货币，贝莱德积极申请并推广比特币现货ETF，认为这是新的市场机遇；而先锋集团明确表示不会推出比特币ETF，也不会在其平台上提供相关产品。

此外，疫情后"木头姐"的轶事以及对指数市场的剖析等，同样是我之前未曾涉及的。而有关主被动管理型基金之争以及债券ETF的"风险"特征，实际上在近几年也颇受研究者的关注。本质上，ETF市场也体现出了美元资产市场常见的"集中度"特征。集中度就像一枚硬币，硬币的正面是"抱团取暖"行为带来的稳定性和安全性，硬币的背面则是抱团瓦解的系统性风险或"类明斯基时刻"。这是ETF市场的弱点，但同时也是它强势的原因。

第二编会成为你迈向美元资产的重要指引。如果你一直在犹豫是否要尝试"全球大类资产配置"，那么这一编丰富的关于ETF的介绍足以帮助你上手。

智堡创始人　朱　尘
2024年9月

目　录

第一编　ETF的崛起——一场万亿资本争夺战 / 1

第一章　博格是谁？ / 2

第二章　ETF：披着羊皮的狼？ / 6

第三章　贝莱德——资管之王，一战定乾坤 / 12

第四章　网红的力量！ / 17

第五章　结构化ETF——主动防御 / 23

第六章　双雄争霸——道与术之争！ / 27

第七章　八仙过海——谁来分剩下这杯羹？ / 32

第八章　债券ETF：再打一次脸 / 36

第九章　隐形冠军——华尔街最不知名的大佬 / 41

第十章　三大指数——"真世界之王" / 47

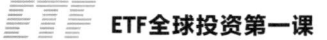

第二编　一键配置世界——美国ETF入门 / 51

第一章　美国股票 ETF / 52

第一节　美股三大股指ETF：一切的开始 / 52
第二节　美股宽基ETF：不只有三大指数 / 62
第三节　智慧贝塔ETF：真的智慧吗？ / 72
第四节　智慧贝塔ETF：成长与价值——一生之敌 / 77
第五节　智慧贝塔ETF：红利如何选？ / 85
第六节　智慧贝塔ETF：动量、低波与高贝塔——"后视镜"掘金 / 89
第七节　智慧贝塔ETF：多因子策略，"鸡蛋不放在同一个篮子里" / 96
第八节　美股板块与主题ETF：弱水三千，只取一瓢 / 102
第九节　结构化ETF：为了降低风险，你愿意放弃多少收益？ / 131

第二章　全球股票ETF / 142

第一节　全球股指ETF：一键配置全球 / 142
第二节　中国股指ETF：海外配置中国 / 152

第三章　美国固收ETF / 159

第一节　美国全债ETF：一键买入万支债券 / 159
第二节　美国超短债ETF：货基plus / 164
第三节　美国国债ETF：债券主战场 / 168
第四节　MBS和市政债ETF：美版房贷和城投 / 179
第五节　美国公司债ETF：要低风险还是高回报？ / 183

第四章　全球债券ETF：最被忽视的重要资产　/ 193

第一节　全球债券ETF / 194

第二节　全球非美元债券ETF / 195

第三节　全球非美元国债ETF / 196

第四节　新兴市场债券ETF / 196

第五章　大宗商品类ETF　/ 199

第一节　原油ETF：你以为买的是油价 / 199

第二节　黄金ETF：真的拥有黄金吗？/ 208

第三节　商品类ETF：从机构专属到人人可投 / 216

第六章　比特币ETF："数字黄金"还是"数字郁金香"？　/ 232

第一节　比特币ETF：数字版黄金ETF？/ 233

第二节　价格大战，还没上市就已开打 / 235

第三节　比特币期货ETF：沦为时代的眼泪？/ 236

第四节　另一种选择：比特币或其他加密货币股票ETF / 237

第七章　货币ETF：全球投资汇率对冲利器　/ 240

第一节　货币ETF的主要类别 / 240

第二节　货币ETF主要产品 / 241

后记　/ 245

第一编

ETF的崛起——一场万亿资本争夺战

第一章　博格是谁？

一直到生命的最后时刻，博格（Jack Bogle）仍然不相信，自己奋斗了一辈子的事业，在最辉煌的时刻被逆袭了。

大部分人对于博格这个名字可能感到很陌生，但放眼整个美国金融史，博格也是可以排上号的大人物。

巴菲特在2017年3月的年度致股东信中写道：

"如果要树立一座雕像，用来纪念为美国投资者做出最大贡献的人，那么毫无疑问应该选择杰克·博格。博格早年经常受到投资管理行业的嘲笑。然而，今天，他很满意地知道，他帮助了数百万投资者，使他们的储蓄获得了远比他们本来能赚到的更好的回报。他是他们和我的英雄。"

2006年博格与巴菲特、格雷厄姆、索罗斯等人被《纽约时报》评为全球十大顶尖基金经理人，博格排名第7，但博格个人却从不以投资业绩见长。

那么，博格究竟是谁？

他一手创建的先锋集团（Vanguard）掌管着数万亿美元资产，在全球仅次于贝莱德；但到2019年去世的时候，博格可能都算不上亿万富豪，这与同档次的华尔街大佬差距巨大。

博格是美国基金业的"传奇"，他的整个职业生涯见证了基金业的大发展。他赢得了全行业的尊重，却被自己全心经营的两家公司"扫地出门"。

早在他的大学毕业论文里，博格就研究起了尚在发展初期的美国公募基金业，他毕业后的第一份工作也选择了当时美国排名第四的威灵顿资管公司（Wellington Management Company），一做就做了23年，一直做到了CEO。

在1951年的那篇毕业论文里，他敏锐地指出，基金很难跑赢代表市场整体的指数，而成本对于投资者的收益至关重要。这两点几乎构成了此后指数基金崛起的核心逻辑，回过头看，博格的认知领先了整个行业近30年。

但博格无法改变当时的大环境。

整个20世纪60年代,美股投机盛行,一直秉承偏保守中性策略的威灵顿面临收益压力。时任CEO的博格只能顺应环境,费尽心思挑选了一家此前有优异投资业绩的公司合作,希望通过外部的协助来提升回报。

然而,1973—1974年,美股遭遇了多年未见的大熊市,此前大赚的投资策略被暴击,威灵顿旗下的基金大跌,投资者损失惨重。

外患之下,博格还遇到了内忧。威灵顿董事会在此刻发难,罢免了他在母公司的CEO职位,他第一次被"扫地出门"。

博格没有屈服,一番斗争后,他保住了威灵顿旗下基金公司的CEO职位,将其改组为日后的先锋集团。

面对精心挑选的投资策略惨败的教训,以及威灵顿母公司董事会的各种刁难限制,博格和初生的先锋集团处境艰难,要回答一个关于生存的问题:凭什么生存下去?

在这场熊市中,麦基尔(Burton G. Malkiel)的著作《漫步华尔街》出版,书中记录了这样一个著名实验:将一只猴子的双眼蒙上后,让它向报纸的金融版掷飞镖,飞镖扎中的投资组合,和那些专家小心谨慎选择的投资组合相比,盈利性一样好。

这个实验生动地说明了主动管理型基金并没有创造超额收益的能力。

1974年,诺贝尔经济学奖得主保罗·萨缪尔森(Paul Samuelson)在《投资组合管理杂志》创刊号上发表了一篇名为《对判断的挑战》(*Challenge to Judgment*)的论文,质疑通过自由裁量的证券分析和投资组合决策能够长期超越市场平均水平的观点。

在先锋艰难的初创时期,萨缪尔森的论文一下子击中了博格,他想起了自己的那篇毕业论文。

对啊,其实答案早就在那儿了:低成本的指数基金!别再选"猴子扔飞镖"了,直接复制指数!

博格找到了正确的道路!但如何做才能极致地压低成本?

博格做了决策:

投机型产品?不做!只做保守的产品。

昂贵的基金经理薪酬？省了！

营销费用？砍！不做广告，不给投资顾问销售佣金。

机构自身要赚钱？博格干脆把最后这一刀砍向了自己。

先锋设计了一个"极其奇葩"的所有权结构：先锋不是由私人所有者或股东拥有，而是完全归其基金和基金的投资者所有。这种结构意味着，先锋集团实际上是由其旗下的各个基金拥有，而这些基金的所有者就是投资这些基金的投资者。

这种结构的好处之一就是，没有外部股东寻求利润最大化，先锋能够将其操作成本降至最低，并将这些节省下来的成本以更低的费率传递给投资者。

博格解释说："我们的结构和策略非常自然，你想要低成本，就不会想要销售费用。你想要把股东利益放在首位，就不会想要投放昂贵的、误导性的广告，广告只会给投资顾问带来好处。如果基金规模因为广告增加，投资顾问就能得到额外的利润，我们不是那种公司，我们通过经营来节约成本，所以我们的销售纪律也遵从这一原则。"

换句话说，连我自己都不想着赚钱了，谁还能比我成本更低？这简直让华尔街都抓狂了，不赚钱，你图啥？

博格和先锋的这场变革不只是"离经叛道"，更是对全行业的宣战！

1976年，先锋集团推出了全球历史上第一支指数基金，也就是后来大名鼎鼎的先锋500指数基金（Vanguard 500 index fund）。

当时业界普遍认为，主动管理是实现投资增值的唯一途径，许多人对这只基金的前景持怀疑态度，甚至称其为"博格的愚蠢"（Bogle's folly）。

尽管美国股市已经走出1973—1974年的大熊市，但先锋旗下的基金连续40个月遭遇净赎回，直到1978年1月才出现转机。后来，博格把这段持续6年8个月的资产缩水时期称作先锋历史上的"黑暗时期"，那时新投资者的申购量远远不及老持有人的赎回额。据事后统计，这段时期基金净赎回9.3亿美元，相当于"黑暗时期"开始前基金资产的36%。

先锋500指数基金开局难度拉满，发行时只募集到了目标金额的5%，即1130万美元，可谓惨不忍睹。直到1984年，富国银行才发行了美国的第二支指数基金，其间先锋500指数基金平均每年流入的资金也不过1600万美元。

如此艰难的局面，博格扛住了。他对先锋"极致纯粹的低成本指数基金"策略充满信心，相信这真的是未来的方向。

改变市场看法所需的时间是如此漫长，直到20世纪90年代，市场的走势才验证了博格的理念：主动管理型基金很难战胜低成本的被动管理的指数基金。

此后，被动型基金规模开始激增。据晨星的统计，到2023年，被动管理型基金资产管理规模正式超越了主动管理型基金。

从1976年到2023年，整整47年，时间证明：博格看对了，先锋做对了！

博格在2017年的演讲中感慨：

"我从没想过要创造一个巨无霸……我只想让将毕生积蓄托付给我们的人得到他们可以得到的回报，让他们用最低的成本得到最高水准的服务。

"我太过愚蠢，没意识到，我们仅仅因为合理地向投资者分配我们在股市或债市中的收益，就会成为巨无霸。"

博格开启了指数基金时代，彻底改变了普通人管理自己财富的方式。

指数基金对于投资者的价值有多大？有一种说法是：指数基金是金融业继ATM之后对社会最有用的创新。

第二章　ETF：披着羊皮的狼？

1989年，博格和他的先锋集团已经度过了最黑暗的时光，指数基金开始走上了爆发式发展的康庄大道。

就在这一年，博格在办公室招待了一位来访的客人——美国证券交易所（AMEX）的内森·莫斯特（Nathan Most）。莫斯特此行是为了说服博格，让他接受以先锋500指数基金为标的，在AMEX上市一种叫ETF（exchange traded fund，交易所交易基金）的全新产品，让投资者可以像买卖股票一样在交易所买卖基金。

莫斯特时任AMEX产品研发副总裁，他开发ETF的最大动力是：KPI压力太大。

莫斯特并非典型的华尔街人，他曾是一名物理学家，职业生涯的大部分时间都在大宗商品贸易圈度过。1974年，他转行进入投资领域，先后担任太平洋商品交易所总裁和美国商品期货交易委员会（CFTC）主席助理。1977年，他加入AMEX，为旗下拥有多个商品交易所的AMEX设计新的金融产品。

到1988年2月，AMEX的日子已经很难过了，利润逐年下滑。在纽交所和纳斯达克的激烈竞争中，AMEX的股票业务江河日下，陷入困境。莫斯特发现，自己使尽浑身解数成为上市企业高管，最终却只能看着这些公司去纳斯达克上市。

莫斯特受够了，这样下去不行，必须寻找新的可交易产品。

1987年，美股发生了历史上著名的"黑色星期一"股灾，4个月后，美国证券交易委员会（SEC）做了一份报告剖析股灾的成因。

报告指出，罪魁祸首是投资组合保险和程序交易。许多机构投资者已经开始使用投资组合保险，这种策略涉及在市场下跌一定百分比时出售股指期货，从而使他们能够对冲所积累的大量股票头寸。当股票在"黑色星期一"开始下跌时，机构开始出售这些期货，却发现突然涌入的卖家数量大大压倒了那些愿意购买的人数。这迫使期货以相当于其所代表的股票组合的折扣价进行交易，从而引发程序交易者通过自动卖出指令进入市场，卖出指数期货所代表的股票。混乱随之而来。期货市场的抛售和波动实质上已传导至个股，加剧了恐慌情绪，加剧了抛售。

这份报告写到，美国证券交易委员会建议"研究一种替代方法"，并假设如果资本充足的机构和补充做市商可以转向单一"产品"来交易一揽子股票，那么市场损害和波动性可能会减小。事实上，这样的产品甚至可能通过在期货市场和个股之间提供流动性缓冲来防止崩盘（图1-2-1）。

图1-2-1　SEC关于"黑色星期一"股灾原因的分析报告

读到这份报告的莫斯特意识到："机会来了！"此前大宗商品贸易的经验让他想到了一个全新的产品——ETF。

ETF最初的设想来自莫斯特早年的大宗商品贸易经历。他把ETF想象成存放在仓库里的大宗商品。仓库向货主出具存单，而货主可以交易其中一部分仓单，买家也可以持有这些仓单。ETF可以将持有的证券存入对应的托管机构，获得对应可以拆分成很多份的"收据"，在交易所交易。

ETF的概念如何应用到股市？莫斯特立刻想到了此时已经崭露头角的指数

基金开创者博格。

然而，博格不觉得这是个好主意，他不喜欢投资者资金频繁进出他的基金，因为这将大幅增加运营成本。

博格不想与交易有任何关系，"厌恶全天实时交易的想法"。他认为这是华尔街"割散户韭菜"的机制。对于博格来说，考虑投资者资金进出基金的费用后，交易是一场负和游戏。总体而言，交易越多，投资者的损失就越多。他认为ETF反而刺激了交易，整个ETF行业的"最大受益者"是"华尔街的镰刀们"，包括投资顾问、经纪商、做市商，以及莫斯特所代表的交易所等机构。

在博格看来，指数基金不需要日内流动性和定价，ETF只会徒增成本并诱导投资者（尤其是散户）交易，这与低成本长期持有的理念是格格不入的。

虽然被博格拒绝了，但这对莫斯特并没有太大影响，因为他被拒绝的次数太多了。刚设计出ETF的时候，他就被AMEX的合规部门警告，SEC不可能批准这种创新。莫斯特花了近3年才说服AMEX投资ETF业务，又花了3年才让SEC批准这一新产品，到他坐在博格办公室里的时候，莫斯特已经78岁了。

不过，与博格的交流让莫斯特对ETF结构有了新的想法，对ETF结构加入了全新的设计：

指定专业的机构作为"授权参与方（authorized participants，AP）"与ETF发行商用实物互换，参与ETF的发行、份额的增减。

AP的工作是在市场上购买某支ETF想要持有的证券。例如，对于一支追踪标普500指数的ETF，AP需要按标普500指数的权重去购买这支ETF的成分股，并将这些股票交给该ETF的发行商。作为交换，ETF发行商给AP同等价值的ETF份额，这些份额被称为申赎单位。为了避免散户参与，ETF只能大批量创建，这也能降低成本。而散户只能在二级市场交易ETF。

用一篮子股票交换ETF份额的机制，让套利成为可能，这成了之后很多量化基金的重要利润来源，进而出现了简街（Jane Street）这样的"隐形巨头"，此乃后话。

先锋不愿参与，莫斯特转头说服了道富银行（State Street）共同参与。在历经各种艰难险阻后，1993年1月22日，美国第一支ETF在AMEX上市。

莫斯特给这支ETF起名为Standard & Poor's Depositary Receipts

（SPDR），场内股票代码为SPY。这个名字的创意也来自仓库存单。SPY的费率为0.20%，与先锋500指数基金一样低。

在首发的那天，因为SPDR与spider（蜘蛛）拼写近似，AMEX在位于纽约三一广场86号的交易所大楼天花板上悬挂了一只九英尺长的巨大充气蜘蛛。

上市第一天，SPY交易了100万股——相当成功。但新鲜感和炒作很快就消退了，SPY的交易量开始越来越少。到6月中旬，成交量已缩减至18000股。当SPY的管理资产规模从1994年的4.61亿美元下滑至1995年的4.19亿美元时，就连道富银行也开始产生疑虑。究其原因，SPY碰到的问题与先锋的指数基金是一样的，因为不给任何销售佣金，没有经纪商愿意推广这一产品。

幸好，道富银行和AMEX没有放弃，投资者很快发现了SPY的真正价值。

SPY开启了一个属于ETF的时代，SPY成了全球最著名也是规模最大的ETF，成为交易最为频繁的证券，其成交量远超最热门的股票。ETF的成功也拯救了AMEX，而道富银行也因此进入庞大的资管行业的前三名。

ETF取得的成就之大甚至连最早的参与者和SEC都没想到。

从资产规模看，自20世纪90年代开始，ETF与指数基金规模双双激增，尤其是在2000年、2008年和2020年三次金融市场大型危机后，被动投资的优势愈发得到市场认可，到2023年被动投资基金资产规模已经超过了主动投资基金。其中，ETF规模增速甚至更快，占了过半的被动投资规模。

从交易影响看，ETF影响力更加显著。到2023年底，美股ETF成交量已经占到整个美国股市成交量的30%。ETF的交易影响之大甚至引发SEC新的担忧：起初是希望ETF能平滑市场波动，如今ETF是否成了新的隐患？

而对于博格，错过SPY，他或许从不后悔，在之后的二十年里，他不断地公开抨击ETF：传统指数基金的原则受到了"披着羊皮的狼——ETF"的挑战。

他指出，所有ETF里面只有不到40%的比例是跟踪更广泛的指数基金，其他都是类似smart beta或者杠杆类的更投机、多元化程度较低的资产。

他说散户是先锋500指数基金的最大持有者，而银行等金融机构是SPY的最大持有者。

博格始终觉得，ETF"诱惑"了本该选择传统指数基金的投资者。他一直四处奔走，不断表达。

然而，博格似乎碰到了一堵"软墙"，尽管媒体喜欢他，业内尊敬他，人们尊他为"指数基金之父"，他似乎成了行业的祖师爷，被大家供了起来，但没人把他的话当回事。讽刺的是，甚至很多人把他看作ETF的支持者。

同样让博格很难理解的是，为何没有其他机构复制先锋的结构，毕竟先锋是如此成功。

道理或许很简单：不赚钱的事，华尔街会愿意做吗？

对于博格，更大的挑战还在后面，来自先锋的内部。

到了20世纪90年代，博格的身体出现了问题。

他至少发作了六次心脏病，当时博格在房间里慢慢走动都会变得气喘吁吁。到1996年初，博格不得不把CEO职位让给"二把手"布伦南(John J. Brennan)，去接受心脏移植手术。

博格早在1982年就聘用了布伦南，十几年间，他们的合作关系非常融洽。但是，当博格完成心脏移植、重新振作精神回归时，事情发生了变化。博格的头衔变成了"高级主席"。他发现自己不认同布伦南的一些决定。

为了跟上市场的潮流，布伦南推动先锋集团发行一些投资范围更狭窄的行业指数基金，甚至转而通过投资顾问销售基金。这些都与博格的初心格格不入。

到了1999年，两人关系愈发紧张，一番"内斗"后，博格输了，遭遇了自己职业生涯中第二次"扫地出门"。

名义上，博格到了70岁退休年龄，被"请出"先锋的董事会。在博格的斗争下，先锋专门成立了博格金融市场研究中心。有了这样一个小型研究所，博格得以保留一个平台继续发声，宣扬自己的投资理念。

但博格对先锋的影响力已经逐步消退。

在博格离开后不久，2001年5月，先锋第一支ETF发行，就是大名鼎鼎的先锋总体股票市场ETF（Vanguard Total Stock Market ETF），交易代码为VTI。此后，先锋的ETF发行规模迅速扩大。截至2023年底，先锋的ETF资产规模仅次于贝莱德，位列全球第二。

但与其他资管巨头不同的是，流入先锋的资金有一半以上流向VOO（即先锋标普500ETF）、VTI和BND（先锋总体债券ETF）这三支宽基基金，秉承了博格低成本宽基指数的理念。

莫斯特更早预见到后面会发生什么，他预言ETF这种结构有更大的普适性，未来不只是股票，还有债券、商品等更多资产会纳入ETF。很快，莫斯特的预言迅速成为现实。

1998年底，道富环球推出的Sector SPDRs系列ETF将标普500指数按行业进行划分，为投资者提供了针对美国各细分经济领域的投资机会。

2002年，iShares公司推出了第一批四支债券ETF——SHY、IEF、TLT和LQD，分别追踪1~3年期、7~10年期、20年期以上美国国债指数和美国投资级公司债券指数。

2004年，第一只商品类ETF——GLD上市，提供了对实物黄金的风险敞口，该ETF也是如今最受欢迎的商品类ETF之一（图1-2-2）。

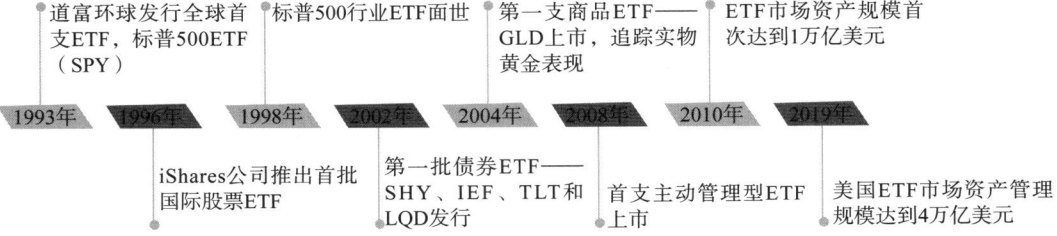

图1-2-2 美国ETF市场发展重要里程碑（国信证券经济研究所整理）

博格对此表达了严重的鄙视，还有什么比低成本的宽基指数能获得更大的beta？他认为这又是华尔街为了赚钱发明的新工具。

第三章　贝莱德——资管之王，一战定乾坤

2009年4月，金融危机的阴霾笼罩整个金融市场。雷曼兄弟在前一年破产，让投资者目瞪口呆，扯下了金融巨头们看似"大而不能倒"的外衣。金融市场草木皆兵，每家欧美大银行都需要向市场证明自己有足够的资本度过危机。

此时，英国老牌银行巨头巴克莱银行很郁闷，因为自己刚刚干了件大傻事。因为没有处在次贷危机爆发地，巴克莱此前还想"趁火打劫"一把，于是在雷曼破产后收购了雷曼部分美国资产。但到了2009年，局势急转直下，危机迅速蔓延到了欧洲，巴克莱发现这笔交易正在把自己拖下水，轮到它必须向市场证明不需要英国政府救助。

巴克莱不得不出售资产来换取流动性，而巴克莱手上最好卖的资产是其资产管理公司BGI（Barclays Global Investors），BGI旗下有着正在飞速发展的ETF部门——iShares。

早在1996年，摩根士丹利和BGI合作率先开发了一系列世界股票基准系列(WEBS) ETF，最早布局全球指数。仅仅四年后，摩根士丹利将该业务出售给了BGI，BGI将其重新命名为iShares。此后BGI通过一系列收购行为，将iShares打造成了欧洲乃至全球领先的ETF发行商。

到2009年的时候，BGI管理着大约1.5万亿美元资产，其中绝大部分是场外指数基金。此外，飞速发展的iShares管理着近3000亿美元ETF资产，占据着美国ETF市场的半壁江山。

巴克莱很"缺钱"，但此刻金融市场上几乎每个人都缺钱。各大金融巨头自保都来不及，身上都挂着央行"流动性"输液任务，BGI要找个出得起钱的买家很难。着急的巴克莱只能接受此刻欧洲唯一有足够资金实力的PE基金CVC的要约报价——44亿美元单独出售iShares。但巴克莱留了个心眼，在协议中加

了一项为期45天的"go-shop"条款，该条款允许巴克莱寻找其他可能出更高价格的买家。

贝莱德此刻入场了。

对于iShares，贝莱德CEO拉里·芬克（Larry Fink）觊觎已久。早在2004年，贝莱德就曾尝试收购BGI。

这一次，芬克势在必得，他知道这是个千载难逢的机会。

此时的贝莱德是市场的新锐势力。凭借2004年开始的一系列并购，贝莱德飞速蹿升，覆盖的资产范围也从起家时的固定收益扩大到权益等领域，成为华尔街的资管巨头。到2009年的时候，贝莱德管理的资产规模在1.5万亿美元左右，体量已与BGI相当。

凭借业界最顶尖的风控系统，贝莱德在危机发生之前就大幅降低了MBS（抵押支持证券）持仓，从这场席卷全市场的危机中早早全身而退。芬克会定期与全球各国的要员碰面交流，在2009年初，他意识到各国政府会采取一切手段应对这场金融危机。如今这风雨飘摇之际，反而是抄底的最佳时机，而贝莱德是市场上少数有能力出手的机构。

芬克决定赌一把，他开出了一个惊人的价格：135亿美元（66亿美元现金加上19.9%的贝莱德股份），整个拿下BGI！

这一价格不仅远高于CVC的出价，也高于市场对于BGI的估值，巴克莱的高管们难以拒绝。不仅是因为1996年巴克莱仅仅花了5亿美元收购BGI，更重要的是这还给巴克莱带来了救命的现金。

最终，交易在2009年12月完成交割，其间伴随贝莱德股价的回暖，贝莱德付出的实际交易对价已经升至152亿美元。

所有人都觉得贝莱德冒了巨大的风险，除了芬克。

对于风险的把握，芬克曾吃过"刻骨铭心"的亏。

1976年，从加州大学洛杉矶分校安德森商学院MBA毕业后，芬克与众多名校毕业生一样向往去华尔街赚钱。但芬克没能通过高盛最后一轮面试，最终去了老牌投行第一波士顿（First Boston），他被安排到债券交易部门，从事抵押支持证券的交易。

芬克很快成了这个市场最好的交易员之一，他31岁成为第一波士顿史上最年轻的董事总经理（MD），还是公司管理委员会最年轻的委员。

那时的芬克自信到狂妄，他在之后一次演讲中提到：我和我的团队感觉就像摇滚明星。管理层很爱我们，我有望成为公司的首席执行官。

1986年风云突变，利率突然下降，芬克的团队巨亏1亿美元，原先的风控措施都没有奏效。尽管在此前的十年里，芬克为公司赚了很多钱，但这次的巨亏让芬克彻底失去了成为"王储"的可能，他最终在1988年离职。

惨痛的教训成为芬克新的起点，他召集一群华尔街顶尖债券交易员和分析师，决定创建一家以现代技术和更健全的风险管理为基础的新债券投资公司。

芬克创业最初的资金来自黑石（Blackstone），所以公司最初的名字叫Blackstone Financial Management（BFM），此后双方由于种种因素分道扬镳，芬克最终将公司名字改为贝莱德（BlackRock），也有向黑石致敬之意。

靠着芬克在市场多年积攒的声誉和人脉，又恰逢债券市场大踏步发展，贝莱德起步非常顺利，在成立六年后，公司管理资产的规模就达到约230亿美元。

芬克一直记着在第一波士顿的那场巨亏。1999年，他推动建立了一个全方位的风险监控技术系统［Asset, Liability, Debt and Derivative Investment Network，简称阿拉丁（ALADDIN）系统］。通过先进的技术系统，对金融证券建模，监控投资组合风险，这在当时的华尔街是前所未有的。

贝莱德此后一直将以阿拉丁系统为代表的交易风控技术能力作为公司的核心竞争力，在丰富的市场研究和持续技术投入下，阿拉丁系统的强大能力在业界享有盛誉。阿拉丁系统的对外输出甚至成了贝莱德一项特色业务，全球众多国家的政府、主权基金、养老基金、金融机构等都依赖该系统来评估金融市场、投资组合风险。

阿拉丁系统不仅给贝莱德带来了不菲的服务收入，还带来了非同一般的"资源和权力"。2008年金融危机期间，美国政府需要处置贝尔斯登、美国国际集团（AIG）和花旗集团的不良资产。如何辨别、评估和处置如此巨量的资产？贝莱德成了美联储最重要的帮手。2020年新冠肺炎疫情暴发，贝莱德再次被美联储委以重任，代表纽约联储开展救市操作，购买投资级公司债以及部分抵押支持证券（MBS）。

2009年4月，此时的芬克可以说是对金融市场状况和监管层思路最了解的人了。贝莱德还有个特殊的优势：BGI同样使用了阿拉丁系统，所以对于BGI的资产组合究竟价值几何，芬克"知根知底"。

市场对于这笔交易的质疑主要集中在两点：

（1）两家巨头体量相当，贝莱德一直深耕主动管理，而BGI则以被动投资闻名，如此巨大的文化差异，并购会面临巨大的整合挑战。

（2）包括ETF在内的指数基金是"低利润率"业务，会拖累贝莱德的整体业绩。

芬克毫不担心整合问题，基于阿拉丁系统的一站式资产管理平台是贝莱德的核心愿景，芬克在合并后做的第一件事就是技术平台对接，强大的系统能够让BGI的资产顺利融入整个贝莱德体系。面对文化差异，芬克的态度是强硬整合。在合并的三年内，绝大部分BGI管理团队成员最终离职，但最终贝莱德顺利地"吞下"BGI。

芬克敢于对BGI下重注，iShares才是真正的原因。

当市场认为ETF利润偏低的时候，芬克看到的是ETF的巨大潜力。

贝莱德很早就意识到机构客户对于全套投资组合解决方案的需求。通过输出阿拉丁系统，贝莱德已占据了机构客户的交易台，还需要配上全体系的产品和量化交易策略，而透明且低成本的ETF是其中的关键部分。

早在2007年，贝莱德内部就制定了战略要进军ETF，但内部结论是除非通过收购，否则很难取得大的进展。

2009年底收购BGI后，贝莱德补上了最后的短板，而且收购时机简直不能再好了。

当美联储启动量化宽松（QE）货币政策，全球最大的印钞机全力开动的时候，一切都变了。市场开始飙升，大部分基金经理跑不赢指数，而主动管理型基金的费率又远高于ETF。投资者们"用脚投票"，纷纷涌向ETF。

在接下来的整整十年里，ETF高歌猛进。凭借iShares的领先地位，贝莱德成为行业主导者。

2019年，贝莱德的被动管理资产规模达到4.44万亿美元，其中iShares旗下的ETF资产接近2万亿美元，而2009年这两个数据分别是1.64万亿美元和3000亿美元（图1-3-1）。

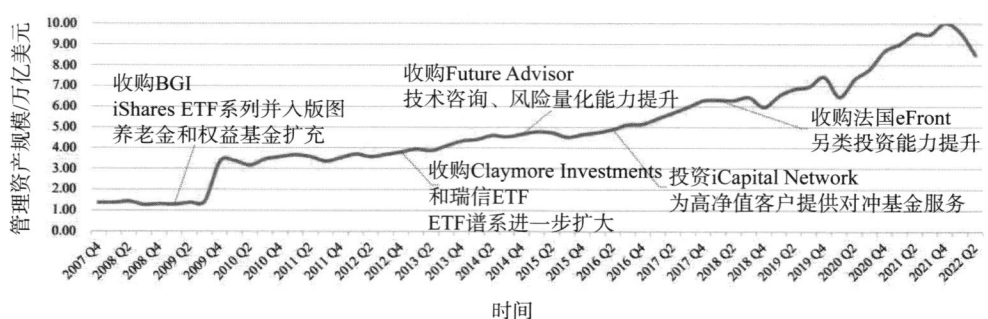

图1-3-1　贝莱德资产管理规模变化趋势

（数据来源：Bloomberg，中信建投）

当ETF狂潮袭来时，整个资管行业都感受到了压力，贝莱德和先锋成为最大的赢家。

凭借庞大的规模，贝莱德和先锋在费率价格战上"所向披靡"，杀得美国资管行业"血流成河"。如同博格所预言的，资管行业不得不抱团取暖，一系列巨头之间的并购随之而来，比如景顺（Invesco）收购了奥本海默基金（Oppenheimer Funds）、标准人寿（Standard Life）收购了安本资管（Aberdeen Asset Management）等。

市场在2009年没有预见的是：尽管费率不断下降，但ETF巨大的吸金规模仍然给贝莱德带来了丰厚的利润。

芬克的豪赌让贝莱德登上了全球最大资管公司的宝座，回头来看，2009年的这笔交易可以写入华尔街"最佳交易"的教科书。

作为这笔交易的另一个主角，巴克莱在2012年出售了持有的贝莱德股份。

BGI交易的十年后，巴克莱银行的股价下跌了40%以上，而贝莱德的股价则上涨了160%。

第四章　网红的力量！

主动管理型基金在这场资管业大革命中似乎一路败退，大量资金从主动管理型基金流出，流向ETF和指数基金。

"猴子"们彻底失败了吗？不，聪明的华尔街换了个思路：打不过就加入！

2008年3月，金融市场风雨欲来，全世界都在关注摩根大通提高对贝尔斯登的收购报价。而在头条新闻之外，没有太多人注意到的是，贝尔斯登推出了第一支基于人类基金经理判断力进行投资的债券ETF，而非像传统ETF那样跟踪指数。

这种环境下，开局过于艰难。Bear Stearns Current Yield Fund（代码：YYY），这支ETF只存活了不到一年。

但是，潘多拉魔盒已经打开了。

在贝尔斯登首发ETF后，其他公司迅速效仿。PowerShares（后被景顺收购）跟进推出了首支主动管理型股票ETF。

主动管理型ETF第一次吸引市场关注是在2009年，在金融危机后，市场对于高收益资产需求强烈，"债券之王"Gross所在的"全球最大债基"PIMCO推出其著名短债基金的ETF版本PIMCO增强短债ETF（代码：MINT）。

MINT的推出被业界认为是主动管理型ETF的"里程碑时刻"，此后很多大牌机构入场。PIMCO在2012年推出了另一支明星基金——总回报债券基金的ETF版本（BOND），2013年道富银行联合黑石推出了SPDR Blackstone Senior Loan ETF（SRLN），2015年道富银行又联手"新债券之王"Gundlach的对冲基金DoubleLine Capital推出TOTL。

尽管看着热闹，此时的主动管理型ETF仍然属于"小打小闹"，依赖"明星基金"的光环，主要聚焦在类固收领域，关键的股票ETF却难觅踪影。

为何放着ETF的大蛋糕不吃呢？因为主动管理型基金有一个很大的顾虑：透明度！

跟踪指数的被动管理型ETF，其所有持仓都是每天公布的，每一次调仓对于市场都很透明，这对于依靠选股能力盈利的主动管理型基金而言，无异于将自己暴露在市场面前，可能被人"抢跑"。

股票基金们不敢！流动性欠佳的债券基金担忧就小很多了。

MINT获得了成功，成为现象级ETF，在上市之后近十年的时间里都占据着最大规模主动管理型ETF的宝座，直到"木头姐"和她的ARK横空出世。

从传统华尔街角度看，"木头姐"伍德（Cathie Wood）是个"奇葩"。

在2012年前，从各个角度看，她都是最典型的华尔街人。出身于中产家庭，就读名校（南加州大学），师从名师［阿瑟·拉弗（Arthur Laffer），提出著名的拉弗曲线的经济学家］，毕业后就加入了金融巨头资本集团（Capital Group），此后职业生涯起起伏伏，她一路做到资管巨头联博（AllianceBernstein）的全球主题策略首席投资官，管理着50亿美元的资产。

要说伍德最大的特别之处，可能是她的极度自信，尤其是对自己研究结果的高度坚定。

导师拉弗说："我一生中从未见过有人如此彻底、如此细心、如此专注于研究，这让她非常自信。"

伍德职业生涯早期在一家资管公司做基金经理，她当时持有大量墨西哥股票多头仓位，而市场传言墨西哥比索将要贬值，如果消息属实，那伍德的组合将遭遇巨大的损失。尽管许多人也觉得不太可能，但伍德却异常坚决："绝对、绝对不可能。"结果，比索真的贬值了，伍德遭遇巨亏。

这正是伍德投资风格的缩影：不知疲倦地研究，一旦确定就坚信不疑地集中投资，随之而来的是难以避免的巨大波动。

自20世纪80年代起，美联储成功压制了高通胀，开始进入降息周期，PC、半导体等技术进入应用，科技公司迎来了黄金时代。伍德热衷于研究其他分析师忽视的地方，她观察到一级市场普遍愿意为高风险的科技创新公司付出高溢价，而二级市场则普遍保守，害怕波动性。

伍德相信：市场过于偏向指数化投资了，创新投资存在很大的空白，这里有巨大的机会。她认定了方向，坚定地投资高增长、高风险的小盘股。

这种投资风格必然导致资产充满了巨大的波动，这需要高度的信仰，"木头姐"不止信自己，她还信教。

伍德是天主教徒，当她为基金表现远差于基准指数而苦恼时，在祈祷和冥想中，她得到启示：你不能崇拜任何偶像，指数已经成为偶像。指数都是关于过去的成功。神不希望我们停留在过去。他希望我们进入新的创造。

2012年8月，57岁的伍德离异，带着三个孩子，住在康涅狄格州威尔顿的豪宅。

此时的她很不开心。

她的全球基金在2011年表现尤其糟糕，在市场表现平淡时下跌了约24%。2012年，基金的涨幅再次低于基准指数水平。

她所在的联博要求伍德增加标普500指数的配置，因为联博管理的资产大部分来自养老和捐赠基金，这些基金的客户不能接受如此大的波动。

接受指数化投资？伍德意识到，只要继续在传统机构，她就必须要改变自己的投资理念。

伍德后来公开说，她突然顿悟了：神要她创立自己的公司，并将她的理念大声地宣扬出去。

2013年，伍德离开联博。2014年，她创立ARK。

教义中ARK是"约柜"的意思，"约柜"是一个箱子，里面装有刻有十诫的石板；也有方舟的意思。伍德还曾有另一个解释，她告诉客户，这是"主动研究知识（active research knowledge）"的缩写，而她的使命是将资本分配到其最佳用途——变革性技术。

要跟华尔街这些大机构竞争，伍德必须要有一套完全不同的打法，找到完全不同的客户。

她要做主动管理型ETF，对于其他基金经理避之不及的透明度，她要主动拥抱。其他基金经理总是保持低调专业的形象，而她把自己做成了"网红"。

2014年，ARK发行了第一批四支ETF：

ARK创新ETF (ARK Innovation ETF，交易代码：ARKK)：这支ETF专注于投资被认为是具有颠覆性创新的公司，这些公司的产品或服务预计会显著影响当前工作和生活方式的各个方面。ARKK投资于基因科技、工业创新、网络技术以及其他技术前沿领域的领导者。

ARK基因组革命ETF (ARK Genomic Revolution ETF, 交易代码：ARKG)：这支ETF专注于投资基因编辑、生物信息学、分子诊断、干细胞治疗和农业生物技术等领域的公司。ARKG旨在从基因组革命中的科技进步和应用中获益，这些进步可能彻底改变医疗行业、农业和制药行业。

ARK Web x.0 ETF (交易代码：ARKW)：专注于投资云计算、大数据、数字媒体、电子商务、区块链技术等领域的公司。

ARK工业创新ETF (ARK Industrial Innovation ETF, 交易代码：ARKQ)：专注于投资自动化、机器人、3D打印、能源储存、空间探索等领域的公司。

ARK的前三年非常艰难。2015年，ARK的ETF资金流入总计仅1700万美元。

从50亿美元到1700万美元，落差如此巨大，但伍德干劲十足。

伍德把自己的勤勉和自信彻底发挥了出来，她每天写邮件给客户披露旗下ETF持仓信息。ARK源源不断地在网站和社交媒体上发布每日简报、白皮书、播客和油管视频，传播ARK和伍德对于各种科技公司的看法，伍德频繁上CNBC、彭博社等各类财经媒体，以极为坚定的姿态输出她的观点。

她不惮于公开表达自己的观点，也不害怕辩论，更不在意投资者跟买股票而不买ARK的ETF。

2017年，美国科技股开启波澜壮阔的大牛市，ARK的业绩开始好转了。ARK两支ETF回报率成为当年最佳。

科技股爆火了，"木头姐"也找到了自己的"精准用户"。

ARK重仓特斯拉、Coinbase这些当时尚未盈利但高增长的科技公司，这与"美国股吧"Reddit上那些叫嚣着"YOLO（you only live once，你一生只活一次）"，所以要放胆投资的散户不谋而合。

这批投资者很多属于美国的"新世代"，他们出生在牛市，在高度便捷甚至游戏化的线上平台交易。他们生长在社交媒体时代，影响他们的意见领袖不再是巴菲特、博格这些"老古董"，而是"一夜暴富"的邻家男孩。伍德"既专业又接地气"的形象打破了散户对华尔街的刻板印象，她的组合充满了电车、数字货币、AI这些炫酷的名字，在一个不愿意对未来做保证的行业中，她的演讲如同传销，将夸张的预测用确信的口吻说出来，正中"YOLO"用户的心。在伍德的口中，科技股的未来是"星辰大海"。

更重要的是，伍德成功踩上了"马斯克的风口"，伍德的崛起与特斯拉股价的飙升几乎同步。

特斯拉一直是ARK的最爱。2018年，特斯拉经历了历史上最难的时期之一，股价徘徊在320美元左右，市场上不看好特斯拉的声音此起彼伏。心烦意乱的马斯克一怒之下公开扬言要以420亿美元的估值将特斯拉私有化。伍德不仅在各个场合宣扬特斯拉的价值，还直接写了一封公开信给马斯克：特斯拉在五年内股价将达到700~4000美元，反对马斯克私有化公司。马斯克和董事会看了她的信后调整了决策。

得到"钢铁侠"马斯克认可，"木头姐"名声大噪，一举出圈。

更吸粉的是：特斯拉此后股价飙升，到2021年就达到了伍德预测的目标价，整整提前了两年。

ARK旗下ETF的资产规模跟着水涨船高，尤其在2020年，ARK达到了最高峰，当年爆赚150%，远超标普指数，资产规模飙升至300亿美元。

ARK一举超越MINT成为最大主动管理型ETF，带动主动管理型ETF进入爆发期，"收益饥渴"的投资者四处寻找下一个伍德。彭博社ETF分析师巴尔丘纳斯（Eric Balchunas）表示："主动管理型基金蓬勃发展的最大原因是伍德。"伍德从此有了一个新绰号"牛市女皇"，然而它既是褒扬，也是诅咒。

从2022年开始，随着美联储进入凶猛的加息周期，科技股开始调整，大量投资未盈利科技股的ARK遭遇重创。2021年ARK旗舰基金ARKK下跌23%，2022年更是惨跌67%。

2020年峰值时冲入ARKK的投资者若持有到2022年底，其资产将遭遇"脚踝斩"。哪怕是2020年大涨前进入的投资者，2年后也会发现自己跑输了标普指数，博格的话又一次被验证。

伍德依旧是那个伍德，尽管波动巨大，但永远自信，在大跌的2022年4月，伍德在一个演讲中说道：一年前，我认为ARK能为客户带来15%的年化收益，现在我认为能达到50%！

ARK在2023年稳住了局面，当年大涨68%。

如今，ARK的资产规模已大幅缩水，仅有90亿美元，缩水的主要原因是股价下跌，值得关注的是，哪怕在大跌的2021年和2022年，ARK仍然是资金净流入。

"牛市女皇"的粉丝并没有在熊市中离开，这对于主动管理型ETF有重大意义。这显示，相比于控制回撤，相当一部分投资者对于弹性有强烈的偏好，伍德的年轻粉丝们愿意相信偶像的"长期愿景"。

巴尔丘纳斯说："她确实展示了投资者的需求是如何存在的。"

对于和被动指数基金的对比，伍德总结：

我们认为，创新发展得如此之快，这些技术的前进速度是惊人的，这意味着它将扰乱传统世界秩序。什么是传统世界秩序？你会在那些被动指数中找到它，虽然这些指数会随着时间的推移而变化，但它们无法足够快地调整。

第五章　结构化ETF——主动防御

21世纪10年代的ETF世界似乎已经座次排定了。

最早入局低成本被动指数型ETF的机构贝莱德、先锋和道富已经远远拉开与其他机构的差距，稳坐前三宝座。指数型ETF的特点是，先发优势明显，规模和成本方面的差异让后来者很难追赶上。

"木头姐"掀起的主动管理型ETF热潮强烈依赖明星基金经理个人的影响力，这又是华尔街大机构的弱项。

ETF这么大的蛋糕怎么能错过？"宇宙行"摩根大通苦思该如何弯道超车，一条全新道路开始浮现："基于规则投资"的主动管理型ETF。

这种ETF并不完全跟踪指数，但又有明确的投资规则，为了满足投资者某种特定需求进行主动管理。

2017年，摩根大通在固收领域推出了一个超短债ETF——JPST。JPST的策略是构建超短期投资级债券组合，这样提供了一个比企业债ETF风险更低、流动性更好，又比货币基金收益更高的产品，抓住了保守投资者获取更高收益的需求。在美联储屡次推出QE（量化宽松）货币政策后的低收益率市场里，JPST一经推出便大受欢迎，规模迅速增长至250亿美元，成为排名前三的主动管理型ETF。

摩根大通在债券领域的试水取得了成功，下一步就是股票了。

就在"木头姐"所向披靡的2020年，摩根大通在5月推出了一款主动管理型ETF——摩根大通股票收益增强ETF（JPMorgan Equity Premium Income ETF），代码为JEPI。

JEPI的策略是备兑期权（covered call），这是一种经典的期权交易策略。其组合包括：80%的资产基于标普500股票池进行主观选股，着重凸显低波动的特点；20%的资产投资于模拟标普500指数看涨期权空头走势的ELN（股票挂钩票据），月度滚动。

传统备兑期权的收益本质上是通过出售看涨期权获得的期权金，备兑期权组合在股价平稳或者下跌的时候，其收益要高于单独持有标的资产，这种"下行保护"提供了一定的防守能力，而付出的代价是，在上涨幅度超过看涨期权行权价后，备兑期权组合的收益存在上限。这意味着，备兑期权组合在标的资产横盘或上下波动幅度不大时表现良好，但在标的资产大涨时完全没有弹性。

JEPI在传统备兑期权结构的基础上做了两个改变，首先底层资产并未完全跟踪标普500指数成分股，而是选择了其中低波动属性的成分股。历史数据显示，在整体市场下跌时，低波动股票有更好的表现，这等于给组合再加了一层"保护垫"。同时，JEPI用出售看涨期权获得的期权金实现了月度分红，付息的高低取决于市场利率和波动性。

海通证券的数据显示，JEPI的股息支付相当稳定（图1-5-1）。

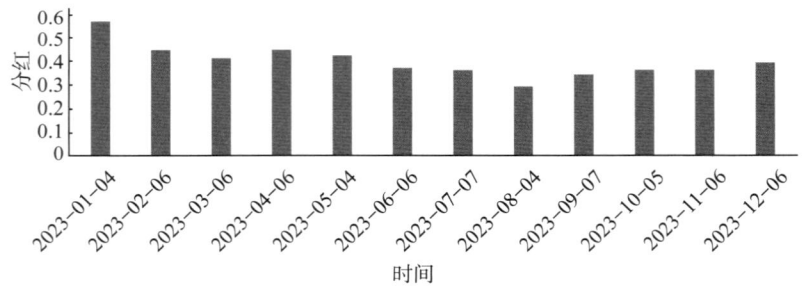

图1-5-1　JEPI基金月度分红统计图（由海通证券整理）

从各方面看，JEPI都跟ARK的基金截然相反：ARK的投资组合没有规则，依赖于伍德的选股能力，由于伍德对于科技股的偏好，其业绩表现波动很大，经常在年度最佳和年度最差之间摇摆。对于ARK的表现，投资者无法把握。JEPI则具备了标普500指数的特征，同时又提供了更好的防守能力。而每月分红又让其具备了类固收的特点。对于JEPI在不同市场下会有怎样的走势，投资者有一定的预见性。

摩根大通敏锐地捕捉到了投资者的需求：很多年里，美国股市持续创新高，很多投资者既不愿踏空，又担心回撤，而债券又不能提供足够的收益率。

在2020年和2021年美国财政和货币政策双重刺激下，美股高歌猛进，JEPI不温不火。真正引爆JEPI的是2022年，大涨了接近两年的美国市场进入调整期，"股债双杀"，标普指数调整近20%，这简直是JEPI最理想的环境。

JEPI在2022年全年表现强劲，最终全年几乎平收，收益率远超标普指数。

JEPI火了，2022年资金净流入超过百亿美元。接下来的2023年，标普指数一度大幅波动，最终四季度呈现大幅走高的走势。尽管全年跑输了指数，但JEPI依然在波动中获得了投资者的青睐，全年再度"笑纳"超百亿美元资金。

经过短短两年多的时间，JEPI成为一支规模超300亿美元的"庞然大物"。在主动管理型ETF资产排行榜上，JEPI资产规模不止超越了"跳水"的ARK，也超过了"兄弟基金"JPST，坐上了"第一主动管理型ETF"的宝座。

JEPI成功后，摩根大通"乘胜追击"，推出了"纳斯达克版本"的JEPQ，同样获得了市场认可。看到备兑期权策略如此受欢迎，高盛、贝莱德等其他巨头迅速跟进，推出各自基于备兑期权策略的主动管理型ETF。

结构化ETF打开了主动管理型ETF的新思路，华尔街找到了一条可复制的"康庄大道"：备兑期权策略迅速向更多的指数复制，甚至出现了基于单个股票（比如英伟达）的备兑期权ETF。

此外，更多期权结构也被包装成ETF，围绕各种下跌保护和上行限制设计的产品让人眼花缭乱。

然而，尽管结构化ETF解决了传统结构产品费率高、流动性低的缺点，但由于期权结构的天然复杂性，对于绝大部分投资者而言，不能准确理解其风险收益结构，依然是这类产品最大的风险所在。

正如历史上每一次灾难一样，某一类产品火爆的时候，投资者容易认为特定市场环境下的"高胜率、低赔率、高收益率"会一直持续，但他们最终会发现，市场的"黑天鹅"概率比预计的要高得多。

比如JEPI等备兑期权策略在2023年末到2024年初大牛市中远远跑输市场，又比如雪球遭遇的A股"自我实现"式崩盘。

如果说以ARK为代表的这类主动管理型ETF对于投资者的吸引力在于明星基金经理的投资能力，在于其主动进攻性；那以JEPI为代表的"有点被动"的主动管理型ETF的吸引力则在于其相对透明的"类指数"工具属性以及更好的主动防守性（满足特定需求的风险收益结构）。

无论牛市还是熊市，主动管理型ETF都能满足投资者的交易性需求，满足投资者试图超越市场基准指数回报（也就是beta）、获得超额收益（alpha）的期望。

  问题是，投资者是否有这样的交易能力？博格若还在世，必然对此嗤之以鼻，称其是华尔街利用"人性"的赚钱工具，长期带来的是价值毁灭。毕竟，如此高光的ARK在四年后就跑输了指数，而JEPI在大火后的2023年，也没有跑赢市场。

  是长期持有低成本的指数基金，还是在不同阶段选择不同特点的主动管理型ETF？

  或许，没有完美的产品，只有合适的产品。

第六章 双雄争霸——道与术之争！

得ETF者得天下！

全球资管行业的"双寡头"局面愈发明显。贝莱德、先锋资产管理规模分别突破10万亿美元和9万亿美元大关，远远甩开其他竞争对手。

庞大的规模和先发优势，让两家企业在ETF资产上的领先地位牢不可破，尤其在最核心的指数上，后来者几乎不可能有一战之力。

根据国信证券的统计，截至2023年底，在美国前二十大ETF基金管理人中资产管理规模排名前三的贝莱德、先锋和道富银行占据着美国ETF市场高达75%的份额。其中，贝莱德和先锋管理的ETF资产规模分别达到2.6万亿美元和2.3万亿美元，远远甩开位居第三的道富银行。从趋势看，道富银行的份额占比连年下滑，从2018年的17%下滑至2023年的15%。

ETF争夺已日渐成为贝莱德和先锋的"双雄争霸"。

贝莱德和先锋就是过去三十年这场ETF"养蛊之战"中脱颖而出的"卷王"，"卷死"了整个华尔街，各巨头都被打得丢盔弃甲。

最终，在这个战场上，两巨头最后的对手就只剩下彼此了。

仗打到这个阶段，如同两个顶尖高手比武，招式烂熟于胸、内力不相上下，最终决定胜负的是"对武学的理解"。

谁能赢得资管业的桂冠？最终甚至要追溯到最开始的那个"初心"，也就是博格和芬克这两个创始人创业的原因。

贝莱德创始团队来自华尔街交易团队，芬克自己就是最顶尖的债券交易员，贝莱德的"初心"是"如何做更好的交易"。

全球各国的主权基金、养老基金客户是贝莱德的典型客户，他们有极强的专业性，青睐费率低、透明度高、风险低的指数产品，也需要丰富、高流动性的资产品类来构建投资组合，分散风险、寻求收益。

贝莱德的强大之处在于构筑在"最强风控"阿拉丁系统上的全品类、多层次的ETF产品体系，iShares旗下有超过400支ETF，全球布局，完整覆盖了权益、固收、多资产、另类投资及现金等各大类资产。随着市场的变化，机构客户不断有新的需求，贝莱德不断研发新的产品（图1-6-1）。

```
                                    基金分类
        ┌───────────┬───────────┬───────────┬───────────┐
      权益类        固收类      多资产     另类投资      货币
```

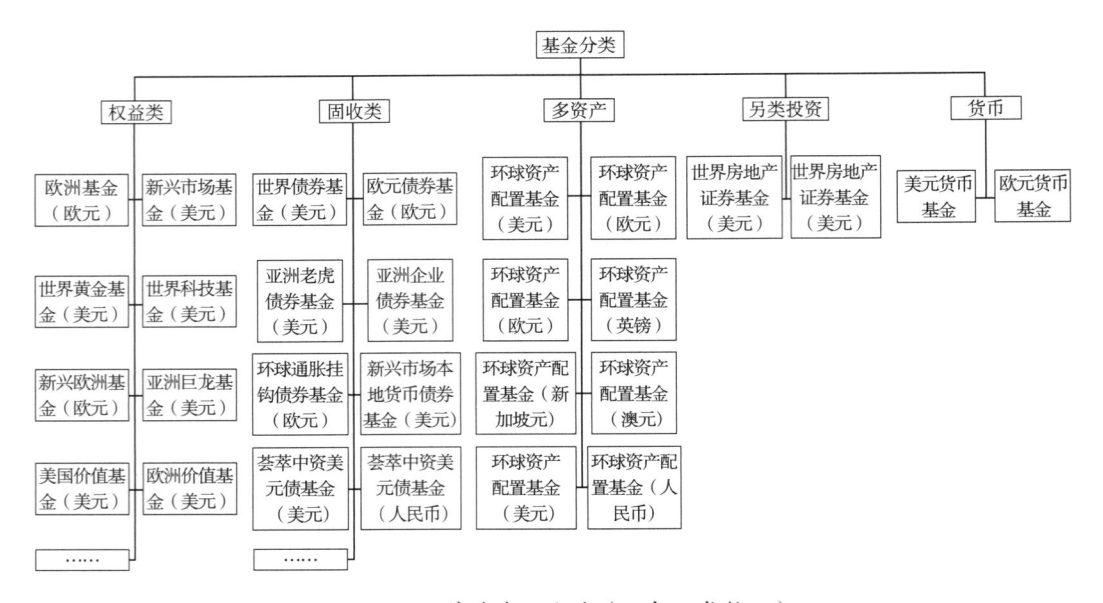

权益类	固收类	多资产	另类投资	货币
欧洲基金（欧元）	世界债券基金（美元）	环球资产配置基金（美元）	世界房地产证券基金（美元）	美元货币基金
新兴市场基金（美元）	欧元债券基金（美元）	环球资产配置基金（欧元）	世界房地产证券基金（欧元）	欧元货币基金
世界黄金基金（美元）	亚洲老虎债券基金（美元）	环球资产配置基金（欧元）		
世界科技基金（美元）	亚洲企业债券基金（美元）	环球资产配置基金（英镑）		
新兴欧洲基金（欧元）	环球通胀挂钩债券基金（欧元）	环球资产配置基金（新加坡元）		
亚洲巨龙基金（美元）	新兴市场本地货币债券基金（美元）	环球资产配置基金（澳元）		
美国价值基金（美元）	荟萃中资美元债基金（美元）	环球资产配置基金（美元）		
欧洲价值基金（美元）	荟萃中资美元债基金（人民币）	环球资产配置基金（人民币）		
……	……			

图1-6-1 贝莱德产品体系（西部证券整理）

在贝莱德眼中，每支ETF都代表着一类特定资产，便于客户构建投资组合。很多ETF的推出，本身并不是为了让投资者长期持有获益，而是为了满足投资组合在某个阶段的交易需求，因而贝莱德旗下很多ETF的资产规模变动很大。

换句话说，贝莱德要做市场上最好的"卖铲者"，提供最好的风控系统，成本最低、品类最全的投资产品。任何时期、任何类型的投资者都能在贝莱德找到合适的投资产品。至于如何使用这些工具，是客户的事。

ETF是贝莱德给客户的"术"，但却是先锋笃信的"道"。

尽管晚年被"流放"，尽管不认同ETF，但博格依旧是先锋"最深的烙印"。

在博格之后的三任先锋CEO，哪怕是引入ETF的布伦南，都没有改变博格最初给先锋定下的理念：投资者的长期最佳选择是买入并被动持有覆盖股债的广泛市场指数，而先锋的使命是尽可能压低一切成本，帮助投资者获得长期正回报。

即使不考虑ETF专利等其他优势，先锋也保持着华尔街最独一无二的"共同所有制"结构，即先锋的盈利为旗下基金投资者所共有。这让先锋ETF的费率水平能做到极致的低，这是无人可及的优势，贝莱德也不能。

因为这个"初心"，先锋旗下只有80多支ETF，远少于贝莱德，且大部分都是传统而简单的股债宽基指数ETF，先锋的创新产品远少于贝莱德。流入先锋的资金有一半以上流向VOO（先锋标普500 ETF）、VTI（先锋总体股票市场ETF）和BND（先锋总体债券ETF）这三支宽基基金。

最爱先锋的客户是广大投顾和部分散户以及各大企业的401(k)计划，他们都是长期投资者，因而对费率极度敏感，自然成了先锋的"死忠粉"。

先锋鲜明的特点就是客户黏性极强，非常"忠诚"，在美股熊市时，先锋的ETF市场份额增长往往是同行的两倍。

贝莱德与先锋的截然不同，还体现在资本市场的两件大事上。

其中之一是ESG（环境、社会及治理）投资。

ESG能有如今的势头，芬克功不可没。

2020年初，芬克宣布贝莱德将把"可持续性"作为投资决策的核心考量因素，全面拥抱ESG，此后贝莱德对其持股公司提出增加ESG信息披露、增加ESG经营目标、减少与ESG相冲突的业务等要求，其他资管巨头纷纷效仿。

这股势头之强，甚至一度迫使股神巴菲特在伯克希尔·哈撒韦股东大会上遭到质问。

最典型的案例是石油巨头埃克森美孚：

2021年5月，在三大资管公司的支持下，一家名不见经传的对冲基金公司Engine No.1凭借不到千分之一的持股竟然拿到了"庞然大物"埃克森美孚1/4的董事席位，随后推动埃克森美孚制定2050年实现碳中和的目标，同时放弃原计划的价值数百亿美元的油气项目投资。

此举至少从财务视角看，不利于埃克森美孚未来的成长，但有助于贝莱德推动控制"气候风险"。

控制风险，正是芬克为贝莱德打造的核心竞争力。

原则上ETF这样的分散化投资组合能够对冲大部分"特定风险"，但无法消灭"系统性风险"，而"气候风险"对贝莱德这样持有大量分散资产的机构投资者而言正是其整体投资组合的"系统性风险"。所以贝莱德不惜因此影响部分标的的股价。

而先锋呢？尽管最初也加入了影响力巨大的"净零排放资产管理人倡议（Net Zero Asset Managers Initiative）"，但在不到两年后的2022年底，先锋就宣布退出，给出的理由是"指数基金不会挑选具体的公司，也不会主导组合公司的决策"，先锋旗下的ESG基金数量也不到贝莱德的1/10。为此，先锋也曾被环保组织登广告批评。

但这就是典型的先锋，坚持被动投资，除了"投资者的回报"，其他一概不关心。

ESG基金整体上经历了大起大落的几年，在高光后，ESG基金经历了回报下滑、共和党猛烈的政治攻击等负面事件，此乃后话。

另一件资管圈的大事是比特币现货ETF。

在美国，比特币备受新世代人群的追捧。业界普遍预期，比特币现货ETF一旦上市，将成为业界顶流ETF，一如当年开启黄金ETF大门的GLD，后者一度成为全球资产规模最大的ETF。

贝莱德早在2023年6月就提交了比特币现货ETF申请，引燃了"币圈"狂欢，众多资管巨头竞相效仿。

但先锋明确表示不会创建比特币现货ETF，也不会在其交易平台上提供其他发行人的相关ETF。

先锋在回应媒体时表示：

"在我们不断评估我们的经纪业务及新产品时，比特币现货ETF将无法在先锋平台上出售，我们也没有计划提供先锋比特币现货ETF或其他加密相关产品。我们专注于股票、债券、现金等资产类别，并将其视为长期、平衡投资组合的基石。比特币现货ETF等产品不符合以上标准。"

这很贝莱德，这也很先锋。

两种初心，两条道路，最终谁会赢？

随着先锋份额的逐步提升，目前在美国ETF规模上，两家公司的差距已经"微乎其微"。市场普遍预期，先锋很快将超越贝莱德，成为"ETF之王"（图1-6-2）。

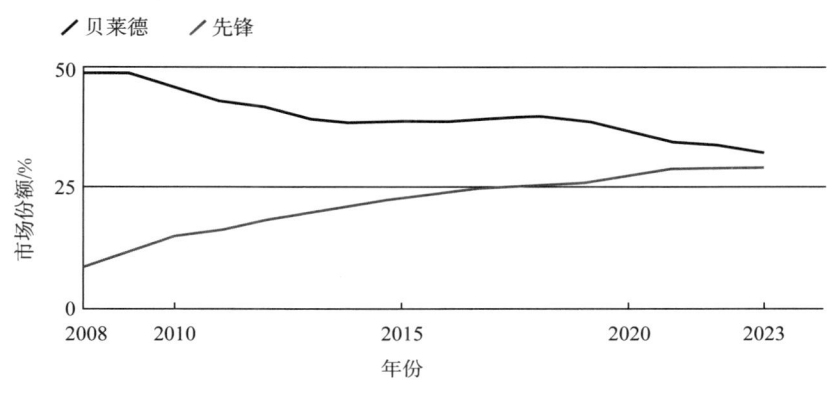

图1-6-2　贝莱德、先锋占据美国ETF市场份额走势图

（资料来源：彭博资讯。数据截至2023年12月11日）

但贝莱德还有机会，比特币现货ETF就是变数之一。

最新的消息是，贝莱德的比特币现货ETF——IBIT上市7周之后资产规模就破了百亿美元，要知道，当年第一支黄金ETF——GLD整整花了3年才达到这个规模。

双雄争霸，好戏还在后头！

第七章　八仙过海——谁来分剩下这杯羹？

在贝莱德和先锋两巨头的夹缝中，谁还能生存下来？

2023年，美国ETF市场开始出现非常明显的"双峰"特征：

一方面，低成本核心指数基金继续"高歌猛进"，先锋、贝莱德继续凶猛吸金。就在2024年开年不久，SPY率先突破5000亿美元资产大关，加上先锋的VOO和贝莱德的IVV，三支最主流的标普500 ETF合计资产规模高达1.35万亿美元，超过了美国ETF总资产规模的15%。

在过去十年里，贝莱德、先锋和道富"三巨头"一直统治着ETF世界，在主要指数上的垄断地位难以动摇，三家合计市场份额一直稳定在80%左右。

另一方面，主动管理型ETF越来越受到欢迎。据海通证券的统计，2023年，美国被动管理型ETF几乎没有新增，主动管理型ETF新增近300支，目前主动产品的规模占比约为6.6%，而主动管理型ETF的净流入金额为1266亿美元，占全部ETF的21%，远超其规模占比（图1-7-1）。

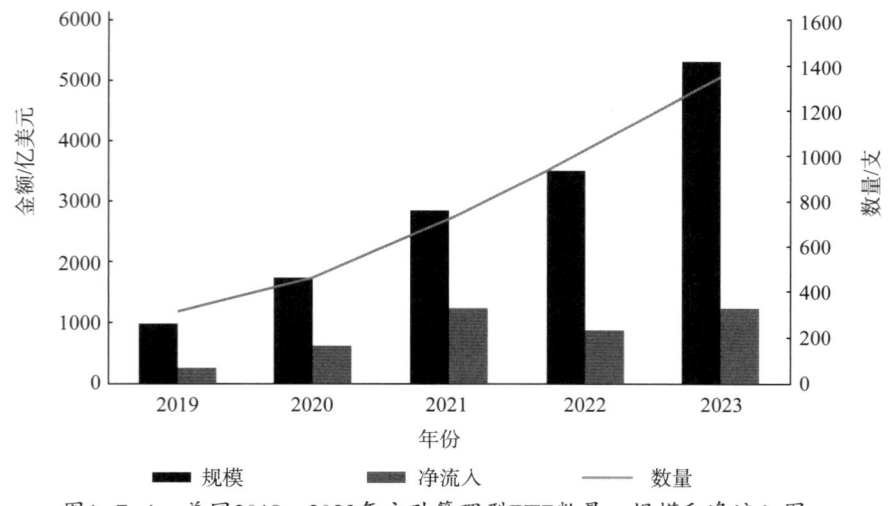

图1-7-1　美国2019—2023年主动管理型ETF数量、规模和净流入图

（资料来源：ICI、Bloomberg、申万宏源研究）

处于两者之间的ETF，比如费率较高的被动管理型ETF，与业绩不佳、没有特色的主动管理型ETF被明显挤压，出现了资金净流出。

在如今的美国ETF市场，结构简单、规模庞大的被动宽基指数市场已经被瓜分殆尽，后来者无法在成本上与贝莱德、先锋竞争。因此，最激烈的竞争和创新都出现在主动管理型ETF领域。

除了贝莱德、先锋和道富"三巨头"之外，数十家资产管理公司（无论大小）正在为这个8万亿美元规模的庞大市场的剩余四分之一进行日益激烈的争夺。

有一些后来者开始脱颖而出。

根据晨星的统计，到2023年底，增长最快的10家美国ETF发行商管理的总资产合计略低于4000亿美元，占有的市场份额超过5%，其市场份额在2019年不到1%。在一个高达8万亿美元规模的市场里，这种增速是飞快的。

其中，除了"横空出世"的ARK和通过备兑期权打开局面的摩根大通资管，还有Dimensional、资本集团（Capital Group）这样的老牌管理人，以及一些有着"独门绝技"的新势力。

Dimensional属于顺应潮流这一派，长期耕耘美国公募基金领域，以低波动性、低换手率风格著称。近年来，场外基金遭遇了ETF的强烈冲击，资金持续大规模外流。面对时代车轮的碾压，Dimensional选择了"打不过就加入"。自2021年起，Dimensional开始将其场外基金转为主动管理型ETF，因为其稳健的风格，Dimensional"直接改赛道"的方式取得了成效，在其近7000亿美元的资产规模中ETF规模达到近1200亿美元。Dimensional目前为主动管理型ETF领域第一大管理人，也是美国ETF的第八大管理人。

同样身为老牌公募基金巨头，资本集团也是被迫加入ETF大战的。2022年，在首支ETF出现后的第29年，资本集团才迟迟入场。在2022年这个"股债双杀"的年份，资本集团切入ETF的时机可谓不能更差了。资本集团没有如Dimensional那样直接转换现有的场外基金，而是选择"苦练绝技"。

资本集团认为固收领域存在长期的机会，瞄准了核心债券、高分红型股票ETF赛道。其长期积累的能力也充分体现出来，2022年推出的CGDV堪称近年来最优秀的红利型基金，在2022年和2023年两年都表现优异，为资本集团拿到了ETF赛场的入场券。

相比这些底蕴深厚的老牌豪门，新势力要想分得一杯羹，则需要另辟蹊径。

Pacer的独门绝技是"现金牛（Cash Cow）ETF"。成立于2004年的Pacer最初是一家金融产品销售平台，在积累了十年后，Pacer推出了自己管理的ETF。2016年底，Pacer推出了旗舰产品：Pacer US Cash Cows 100 ETF (代码为：COWZ)。

COWZ的独特之处在于以现金流为基准，从代表大型企业的罗素1000指数中选出自由现金流收益率最高的100家公司，这意味着COWZ的持仓权重股集中在能源、原材料以及医疗行业的公司。

2022年，在美股大幅下行，罗素1000指数下跌19.1%之际，COWZ大放异彩，全年上涨了0.2%。自2016年12月中旬推出以来，COWZ在三年和五年维度的表现也优于罗素 1000指数。

Pacer ETF首席执行官肖恩·奥哈拉(Sean O'Hara)认为COWZ的成功在于"世界已经改变"，以往以账面净资产等为基础的估值方法已经过时，而以自由现金流为基础能够更好地抓住企业的价值。

自2022年一炮而红，大举吸金后，在美股大幅震荡的2023年后，Pacer的资产管理规模也维持上涨，自2019年以来，Pacer旗下ETF的规模增长了800%。

另一个脱颖而出的新势力是Innovator。

早在摩根大通的备兑期权ETF爆火之前，有一类结构化ETF在近几年的市场环境下迅速走红：同样提供主动防御能力的Buffer ETF。

最早的Buffer ETF产品出现在2018年8月，发行方是美国ETF领域最具创新基因的Innovator。Innovator的两位创始人来自ETF巨头PowerShares，他们是"期权高手"，他们在那最早提出了大名鼎鼎的smart beta概念，在PowerShares被景顺收购后，两人创建了Innovator，开始专注于结构化ETF领域。

巧合的是，Buffer结构与近年来在国内掀起风波的雪球产品异曲同工。

中信证券认为：

Buffer ETF的损益结构和雪球期权有类似之处：只要标的资产不大跌，就不会出现亏损，同时收益存在上限（图1-7-2、图1-7-3）。Buffer ETF和雪球期权的适用环境非常相似：①不想承受标的资产的小幅下跌，当标的资产跌幅有限时二者均不会出现亏损；②温和看涨，均可以从标的资产的上涨中获益；③利率下行环境中，二者可成为类固收产品的重要补充；④波动性越高，产品吸引力越强，本质上讲二者均看空波动性。

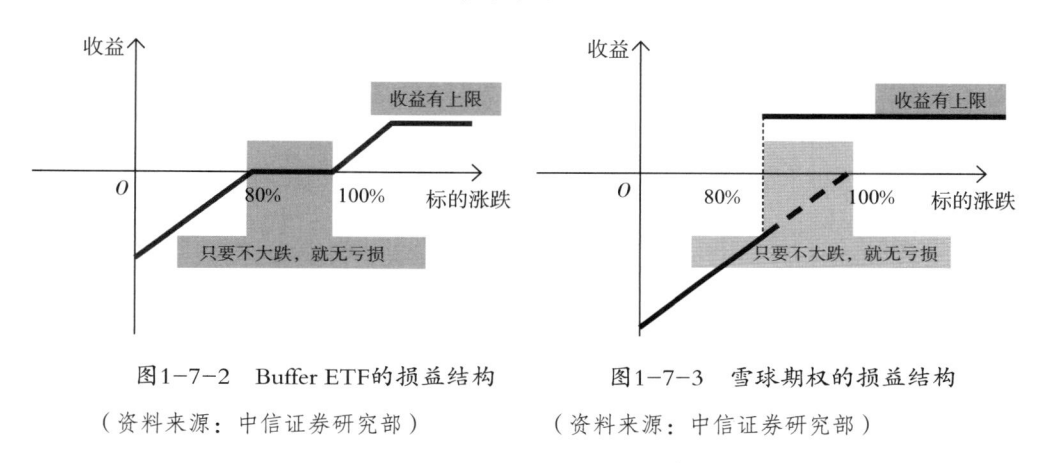

图1-7-2　Buffer ETF的损益结构
（资料来源：中信证券研究部）

图1-7-3　雪球期权的损益结构
（资料来源：中信证券研究部）

雪球期权在我国市场发行火热，结构化ETF在美国市场迅速发展，二者部分相似。我国市场上，部分标的资产（例如中证500指数）当时的估值较低、存在一定安全边际，加之投资者对高收益的类固收产品有较大需求，并且市场近两年的波动较大，正是在这样的环境下雪球期权受到追捧。美国市场上，权益资产的高收益率使得纯固收资产的吸引力较低，新冠肺炎疫情导致股市出现大幅波动，投资者想要降低股市下跌带来的风险，同时又想参与权益市场获取高于纯固收资产的收益，Buffer等策略因此受到资金青睐。

依靠Buffer类策略，Innovator管理资产的规模从2019年的不到10亿美元猛增至2023年底的约175亿美元。近年来，Buffer类产品受到越来越多更大机构的认可，这意味着未来会有更多的投资者接触到Buffer ETF。

无论是"底蕴深厚"的老牌豪门，还是"另辟蹊径"的新势力，在8万亿美元规模的市场里，巨头夹缝中的一点空间就足以养活一家资管公司。

八仙过海，各显神通。

2024年初，明星对冲基金经理Bill Ackman的潘兴广场基金发起主动管理型ETF，金瑞基金（KraneShares）发起两支Buffer策略的中国股票ETF。

新一轮争夺战已经打响！

第八章　债券ETF：再打一次脸

1976年，当博格推出第一支跟踪股票指数的基金"先锋500指数基金"的时候，距离查尔斯·道创建第一支股票指数已近百年。此时的标普500和道琼斯指数早已被市场广泛认可，作为衡量美国股票市场整体表现的基准。

相比之下，第一支债券指数刚刚在三年前推出，投行所罗门兄弟（后被并入花旗集团）和Kuhn、Loeb（后被雷曼兄弟收购）在1973年推出了各自的债券指数。

第一支债券指数基金则直到1986年才出现，先锋推出"债券市场整体指数基金"（Total Bond Market Index Fund）。到了2002年夏天，iShares一口气发行了四支债券ETF，这才拉开债券ETF大幕。

债券指数的推出比股票指数晚了近百年，而债券指数基金和ETF的推出也比股票同类产品晚了大约十年。

在"时间就是金钱"的金融业，既然已经有了股票ETF"珠玉在前"，为何债券ETF"姗姗来迟"？

因为人们不相信债券ETF能战胜主动管理型债券基金。换句话说就是：债券ETF没有意义。

即便"博格的愚蠢"已成为历史级别的笑柄，即便股票ETF横扫主动管理型基金，华尔街的债券交易员们依然认为债券ETF"很荒谬"。

他们是有充分理由的：

比如，债券市场流动性差、价格发现效率低，主动管理型基金经理更有机会"捡便宜"，从而获得更好的回报。

比如，债券基金本来费率就不高，ETF的"降本"优势不大。

比如，债券指数比股票要复杂很多。标普500指数只有500支成分股，而标普企业债指数成分债券超过6000支。100支规模最大的股票占了整个美股市值的3/5，而100支规模最大的美债占美债指数的比例不到一半，100支规模最大的投资级企业债更是只占到投资级企业债指数的6%。新债发行的频次远高于新股IPO（首次公开发行）。

比如，债券指数的维护难度远大于股票。与股票不同，绝大部分债券都有到期时间，部分债券存在违约、提级/降级等变动，因此债券指数的维护频次远高于股票。

比如，债券指数"很蠢"。按照股票指数的规模加权逻辑，ETF的资金将更多投资世界上负债规模最大的国家或者公司。

比如，即便指数做出来了，ETF想要去跟踪也很困难，交易成本极高，从而拉低回报，ETF表现也经常跟不上指数。首先，单支债券购买的成本远高于单支股票；其次，极高的维护频次意味着更高的交易成本。债券指数基金的交易量可能是股票指数基金的10倍。据先锋集团的统计，在2023财年，美国最大的总体股票指数基金全年换手率大约是3%，而最大的总体债券指数基金全年换手率达到40%。

又比如，"集中投资"理论上在债市更为适用。债券市场的回报分布通常是"负面偏斜"的，即大多数债券的表现可能优于平均值，因为债券的收益上限是固定的，但潜在的损失可能很大。这种特性使得集中投资个别债券的策略在短期内可能具有超额回报的潜力，但同时也增加了长期风险。所以，理论上主动管理型基金表现应该更好。

还有诸如债券ETF不投资新券，就享受不到"新券溢价"；债市存在诸如央行这样不追求回报的参与者，ETF不能像主动管理型基金那样去"抓住机会"；等等。

以上种种言之凿凿，华尔街的债券交易员们确实有理由看不上"笨重"的债券ETF。

只是，与股票一样，债券ETF又打了一次华尔街的脸。

根据指数巨头SPDJI（标普道琼斯指数公司）对全球多个债券市场的评估，过去10年里，不同市场有72%~94%的主动管理型基金表现未能超越其对应的SPDJI固定收益基准指数。

理论上的优势，并未转化成主动管理型基金的实际回报，反而进一步证明了被动投资在债市同样有效。

事实上，不只是回报跑不赢，主动管理型基金还在另一个关键指标上彻底输了。

2015年12月，美国垃圾债市场爆了一颗大雷。资管巨头第三大道（Third Avenue Management）突然宣布其旗下公募基金Focused Credit暂停赎回。这是2008年金融危机以来公募基金爆出的最大的雷，迅速在债市引发轩然大波。

第三大道在美国垃圾债市场声誉卓著，该公司由马丁·惠特曼（Martin Whitman)于1986年创立，以在不良证券中发现深度价值而闻名，惠特曼被认为是美国不良投资领域的泰斗。

Focused Credit持有大量流动性不佳的垃圾债，在2015年之前的几年里，美国垃圾债市场高歌猛进，Focused Credit业绩优异因而规模扩大得很快。到2014年春天该基金规模达到35亿美元。但2015年下半年风云突变，由于许多页岩油气公司违约，美国垃圾债开始崩盘，投资者纷纷赎回。

到2015年12月初的时候，Focused Credit全年净值下跌了27%，资产规模暴跌至8亿美元。面临投资者短时间内如此大规模的赎回，Focused Credit很难快速变现持有的垃圾债资产。最终，第三大道扛不住了，只能暂停赎回。

第三大道的这颗大雷一度让美国垃圾债市场陷入停滞，投资者开始质疑垃圾债基金的流动性。此时，ETF的高流动性特点开始闪耀，大量资金流向债券ETF。

债券ETF开始被机构资金真正认可了。

贝莱德ETF首席投资官曾向媒体表示：第三大道暴雷后，我们开始接到来自"真正债券交易员"的大量问询，在此之前，投资债券ETF的更多是"债市游客"。

当然，一次危机还不足以"令人信服"。

擅长经营高收益债券的橡树资本（Oak Tree）创始人霍华德·马克斯(Howard Marks)依然不断抨击固定收益ETF，称其是最令人担忧的问题。2015年，在其著名的市场思考备忘录中，马克斯写道："ETF的流动性尚未在主要熊市中得到检验，特别是在高收益债券等流动性较差的领域。"

很快，一场席卷全市场的真正考验来了！

2020年2月下旬，新冠肺炎疫情在美国爆发，市场猝不及防。2月中旬刚刚创下新高的标普500指数在接下来一个月接近腰斩。一时间，人人自危，市场陷入了巨大恐慌。

债市本来流动性就差，此时更是几乎瘫痪。连理论上最安全的超短期企业债券甚至美债都很难卖出去。

债券基金崩了，连一向被视为"类现金"的货币基金的申赎都陷入困境。为了避免2008年的货币基金危机重现，高盛等大机构不得不出面购买自己旗下货币基金资产。最终，局势的急剧恶化迫使美联储下场救市。

面临这场真正的考验，债券ETF没有"掉链子"。

在当年3月的历史性大崩盘中，尽管出现了罕见的大幅折价，但是债券ETF依旧维持了交易。天量资金涌入，债券ETF换手率远高于底层债券资产。

贝莱德在一份复盘报告中骄傲地写道：在2020年3月前所未见的风暴中，债券ETF充分展现了坚韧性。在危急时刻，投资者愈发依赖ETF配置资本、调整敞口、管控风险。

经此一役，"债券ETF的流动性远好于主动管理型基金和底层债券"这一点，甚至让很多ETF的批评者都接受了。

无论从回报还是从流动性看，债券ETF都赢了这场"打脸之战"，也赢得了投资者的青睐。

自2007年以来，高达2.8万亿美元的资金流入被动债券基金，而同期只有10亿美元净流入主动债券基金。

无论对规模还是对稳定性，市场的态度都非常明显了。

标普全球指数认为，被动债券投资当前大致处于类似于2012年被动股票投资的拐点。

当被动投资（如指数基金和ETF）的规模达到一定程度时，会出现一些转折点。这些转折点意味着被动投资产品变得更加多样化和成熟，能够更好地满足市场参与者的需求。例如，随着越来越多的指数基金和ETF的推出，投资者可以更容易地构建跨资产类别和细分市场的组合。

在这些转折点后，"规模定律（scaling law）"将进一步强化债券ETF的成本、流动性和多样性优势。

也就是说，此后主动管理型基金就更加望尘莫及了。

债券ETF的成功，验证了ETF鼻祖莫斯特最初的洞见。ETF这种机制具有极强的扩展性。在华尔街这群最聪明的人的操作下，商品、地产等底层资产流动性更差的ETF陆续出现。

ETF正在"统治一切"。

看起来这是个多赢的局面。众多投资者第一次可以交易很多原先只有机构涉足的资产，他们可以像交易股票一样交易这些ETF；二级市场资本的涌入也带来了底层资产的大繁荣，债券ETF的大发展压低了债券收益率，更多的企业大举发债；华尔街则笑纳巨大规模ETF带来的管理费收入。

但风险并没有因为分散而消失。

2019年，MacroMavens的Stephanie Pomboy更是直接将债券ETF的大繁荣类比作引发2008年金融危机的次贷CDO（担保债务凭证）：

"真正的风险在于ETF将提供'充足且即时的流动性'神话，这让投资者更有勇气'持有比原本更大的头寸'。在这一点上，他们就像相信自己拥有优质投资的CDO买家一样。

"2007年，谎言是你可以把一大堆垃圾打包在一起，然后以某种方式使其拥有AAA评级；这一次，谎言是你可以将一堆原本需要努力撮合才能交易的债券集中到一个ETF中，然后神奇地使它们具有流动性。"

ETF是消灭了风险，还是孕育了更大的风险？

第九章　隐形冠军——华尔街最不知名的大佬

2022年，一则薪资传闻在国内金融圈刷屏了。

有家机构给实习生开出了月薪十万元的薪酬！实习生拿到超过一百万元的年薪，这让高薪遍地的金融圈都为之咋舌。

这家机构叫简街资本（Jane Street Capital）。事实上，不只是实习生，简街给新员工的薪酬在整个金融圈也名列前茅，超过了高盛、大摩这些顶级投行。

相比于大名鼎鼎的华尔街巨头，简街在圈外可以说寂寂无闻。即便与Citadel、Point72这些对冲基金相比，简街知名度也低得多。以至于当外界称其为对冲基金巨头的时候，简街通常都会纠正一下，称自己是做市机构（market maker）。

2000年成立的简街资本是当今全球最大的做市机构之一，其最擅长的正是ETF做市和套利，尤其是债券ETF。外界相信简街作为ETF二十年大发展的最大受益者之一，从ETF业务中赚到的钱甚至比贝莱德还多。

尽管简街并没有公开财务数据，但综合其债券交易文件披露和媒体报道，简街在2023年前三季度总交易收入超过150亿美元，息税摊销前利润（EBITDA）约49亿美元，2022年EBITDA估计为75亿美元。

这意味着：

从收入看，简街一家公司的交易业务收入就占了包括高盛、摩根大通在内的华尔街大行交易业务总收入的7%。

从利润看，简街的EBITDA与富达（Fidelity）的营业利润相差无几，而后者管理资产达4万亿美元。相比之下，"资管之王"贝莱德旗下iShares业务2022年从其规模达3万亿美元的ETF中赚到的收入为55亿美元。

简街为何如此赚钱？它的ETF做市和套利业务究竟是做什么的？这要从美

国ETF最初的机制设计说起。

如前文所述,在设计ETF机制时,莫斯特听取了博格的意见。为了避免散户过多地参与,设置了"授权参与方(authorized participants,AP)"机制:指定专业的机构作为AP,与ETF发行商用实物互换,参与ETF的发行、份额的增减。

AP的工作是在市场上购买某支ETF想要持有的证券。例如,对于一支追踪标普500指数的ETF,AP需要按标普500指数的权重去购买这支ETF的成分股,并将这些股票交给该ETF的发行商。作为交换,ETF发行商给AP同等价值的ETF份额,这些份额被称为申赎单位。

如图1-9-1所示,AP在普通ETF的一级市场中发挥着关键作用,因为其是唯一被允许直接与ETF开展申购赎回的投资方,从而控制二级市场上的ETF供给。投资者在二级市场上通过交易所进行交易,而做市商是在二级市场专门提供流动性的经纪商。

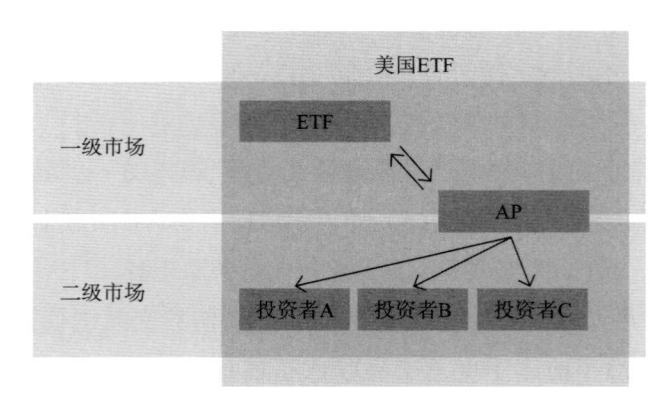

图1-9-1　美国ETF申赎机制示意图

这就构成了ETF独特的"价格发现"机制:在做市商的流动性支持下,二级市场进行买卖确定ETF价格,一旦这一价格与ETF所持有的资产净值(NAV)存在差异,AP可以在一级市场上通过申赎来"无风险套利",从而抹平这一价差。需要注意的是,AP套利是为了赚钱,而事实上其并没有法律义务这么做。很多情况下,做市商也可以兼做AP,这取决于这家机构的实力。

AP的存在保证了ETF具有可交易性的同时,又避免了ETF价格大幅偏离,影响其最核心的投资价值。

通常情况下，AP从事的是辛苦活。对于股票ETF，尤其是早期的大盘股ETF，由于ETF所持有的股票流动性一般都比较好，很少会出现大幅的价格偏离。价差的微小和转瞬即逝，使得很多做市商和AP转而通过程序化交易来寻找机会，从而让价差更小。

但随着ETF结构开始"发扬光大"，更多小微盘指数、全球指数陆续加入，ETF底层资产的流动性情况开始出现了变化，尤其是在2002年债券ETF出现后，ETF套利机制遇到了挑战。

债券与股票有一些根本的不同：

①债券流动性远小于股票，这让AP可能无法在二级市场完成交易。
②债券的最低交易门槛远高于股票。
③债券是有到期时间的，而股票没有。

这些差异造就了债券ETF的套利机制的独特性：

据国际清算银行（BIS）的研究，债券ETF发起人的投资组合优化以及他们与AP保持长期关系的动机可能会导致其与AP交换的申赎资产篮子和目标资产组合之间产生差异，且申赎资产篮子随着时间的推移而变化。

ETF发起人将根据债券的可及性调整申赎资产篮子的构成，并选择最小化跟踪误差的债券子集。反过来，当AP无法交付某种债券时，AP也可以向发起人提出交付某种类似的新债券，该债券更容易获得。虽然该债券不属于ETF目标资产，但如果新债券能够控制跟踪误差并有助于维持与AP的关系，发起人可能会接受该提议。由于债券的供应情况不断变化，ETF申赎资产篮子也随之不断变化。

也就是说，底层资产的可及性影响着AP的套利利润，进而影响ETF对其跟踪指数的误差。这对AP自身的资源和交易能力提出了很高的要求，在早期，能为债券ETF做AP的，一般都是券源最为丰富的华尔街大行。

莫斯特最初设计的这套机制"命门"在于，AP的套利并非强制业务，他们需要有利可图，才有足够的激励完成套利。如果没有足够的市场条件，AP完全可以"撂挑子不干"。

在2020年的市场风暴中，债券ETF就曾出现过罕见的大额折价。

业界对此有两种看法：

一种看法是，AP"如期缺席"，巨大的折价说明债券ETF套利机制崩溃了。

另一种看法则是，AP做了巨大的努力，当底层资产交易几乎崩溃的时候，尽管有明显的折价，ETF仍然维持了活跃的交易。英国央行在此后的研究中认为，当时出现的巨大折价并非验证了ETF结构的缺陷，而是恰恰显示了债券ETF能够为底层资产"实时定价"，在底层债券"无法定价"时，为市场参与者提供了"价格发现"功能。

2020年的市场风暴考验着AP和做市商的资金和债券定价实力，简街正是当时债券ETF最大的做市商，几乎占据了整个市场交易的1/3。

而结果是，简街不仅度过了危机，还抓住了大机会：

2020年前六个月，简街调整后利润为63亿美元，较2019年同期增长逾1000%，上半年净交易收入高达84亿美元。

"我们是为危机而生的"，简街创始人之一Rob Granieri表示。

为了能够在任何时期随时准备买卖ETF、期权和债券，简街对于风险的关注到了偏执的地步。它在内部模拟各种潜在事故（包括传染病）及其可能影响，每年花费高达7500万美元购买看跌期权，以抵御市场极端风险，这种规模远超一般华尔街大行的正常水平。

简街的创始团队来自另一家低调的做市商大佬SIG（Susquehanna International Group），SIG的"校友"在自营交易领域享有盛誉，整个"SIG帮"是当今美国ETF和期权市场最大的做市力量之一。

从一定程度上说，SIG培养"专业赌徒"。

SIG的6个创始人都来自纽约州立大学，大学期间经常聚在一起打牌。核心人物Jeff Yass甚至在2013年世界扑克大赛中拿到过第12名的佳绩。扑克这种在信息不完备环境下基于概率做出决定的游戏，与金融市场的交易极为类似。毕业后，他们将扑克的博弈理论应用到了期权交易中，创立了SIG。

与大部分华尔街机构不同，SIG喜欢本科生。他们将有天赋的学生放到"牌桌"上经受严格的博弈训练。SIG有自己独特的文化，宁愿接受概率判断正确但结果赔钱的交易，也不愿意接受概率判断错误但结果赚钱的交易。

SIG并不靠增加风险敞口豪赌，而是专精于各种套利。

SIG的交易员们随时都在权衡各种概率下的合理预期，并时刻准备抓住任何套利机会，比如ETF的一二级市场价差。他们重视技术，在程序交易上投入大量的研发资金。在很多方面，SIG的员工更像是硅谷的极客，而非华尔街的金领。

SIG发展壮大后在全球范围内做了不少风投，在2012年，SIG投资了字节跳动，是这家日后巨头最早的投资者之一，赚得盆满钵满。

而跳出SIG自立门户的简街创始人也继承了SIG的风格，包括重视本科生招新，在面试中设置各种预测概率题。简街的办公室里陈列着二战时期使用的enigma加密机；简街的logo源自艾伦·图灵为破解enigma密码而设计的转子，简街的员工们热爱一种很少有人使用的编程语言——OCaml。

如此"不华尔街"的简街是如何击败一众华尔街大佬的呢？

简街的强大之处在于其人才团队，简街既不同于华尔街大行采用传统的交易员模式，又不同于Virtu这类纯算法驱动的高频交易公司，是一家交易员驱动的技术公司。

简街的"极客范儿"体现在各个方面，创始团队只有一人还在公司任职，公司没有首席执行官、没有层级结构，甚至没有明确的管理委员会。简街几乎就像一个无政府主义公社，由30或40名高级管理人员组成的非正式团体领导。

凭借华尔街顶尖的薪资加上类硅谷的氛围，充满各种概率计算的交易博弈，简街吸引着业内最聪明的人。

简街的人才在市场上备受推崇。例如因"币圈"一飞冲天又迅速坠落的FTX交易所，包括CEO Sam Bankman-Fried在内的多个核心成员出自简街。FTX及其旗下基金能够在流动性有限的各种数字货币交易中所向披靡，与其团队成员在简街的训练密不可分。有趣的是，简街如此重视风险，而FTX的风控缺失却差点拖垮了整个行业。

简街在做市业务上的另一个飞轮来自资本的积累。

到2023年底，简街的资本金超过了200亿美元，这一规模接近了华尔街大行的交易台，远超传统的高频交易公司。花旗银行和美国银行是仅有的两家将资本金分配给做市业务的大行，资本金分别为460亿美元和530亿美元，但银行涵盖的业务范围更广泛——涵盖利率、外汇和大宗商品。

专注在ETF和信用债做市业务上，简街的资本金可以说业内无双。这使得它可以持有头寸数小时、数天甚至数周。这使得对于底层资产流动性较差的ETF，在任何一天，简街都能持有约500亿美元的证券，远远多于竞争对手。

在持续的资本和人力投入下，以简街为首的众多新势力已经在ETF业务上击败了大行。如今ETF的AP和做市业务门槛极高，比如欧洲ETF市场上只有两家AP主导，其中之一正是简街。

蓬勃发展的ETF风口上，新一代的"隐形巨头"正在崛起。

第十章　三大指数——"真世界之王"

2015年9月,时任秘鲁经济与财政部部长瓦辛(Alonso Segura Vasi)突然带着央行和证监会高官飞往纽约。

这些高官此行并非为了拜访美国政府或联合国,他们的目的地是明晟公司(MSCI)。让一国高官坐了整整八个小时飞机的是一则消息——传言称明晟可能会将秘鲁从规模更大的新兴市场指数中剔除,降级到前沿市场指数。

最终,在秘鲁一众官员当面解释该国计划的市场改革后,MSCI放弃了降级。事后,瓦辛在回忆时还心有余悸:"你不能冒险,投资者是否投资的决定很大程度上取决于明晟的决定。他们确实控制着公司和国家进入资本市场的命运。"

2022年5月,特斯拉股价正值巅峰,坐着世界首富宝座的马斯克很生气。他在推特上连发数个帖子,大骂SPDJI。

此事的起因是,SPDJI在该月的指数调整中将特斯拉剔除出了标普500 ESG指数,让马斯克不能接受的是,同期该指数纳入了六家石油公司,马斯克指责ESG就是个"骗局"。

马斯克不愿意看到的是,指数调整后,大量跟踪该指数的ETF和指数基金将被迫抛售特斯拉。而此时,马斯克正深陷推特收购泥潭,股价的下跌将迫使他出售更多股份来融资。

无论是世界首富还是政府高官,指数的变化对他们都是"牵一发而动全身",因为指数的背后是数以亿计的资本。

1884年,查尔斯·道(Charles Dow)和爱德华·琼斯(Edward Jones)创建了第一支股票指数——道琼斯运输指数(Dow Jones Transportation Average),最初包含11家公司,其中9家是铁路公司。查尔斯·道不仅是道琼斯公司的创始人,还是《华尔街日报》的共同创办人。

道创建指数是为了衡量美国股票市场整体表现，他相信股票市场是经济状况的一个反映，而运输指数是经济活动的一个先行指标。

140年后，数万亿美元的资本通过ETF、指数基金等被动投资工具完成配置，而指数是它们唯一的准绳。

站在数万亿美元资本之上的是三家公司：标普道琼斯指数（SPDJI）、明晟（MSCI）和富时罗素（FTSE Russell）。这三巨头的收入占全球指数行业收入的份额近80%，平均利润率也接近80%，三家的年收入合计超过50亿美元。

三家公司各有所长：

标普道琼斯指数是全球最大的金融指数提供商。SPDJI以美国大盘股指数闻名，最著名的一个指数就是标普500。多年来，SPDJI已将其他知名指数纳入其旗下，包括道琼斯指数（其中包括标普高盛商品指数）、道琼斯工业平均指数（简称道指）、标普500 VIX波动率指数等。超过四分之一的美国ETF与SPDJI指数挂钩。

明晟最出名的是全球指数，MSCI早在1969年就推出了MSCI全球指数，这是当时投资者唯一可触及的非北美发达国家指数。随着全球金融市场逐步开放，MSCI在1995年启动了著名的ACWI指数，这是当时第一支包含新兴市场的涵盖全球主要国家的指数。而MSCI也是在ESG领域布局最广、涉入最深的指数公司。众多ETF跟踪MSCI系列指数，尤其是贝莱德旗下的iShares。

富时指数于2014年收购了罗素指数。当罗素指数系列于1984年推出的时候，大部分主要指数都关注大盘股。罗素推出了著名的罗素2000和罗素3000小盘股指数。罗素指数历来被投资者用于确定小盘股与大盘股、比较价值股与成长股。而富时旗下还有英国富时100指数，ETF巨头先锋集团旗下大量ETF跟踪富时指数。

随着被动投资的壮大，指数成为"一本万利"的好生意。无论是定期订购还是挂钩资产的收费模式，指数公司几乎是在这个万亿美元级别的市场"坐地收税"。

指数公司对于自己开发和维护指数的成本都讳莫如深，通常它们的成本包括从多方采购价格、流动性等各类数据，也包括对于指数的评估和维护投入。但高达80%的利润率显示，三巨头的定价权非常大。

对于三大指数公司的"垄断",ETF等指数的使用者通常都是抱怨连连,却也无可奈何。

尽管除了三巨头之外,还有一些新兴指数公司,比如Solactive、Indxx、MerQube 和CTD Indices(CTDI)等,但这些新兴势力很难撼动三巨头的垄断地位。

先发优势和品牌知名度造就了极高的进入门槛。

对于新发ETF,采用三巨头的指数会让投资者更加放心。而对于存量ETF,更换指数供应商是一个非常复杂的过程,包括更改基金的信托契约等,这让很多资管公司望而却步。

一家资管公司的首席投资官就曾对媒体表示:

"尽管我讨厌MSCI,但事实是我宁愿选择MSCI,也不愿选择一家全新的指数提供商。改变基金或策略跟踪的指数是痛苦且非常复杂的。只要它们(三巨头)的行为不过分。我们会抱怨,我们会生气,我们会反击和谈判,但最终,我们会忍受。"

但在ETF的降本大势下,指数费用也使资管公司面临着巨大的压力。巨大的利益让三巨头之间也会爆发价格战。

2012年,视降本为第一要务的ETF巨头先锋集团宣布将其旗下6支基金从MSCI转向富时指数,另外16支基金从MSCI转至芝加哥大学证券价格研究中心(CRSP)制定的新基准指数。

这一调整影响巨大,先锋集团近一半的被动资产将从MSCI迁出,其中包括创始人博格于1976年创建的全球第一支被动指数基金和全球最大的新兴市场ETF。

消息一出,MSCI股价当日暴跌27%。

削减成本是先锋集团转向CRSP的一个非常重要的原因,另一个原因则是CRSP的创新。

ETF等被动指数投资必须按照规则手册中的规定,在特定日期交易某些股票,以保持严格跟踪目标指数的表现。这意味着,在指数调整日,它们通常以市场收盘价进行交易。随着ETF规模越来越大,指数成分的任何调整都会对股价产生很大的影响,从而抬高交易成本。

历史上，大多数指数都在一天内完成调整，而较新的指数则将再平衡分散在几天内。

CRSP美国总体市场指数是包含一些新交易条款的最突出的例子。当它在3月、6月、9月和12月调整指数时，它会在五天内分散再平衡交易。

CRSP的低成本和优化创新是新指数公司与三巨头竞争的关键优势，更多的新势力在更新的资产类别或者指数类型上创新，希望能吸引新一代投资者。

三巨头的地位依旧稳固，在这个ETF当红的时代，指数公司意义重大。

橡树资本创始人霍华德·马克斯说道：被动投资者正在外包投资组合配置的决策。他们不会决定投资哪些股票，相反，创建指数的人正在决定投资哪些股票。

三大指数，"真世界之王"！

第二编

一键配置世界——美国ETF入门

第一章　美国股票 ETF

第一节　美股三大股指ETF：一切的开始

著名的QQQ刚上市的时候，发行商纳斯达克证券交易所最初的目的其实是做广告。

那是1999年3月，距离科网泡沫破裂还有整整一年。

纳斯达克证券交易所可谓"炙手可热"。自互联网问世以来，新生的技术掀起了科技变革的狂潮。资本市场更是亢奋，自1995年美联储降息后，科技股就以"脱离地心引力"般的速度上涨，以技术公司为主的纳斯达克证券交易所站在了风口上，成为这场史诗级科技行情的主战场。

科技股日复一日地上涨，不断有新的科技公司上市，吸引了所有人的目光，此起彼伏的火热行情也让每一个理财顾问和投资者眼花缭乱，所有人都在问该如何投资科技股。

如同大搞"眼球经济"的互联网新贵们，纳斯达克证券交易所也想吸引所有投资者的目光，将"投资未来100年的股票市场"这个口号化为市场的选择，牢牢锁定想要上市的科技公司。

纳斯达克高管John Jacobs关注到了此时的股市新概念——ETF。

在1999年的美国，第一支ETF SPY在六年前推出，道指ETF DIA也在之后上市，iShares的前身刚刚推出了一组全球股指ETF。同为被动投资的指数基金已经显示出了强大的生命力，但此时的ETF还主要是机构投资者的交易工具，散户们对于这个新事物还持观望的态度。美股指数基金仍然还是泛市场指数的天下，还没有细分指数专门跟踪"红得发紫"的科技股。

代表科技股未来的交易所与代表投资未来的ETF，岂不是"天作之合"？

Jacobs决定推出一支跟踪在纳斯达克证券交易所上市的100家最大的公司

的ETF，让投资者可以一键买入纳斯达克100家公司的股票。通过这个ETF，Jacobs想要锁定投资者的心智，即让投资者相信"买科技股=买纳斯达克ETF"。

当年3月，代码为QQQ的第一支纳斯达克100指数ETF在ETF交易最集中的美洲交易所上市，纳斯达克更是砸下数百万美元广告费来推广QQQ。

铺天盖地的广告攻势，疯狂上涨的科技股，使QQQ的上市取得了巨大的成功。在上市第一年，QQQ股价暴涨90%！Jacobs的目标实现了，QQQ成为科技股的代名词，不仅成为经纪商和理财顾问的首选，更是史上首次吸引了来自散户的大规模资金。QQQ堪称ETF圈的初代网红，投资者们甚至给QQQ起了爱称"Qubes"或者"Q"。

QQQ走红的一个副产品是打开了行业/板块指数的大门，此后iShares和Select Sector SPDRs系列行业/板块ETF开始大量上市，成为投资者投资美股的重要工具。

但如同市场的"均值回归"规律一样，史诗级的科技股行情最终以史诗级的崩盘告终。在QQQ上市一年后的2000年3月，纳斯达克指数（简称纳指）见顶，随后是写入教科书的"科网泡沫"破灭。QQQ在此后连跌了三年，跌幅一度超过了80%。

2003年，科技股终于开始企稳反弹，但QQQ的表现一直落后于iShares和SPDRs的科技板块ETF，这让QQQ的"科技股代名词"称号被市场质疑。为此，QQQ对其指数策略做了一次大改，改为跟踪在纳斯达克证券交易所上市的100家规模最大的非金融企业股票，这一变化让QQQ重拾纯正的"科技与成长股"标签，效果也立竿见影。

在接下来的2011—2020年这十年里，QQQ年化回报率高达14%，成为这个"成长股时代"的标志性ETF。在此后的时间里，尽管科技股行情起起落落，但是QQQ的资金流入始终保持强劲。据晨星公司的统计，2000年底，QQQ拥有近240亿美元的资产。到2024年初，它的资产规模约为2500亿美元，是美国第五大ETF，仅次于四支更广泛的股票市场基金。

2006年，为了规避与在交易所上市的其他资管公司的竞争，纳斯达克将QQQ所有权转让给了PowerShares，而后者在2007年被景顺（Invesco）收购。

自此，QQQ改名为Invesco QQQ Trust Series 1并延续至今。

有意思的是，纳斯达克在转让时与PowerShares达成了一份"不平等协议"，其0.2%的相对较高的管理费的大部分由该基金的受托人纽约梅隆银行和基础指数的提供者纳斯达克分配，且剩余的资金必须用于产品营销，这几乎没有给管理方留下任何利润。

这给后来的接盘者景顺出了个不小的难题。坐拥宝山却两手空空？景顺的解决方案是借助QQQ的庞大影响力，推出Q系列家族ETF，QQQM、QQQJ等ETF也迅速起量，成为景顺ETF业务最重要的基石。

回头看，QQQ彻底打开了ETF的局面，为整个行业做了一次极其精彩的"投资者教育"。如果说SPY开启了ETF元年，那QQQ可以说完成了"中兴大业"。

这就是一切的开始，此后ETF就将进入新世纪的"黄金20年"，走上横扫资本市场的"康庄大道"。

下面，我们就为读者介绍最经典的美股ETF——"三大股指ETF"。

美国甚至是全球最著名的三大股指是：标普500指数、纳斯达克100指数和道琼斯工业平均指数。

一、标普500系列

第一支美股ETF跟踪的就是标普500指数，该指数自1957年起由标普道琼斯指数公司设计、发布和维护。该指数涵盖了美国市场上市值最大、交易最频繁的500家美国公司，覆盖了美国经济的各个领域。

作为最具代表性的美股指数，标普500 ETF在美股ETF中有特殊的地位，它是巨头必争之地。规模最大的标普500 ETF是三巨头各自的旗舰ETF（表2-1-1），包括：

其一，美国第一支ETF——道富银行的SPY，同时也是"宇宙第一ETF"，人送外号"蜘蛛"，在2024年初成为历史上第一支单支规模超过5000亿美元的ETF。SPY也是道富至今仍位居ETF三巨头行列的重要支撑；后来，道富还推出了费率更低的SPLG，同样大受欢迎。

其二，美国第一支指数基金是先锋 500 指数基金，但正如我们前文所写的，错过了第一支ETF机会的先锋最终还是加入了ETF大战并且所向披靡，而VOO就是先锋版本的标普500 ETF。

其三，贝莱德同样有旗舰标普500 ETF——IVV。

表2-1-1　主要标普500 ETF

ETF	SPY	IVV	VOO	SPLG
跟踪指数	标普500指数	标普500指数	标普500指数	标普500指数
费率	0.09%	0.03%	0.03%	0.02%

在规模、持仓、费率方面，这几支ETF的异同在于：

①规模：四支ETF都是ETF中的"巨无霸"，有着最好的流动性。相对来说，SPY的先发优势极为牢固，规模最大、流动性也最好，因此其买卖价差（bid-ask spread）相对最小。但其他几支规模同样巨大，买卖价差方面的差距非常微小。

②持仓：几支ETF几乎没有区别。

③费率：最大的区别来自费率。SPY有着先发优势，因此在如此激烈的竞争中，道富依旧可以坚持0.09%相对高的费率。而一直秉持最低费率政策的先锋和同样在费率战中所向披靡的贝莱德将VOO和IVV的费率定在了0.03%的极低水平。

道富也不是对于费率竞争无动于衷，其推出了SPLG，费率是业内最低的0.02%，因此其规模增长得非常迅猛。这也是美国ETF业界近期流行的操作，ETF发行人不是降低现有ETF的费用，而是推出费率较低的有效克隆产品。这样既能保持现有高费率产品的利润，又能争夺更大的市场份额，这在其他大指数产品上也有体现。

总体来说，SPY规模最大但费率最高，IVV和VOO费率更低，但费率最低且规模也不小的产品是SPLG。

此外，基于标普500的还有规模很大的杠杆/反向ETF（SSO、SPXL、SH、SDS、SPXU等），详见Tips。

标普500等权ETF

对于绝大部分股票指数，以流通市值或者总市值加权是通常的指数编制方法，也就是指更大流通市值的股票占据更大的权重。通常情况下，这种方法是合理的，这样可以比较准确地反映市场整体的状态。

但这种编制方法最被诟病的地方在于：一支股票涨得越多，其权重就越大，对指数的影响也越大。换句话说，股票涨得越多，其在指数中的权重越大，包括ETF在内的被动指数基金就买得越多。一定程度上，指数基金起了助涨杀跌的作用，这对其回报有负面影响。

通常情况下，个别股票在一定时期内的异动对指数ETF的影响有限，从长期看几乎可以忽略不计。

但在某些情况下，投资者就无法忽视这种影响了。

自2020年新冠肺炎疫情暴发以来，美国科技巨头股开始大幅上涨，从以FAANG为代表的互联网巨头到以Mag 7为代表的"科技七姐妹"，科技巨头股无论是业绩还是估值的涨幅都远超其他股票。

最大市值的公司涨幅也最大，这就导致其权重越来越大，对指数的影响也就愈发显著。到了2023年，人们发现标普500指数全部的涨幅几乎都是几家科技巨头贡献的。类似的事情也发生在另一个大指数上，2023年7月，纳斯达克100指数的前十大权重股的权重合计超过了60%。为此，纳斯达克不得不进行"特殊调权"，限制部分科技巨头股的权重。

科技巨头股看似永不停歇的上涨也一路推高了包括标普500在内的美股指数，即便在此期间很多中小盘股票其实都有非常显著的调整。

尽管标普500 ETF等指数投资者因此获益，但对于信奉"长期分散化投资"的投资者们来说，这种被科技巨头"绑架"的现状并不理想。当少数大股票带动市场的大部分涨幅时，投资者和分析师往往会感到紧张，因为他们担心，如果少数公司股价下跌，可能会出现更广泛的回调。

此时，对等权重指数ETF的需求就非常迫切了。

值得重点提一下的是，跟踪标普500等权重指数的ETF中最著名的一支是RSP，它是历史上第一支smart beta概念的ETF，也是规模最大的等权

ETF。

相比SPY，在等权重的RSP持仓组合里，中小盘股票的影响要大很多，这对于许多希望分散化投资的投资者更为适合，尤其是在许多中小盘股票估值和涨幅要远小于科技巨头股之时。

不过，RSP规模远小于SPY，其费率也比SPY高不少（表2-1-2，数据统计截至2024年3月31日，后同）。

表2-1-2　SPY与RSP持仓及费率对比

ETF	SPY		RSP	
跟踪指数	标普500指数		标普500等权重指数	
十大持仓及占比	微软	7.14%	美光科技	0.26%
	苹果	5.63%	Freeport-McMoRan Inc	0.25%
	英伟达	5.02%	Paramount Global	0.24%
	亚马逊	3.81%	Valero Energy Corp	0.24%
	Meta A类股	2.55%	Marathon Petroleum Corp	0.24%
	Alphabet A类股	2.09%	Marathon Oil Corp	0.24%
	Alphabet C类股	1.76%	Phillips 66	0.23%
	伯克希尔哈撒韦 B类股	1.75%	3M Co	0.23%
	礼来	1.41%	NRG Energy Inc	0.23%
	博通	1.37%	康菲公司	0.23%
持仓数量	500		500	
费率	0.09%		0.20%	

二、纳斯达克系列

作为美股科技和成长股的标志性指数，与标普500和道指只包含美国公司不同，纳斯达克指数包括许多来自其他国家的公司，其中也包括不少中概股。

围绕纳斯达克指数有着丰富的ETF生态。其中，规模较大的ETF主要有：QQQ、QQQM、ONEQ、QQQJ（表2-1-3）。

QQQ和QQQM跟踪的都是纳斯达克100指数，覆盖在纳斯达克上市的规模最大的100家非金融上市公司。QQQ开启了纳斯达克ETF大门，也是规模最大的ETF。如同上文SPY和SPLG的关系，QQQM是QQQ的"低费率版本"。

ONEQ跟踪的是纳斯达克综合指数。纳斯达克综合指数追踪几乎所有在纳斯达克证券交易所上市的公司。ONEQ使用抽样方法跟踪较大的纳斯达克综合指数，抽样比完全复制更具成本效益，缺点是如果采样策略无效，可能会导致较大的跟踪差异。

QQQJ跟踪的是纳斯达克下一代100指数。该指数覆盖的是在纳斯达克上市的新一代非金融公司，也就是纳斯达克100指数以外最大的100家上市公司。

表2-1-3　主要纳斯达克ETF对比

ETF	QQQ		QQQM		ONEQ		QQQJ	
跟踪指数	纳斯达克100指数		纳斯达克100指数		纳斯达克综合指数		纳斯达克下一代100指数	
十大持仓及占比	微软	8.79%	微软	8.79%	微软	11.82%	超微电脑	3.79%
	苹果	7.37%	苹果	7.37%	苹果	10.11%	Monolithic Power Systems Inc	2.11%
	英伟达	6.26%	英伟达	6.26%	英伟达	8.51%	Tractor Supply Co	1.82%
	亚马逊	5.33%	亚马逊	5.33%	亚马逊	7.06%	eBay Inc	1.79%
	Meta	4.99%	Meta	4.99%	Meta A类股	4.10%	Icon Plc	1.77%
	博通	4.59%	博通	4.59%	Alphabet A类股	3.36%	AXON ENTERPRISE INC	1.56%
	Alphabet Inc	2.57%	Alphabet Inc	2.57%	Alphabet C类股	3.25%	Steel Dynamics Inc	1.56%
	Alphabet Inc	2.50%	Alphabet Inc	2.50%	Fidelity Securities Lending Cash CentralFund	2.91%	西部数据	1.56%
	开市客	2.28%	开市客	2.28%	博通	2.31%	Align Technology Inc	1.56%
	特斯拉	2.28%	特斯拉	2.28%	特斯拉	2.17%	PTC Inc	1.48%
持仓数量	100		100		1010		100	
费率	0.20%		0.15%		0.58%		0.15%	

在规模、费率、持仓方面，这几支ETF的异同在于：

①规模/费率：几支ETF都有很大的规模和流动性。QQQ是规模最大的超级ETF，其低费率版本QQQM规模增长迅速，是更适合新投资者覆盖纳斯达克100指数的产品；ONEQ是规模最大的覆盖纳斯达克综合指数的ETF产品，其费

率相对较高；QQQJ规模相对较小，费率是和QQQM类似的极低水平。

②持仓：从持仓数量角度看，ONEQ是持仓数量最多的，超过1000支股票。其他三支ETF的持仓数量都为100。从持仓公司的行业角度看：QQQ和QQQM持仓集中于在纳斯达克上市的头部科技和互联网公司，也是近年来最火的科技大盘股。相比QQQ，ONEQ持仓更加多元化，其持仓中大约一半是科技相关行业，还覆盖了金融等其他行业。ONEQ约25%投资于中小微盘公司，这也使得其苹果、微软、英伟达的持仓权重更大。

更广泛的行业和公司覆盖对于ONEQ是双刃剑，一方面，避免了过于集中于科技股的风险；但另一方面，对于希望专注成长股的投资者，ONEQ就不能满足其需求。这也是QQQ曾专门调整跟踪策略，剔除金融股的原因。

QQQJ持仓则集中在中盘科技股，相较于QQQ，QQQJ持仓公司规模都较小，且处于初期发展阶段，所以被称为"未来的巨头"。

选择QQQ还是QQQJ，取决于市场的风格。尽管理论上中型公司应该有更好的增长前景，但至少在最近几年里，"强者恒强"是美股主基调，无论是基本面还是估值，科技巨头股都显著强于其他股票。

此外，由于成长股投资者的风险偏好，围绕纳指还有丰富的杠杆/反向ETF，包括PSQ、QLD、QID、TQQQ和SQQQ等，详见Tips。

纳指等权ETF

科技巨头在纳斯达克100指数中权重更高，其强势表现对纳指ETF的影响比标普更大，因而投资者对于纳斯达克等权重指数的需求也很迫切。

跟踪纳斯达克100等权重指数的ETF主要有两个：QQEW和QQQE（表2-1-4）。

两者跟踪同一个指数，因此在持仓上差异很小。与QQQ相比，科技巨头对QQEW和QQQE的影响大幅降低。

QQEW是第一支纳指等权ETF，在先发优势下，其规模更大、流动性更好，因而买卖价差更小。但QQQE费率更低，在价格战中更有竞争力。

表2-1-4　QQEW与QQQE持仓及费率对比

ETF	QQEW		QQQE	
跟踪指数	纳斯达克100等权重指数		纳斯达克100等权重指数	
十大持仓及占比	美光科技	1.33%	美光科技	1.23%
	Constellation Energy Corp	1.13%	The Trade Desk Inc (A类股)	1.11%
	The Trade Desk Inc(A类股)	1.12%	Constellation Energy Corp	1.09%
	博通	1.08%	Cintas Corp	1.07%
	Cintas Corp	1.07%	Illumina Inc	1.05%
	The Kraft Heinz Co	1.07%	特斯拉	1.05%
	Diamondback Energy	1.06%	The Kraft Heinz Co	1.05%
	Keurig Dr Pepper Inc	1.06%	Lam Research Corp	1.04%
	Marvell Technology	1.06%	PayPal Holdings Inc	1.04%
	Lam Research Corp	1.06%	博通	1.04%
持仓数量	100		100	
费率	0.58%		0.35%	

三、道指系列

人们通常所说的道指并非查尔斯·道(Charles Dow)和爱德华·琼斯(Edward Jones)在1884年创建的史上第一支股票指数，而是查尔斯·道在1896年创建的"道琼斯工业平均指数"，是美国市场指数中第二古老的指数。

道指是美国最知名，也是最"奇葩"的指数。道指涵盖了30家最具影响力和行业代表性的美国公司，但其评选标准并不完全明确，道指的"奇葩"之处在于：它是世界上少有的"以价格加权"的股票指数。英伟达、谷歌这样的巨头可能也因为其股价过高，并没有被道指纳入。

整体上看，道指以价值股为主，主要包含医疗、科技与金融领域的大型公司，与成长股的代表纳指有鲜明的风格差异。

最著名也是唯一的道指ETF是道富银行旗下的DIA（表2-1-5），DIA在1998年1月上市后就广受市场欢迎，成为最具代表性的美股ETF之一，被投资者们取了个爱称"钻石"（diamonds，词头为"DIA"）。

表2-1-5　DIA与EDOW持仓及费率对比

ETF	DIA		EDOW	
跟踪指数	道琼斯工业平均指数		道琼斯工业平均等权重指数	
十大持仓及占比	UnitedHealth GROUP	7.75%	3M	3.79%
	微软	7.11%	卡特彼勒	3.70%
	高盛	6.91%	雪佛龙	3.57%
	卡特彼勒	6.29%	迪士尼	3.55%
	家得宝	6.09%	威瑞森通信	3.53%
	Salesforce	5.00%	旅行者集团	3.50%
	VISA A类股	4.66%	亚马逊	3.50%
	麦当劳	4.60%	高盛	3.49%
	安进	4.56%	陶氏公司	3.49%
	旅行者集团	3.89%	摩根大通	3.47%
持仓数量	30		30	
费率	0.16%		0.50%	

道指也有对应的等权ETF——EDOW，对于不希望被股价大幅上涨的公司影响的投资者，EDOW提供了一个更合适的选择。

此外，道指还有对应的杠杆/反向ETF，包括DOG、DDM、DXD、UDOW、SDOW等，详见Tips。

三大股指ETF——"蜘蛛、Q和钻石"，它们是"ETF盛世"的标志，也是投资者打开美股市场大门的钥匙。

Tips

美股三大股指ETF一览（表2-1-6）。

表2-1-6　美股三大股指主要ETF

ETF		费率	杠杆/反向
标普500 系列			
标普500 ETF	SPY	0.09%	
	SPLG	0.02%	
	IVV	0.03%	
	VOO	0.03%	
标普杠杆/反向ETF	SSO	0.89%	2×
	SPXL	1.00%	3×
	UPRO	0.91%	3×
	SH	0.89%	−1×
	SDS	0.90%	−2×
	SPXU	0.90%	−3×
	SPXS	1.08%	−3×
标普500等权ETF	RSP	0.20%	

续表

ETF		费率	杠杆/反向
纳斯达克系列			
纳斯达克100 ETF	QQQ	0.20%	
	QQQM	0.15%	
纳指杠杆/反向ETF	QLD	0.95%	2×
	TQQQ	0.95%	3×
	PSQ	0.95%	−1×
	QID	0.95%	−2×
	SQQQ	0.95%	−3×
纳指等权ETF	QQQE	0.35%	
	QQEW	0.58%	
纳斯达克综合ETF	ONEQ	0.58%	
纳斯达克下一代100 ETF	QQQJ	0.15%	
道指系列			
道指ETF	DIA	0.16%	
道指杠杆/反向ETF	DDM	0.95%	2×
	UDOW	0.95%	3×
	DOG	0.95%	−1×
	DXD	0.95%	−2×
	SDOW	0.95%	−3×
道指等权ETF	EDOW	0.50%	

第二节 美股宽基ETF：不只有三大指数

毫无疑问，自2010年以来，时代属于美股。无论是相比于新兴市场，还是相比于其他发达国家股指，美股的表现都"遥遥领先"。从各个角度看，美股都具有相对的优势。

①更高的汇率：美元指数在过去十几年整体升值。

②更强的基本面：以科技巨头为首的美股上市公司业绩优异，且在回购上异常慷慨。

③更高的估值：美股估值远高于其他市场。

面对在过去十几年里似乎"永不会跌"的美股，投资者自然趋之若鹜。ETF成为投资者投资美股的重要途径，对美股影响日益显著。晨星的数据显示，过去十年中美国ETF资产的膨胀速度是共同基金资金的三倍。甚至市场越波动，ETF越活跃。在美股大跌的2022年，ETF成交量占美国股市成交量的

30.7%，创历史新高，较2021年的25.3%大幅增长。

而另一个有意思的数据是，同样是在2022年，ETF交易中二级市场交易占86%，而一级市场仅占剩余的14%。美国国内股票ETF的一级市场交易额达到5.2万亿美元，仅占当年股票交易额99.8万亿美元的5.2%。也就是说，ETF日益成为二级市场投资者投资美股的重要方式，不亚于火爆的明星科技股。

在市场动荡期间，ETF二级市场的交易量（无论是绝对值还是占股市总交易量的比例）都会上升，因为投资者，尤其是机构投资者，会转向ETF来快速有效地转移和对冲风险。其中，占据美股ETF最大份额的自然是覆盖公司广泛的宽基指数ETF，这也是绝大部分投资者投资美股最重要的方式。

对于美股指数，许多人都熟悉标普500、纳指和道指这三大指数及其对应的ETF。但这三大指数不能完全代表美股的所有公司。美股有大盘、中盘、小盘、微盘等不同规模的公司，这些公司处于完全不同的发展阶段、完全不同的行业，能给投资者的分散化组合带来不同的价值。

根据覆盖公司的范围不同，宽基美股ETF有众多选择，其区别取决于跟踪的指数之间的差异，目前美股主要有四大系列的基准指数：标普、道琼斯、罗素和CRSP系列指数。

四大系列指数均按照市值对符合其标准的美股股票进行排序，但不同指数对规模的划分存在一定的差异（表2-1-7）。

2-1-7 美股四大系列指数对不同规模公司划分的数量标准

规模	标普系列指数（排名数）	道琼斯系列指数（排名数）	罗素系列指数（排名数）	CRSP系列指数（市值比例）
超大盘	前100	—	前200	前70%
大盘	前500	前750	前1000	前85%
中盘	501～900	401～1100	201～1000	70%～85%
小盘	901～1500	751～2500	1001～3000	85%～98%
微盘	—	2500之后	2001～4000	98%～100%

根据表2-1-7可以看出，其差异在于，除了标普指数外，其他三大系列指数的中盘股指数与其大盘股或小盘股指数存在部分重叠。

CRSP美国中盘股指数涵盖了占美国市值比例为70%～85%的股票，100%被CRSP美国大盘股指数所包含。

罗素中盘股指数涵盖市值排名201～1000名的股票，也同样被罗素大盘股所覆盖。

道琼斯中盘股指数涵盖市值排名401～1100名的股票，与道琼斯大盘股和小盘股指数各有部分重叠。

只有标普指数的大盘股、中盘股和小盘股指数互相之间没有任何重叠。此外，标普系列指数的成分公司必须满足一系列标准，包括市值、流动性、公开流通股比例、基于GICS（全球行业分类标准）的行业分类以及盈利性指标。这使得标普指数存在一定的质量因子特点。

有一个著名的特斯拉案例。截至2013年1月，特斯拉的市值为43亿美元。这高于标普500指数40亿美元的最低市值要求。然而，特斯拉直到2020年12月才被纳入该指数，原因是特斯拉的盈利能力一直达不到标普的标准。而CRSP美国大盘股指数早在2013年6月就将特斯拉纳入其中。道琼斯美国大盘股总股票市场指数也紧随其后，于2013年9月将特斯拉纳入其中。

从表2-1-8可以看出，从市值占比角度看，四大系列指数有以下差异：

无论是大盘股、中盘股还是小盘股，标普系列指数都是市值占比最小的，也是其中规模划分最为清晰的。

中盘股市值占比最高的是罗素系列指数，而小盘股市值占比最高的是CRSP系列指数。

了解了四大系列指数的主要差异后，来看主要的美股宽基指数。

表2-1-8　美股四大系列指数不同规模公司占比

规模	标普系列指数 （市值占比）	道琼斯系列指数 （市值占比）	罗素系列指数 （市值占比）	CRSP系列指数 （市值占比）
超大盘	52.6%	—	66.0%	71.1%
大盘	82.2%	88.8%	91.4%	85.6%
中盘	5.8%	10.6%	25.5%	15.4%
小盘	2.5%	9.5%	7.00%	12.3%
微盘	—	—	1.3%	—

一、美股全市场指数ETF

顾名思义，全市场指数（简称"全指"）覆盖美股各类公司，从巨头到微盘公司都在内，是覆盖面最广的美股指数。

在这个领域，规模最大的ETF来自"三大卷王"：

先锋旗下的VTI规模远超竞争对手，这有其独特的历史原因。作为指数基金的开创者，先锋集团受到创始人博格的影响，不仅错过了第一支ETF的机遇，而且在之后很长时间里都没有涉足ETF领域。直到2001年，先锋集团基于其专利体系推出了第一支ETF——VTI，作为先锋ETF"长子"，VTI也受到了投资者的热捧，规模在整体美股ETF里也是名列前茅。VTI最初跟踪的是MSCI旗下指数，后来先锋为了降低成本，将其切换到了CRSP美国总体市场指数。

ITOT来自ETF双寡头中的另一家——贝莱德iShares，跟踪的是标普总体市场指数。

SCHB这支ETF来自经纪巨头嘉信理财（Charles Schwab），跟踪的是道琼斯美国宽基市场指数。作为美股散户二级市场交易的主要平台之一，嘉信理财和富达等经纪巨头自然是ETF生态中的重要一环，在推出自己的ETF之前，嘉信理财就已经是ETF的主要交易平台了。

此外，嘉信理财还有由约6000名独立顾问构成的庞大网络，向散户们提供理财建议。嘉信理财在经纪业务中经常带头大打"佣金价格战"，自然也不会错过ETF，其率先宣布对旗下ETF的"免佣金"政策，从另一个维度大打价格战。

嘉信理财与先锋、贝莱德这"三大卷王"把ETF成本压到了极低的0.03%水平，让竞争对手难以企及。

另一支接近覆盖美股全市场的ETF是IWV，它跟踪的是罗素3000指数。由于早在2000年就推出了，先发优势让IWV仍然能保持一定的规模（表2-1-9）。

表2-1-9　主要美股全市场指数ETF

ETF	VTI		ITOT		SCHB		IWV	
跟踪指数	CRSP美国总体市场指数		标普总体市场指数		道琼斯美国宽基市场指数		罗素3000指数	
十大持仓及占比	微软	6.21%	微软	6.19%	微软	6.16%	微软	6.23%
	苹果	5.39%	苹果	4.84%	苹果	5.39%	苹果	4.89%
	英伟达	3.75%	英伟达	4.38%	英伟达	3.90%	英伟达	4.23%
	亚马逊	3.32%	亚马逊	3.25%	亚马逊	3.20%	亚马逊	3.21%
	Meta	2.20%	Meta	2.12%	Meta	2.18%	Meta	2.14%
	Alphabet A类股	1.65%	Alphabet A类股	1.80%	Alphabet A类股	1.64%	Alphabet A类股	1.82%
	伯克希尔哈撒韦B类股	1.47%	Alphabet C类股	1.52%	伯克希尔哈撒韦B类股	1.52%	Alphabet C类股	1.55%
	Alphabet C类股	1.37%	伯克希尔哈撒韦B类股	1.50%	Alphabet C类股	1.39%	伯克希尔哈撒韦B类股	1.52%
	礼来	1.30%	礼来	1.19%	礼来	1.23%	礼来	1.27%
	博通	1.17%	博通	1.17%	博通	1.15%	博通	1.15%
持仓数量	3695		2513		2434		2699	
费率	0.03%		0.03%		0.03%		0.20%	

在规模、费率、持仓方面，这几支ETF的异同在于：

①规模：VTI规模最大，流动性也最好，买卖价差最小，ITOT和SCHB同样有很大的规模，买卖价差略大于VTI，但仍然是极低的水平。IWV规模相对较小，买卖价差也最大。

②费率：如前文所述，VTI、ITOT和SCHB的费率都是极低的水平，IWV在费率上劣势较大。

③持仓：VTI跟踪的CRSP美国总体市场指数覆盖的公司最多，但由于市值加权的影响，四支ETF整体的差异不大。

基本上，美股全市场指数ETF是VTI一家领先，呈现ITOT和SCHB紧紧追赶，"三大卷王"垄断的局面。

二、美股大盘股ETF

美股最优质的公司都集中在大盘股，除了最著名的三大指数ETF之外，"三大卷王"旗下各有一支规模较大的大盘股ETF：

嘉信理财旗下的SCHX，跟踪道琼斯美国大盘股指数；贝莱德iShares旗下的IWB，跟踪罗素1000指数；先锋集团旗下的VV，跟踪CRSP美国大盘股指数（表2-1-10）。

表2-1-10 主要美股大盘股ETF

ETF	SCHX		IWB		VV	
跟踪指数	道琼斯美国大盘股指数		罗素1000指数		CRSP美国大盘股指数	
十大持仓及占比	微软	6.61%	微软	6.59%	微软	7.07%
	苹果	5.27%	苹果	5.21%	苹果	6.14%
	英伟达	4.72%	英伟达	4.32%	英伟达	4.27%
	亚马逊	3.49%	亚马逊	3.43%	亚马逊	3.78%
	Meta	2.26%	Meta	2.39%	Meta	2.50%
	Alphabet A类股	1.88%	Alphabet A类股	1.89%	Alphabet A类股	1.88%
	伯克希尔哈撒韦 B类股	1.62%	伯克希尔哈撒韦 B类股	1.61%	伯克希尔哈撒韦 B类股	1.65%
	Alphabet C类股	1.59%	Alphabet C类股	1.61%	Alphabet C类股	1.56%
	礼来	1.31%	礼来	1.38%	礼来	1.48%
	博通	1.23%	博通	1.20%	博通	1.33%
持仓数量	755		1000		530	
费率	0.03%		0.15%		0.04%	

相比于标普500 ETF，这三支ETF有一些异同：

①规模：三支ETF规模接近，买卖价差也比较接近。

②费率：SCHX做到了和IVV、VOO这些标普500 ETF一样的极低水平，而VV略高一些，IWB的费率劣势较明显。

③持仓：三支ETF持仓数量都要多于标普500指数覆盖的公司数，其中IWB持仓最为分散。

尽管略有差异，但在市值加权的机制下，近年来美股大盘股的表现远好于中小盘股，因此美股全市场指数ETF、美股大盘股ETF和标普500 ETF的回报差距很小。但考虑到IVV、VOO规模更大、流动性更好和费率更低，标普500 ETF仍然是更好的选择。

三、美股中盘股ETF

主流的美股中盘股ETF主要有三支：贝莱德旗下的IJH、IWR和先锋旗下的VO。

其中，IJH跟踪标普中盘股指数，VO跟踪CRSP中盘股指数，而IWR跟踪的是罗素中盘股指数（表2-1-11）。

与大盘股不同的是，由于主要指数公司对中盘股的划分没有统一的标准，各家指数成分股之间差异很大，所以跟踪不同指数的ETF表现也有明显的不同。

表2-1-11 主要美股中盘股ETF

ETF	IJH		VO		IWR	
跟踪指数	标普中盘股指数		CRSP中盘股指数		罗素中盘股指数	
十大持仓及占比	Vistra Corp	0.94%	Arista Networks	0.96%	PHILLIPS	0.67%
	WILLIAMS SONOMA	0.74%	Amphenol Corp A类股	0.91%	Parker-Hannifin Corp	0.64%
	RELIANCE STEEL & ALUMINUM	0.73%	TransDigm Group	0.86%	Amphenol Corp A类股	0.61%
	CARLISLE COMPANIES	0.72%	PACCAR	0.81%	TRANE TECHNOLOGIES	0.61%
	GODADDY A类股	0.66%	Motorola Solutions	0.76%	CrowdStrike Holdings A类股	0.60%
	EMCOR GROUP	0.64%	Cintas Corp	0.76%	KKR	0.59%
	PURE STORAGE A类股	0.59%	Constellation Energy Corp	0.75%	TransDigm Group	0.58%
	SAIA	0.59%	Arthur J. Gallagher	0.73%	PACCAR	0.56%
	GRACO	0.58%	Welltower	0.71%	Constellation Energy Corp	0.55%
	LENNOX INTERNATIONAL	0.57%	Palantir Technologies A类股	0.68%	Marvell Technology	0.55%
持仓数量	400		337		816	
费率	0.05%		0.04%		0.19%	

三支ETF的异同主要在于：

①规模：IJH规模最大，VO稍弱一些，两者的流动性、买卖价差也比较接近。

②费率：VO最低，IJH略高，IWR劣势最大。

③持仓：三者跟踪的是不同的中盘股指数，其中IWR持仓数量最多，而VO最为集中。IJH的科技股占比相对较低，金融股占比相对高一些。IWR的科技和医疗板块权重相对高。

此外，围绕标普中盘股指数的还有相应的杠杆/反向ETF，包括MVV、UMDD、MYY、MZZ和SMDD等，详见Tips。

四、美股小盘股ETF

小盘股与三大指数代表的大盘股在走势上有显著的差异，因此小盘股ETF能够给投资者的组合带来重要的分散化价值。

规模最大的美股小盘股ETF包括：贝莱德旗下的IJR、IWM和先锋旗下的VB。

这三支ETF代表着美股最经典的小盘股指数ETF。其中，IJR跟踪标普小盘股指数，IWM跟踪罗素2000指数，而VB跟踪的是CRSP小盘股指数（表2-1-12）。

表2-1-12 主要美股小盘股ETF

ETF	IJR		IWM		VB	
跟踪指数	标普小盘股指数		罗素2000指数		CRSP小盘股指数	
十大持仓及占比	Fabrinet	0.59%	超微电脑	1.86%	超微电脑	0.75%
	Ensign Group	0.58%	MicroStrategy A类股	0.82%	Builders FirstSource	0.44%
	SPS Commerce	0.57%	Comfort Systems USA	0.44%	Deckers Outdoor	0.42%
	ATI	0.57%	Onto Innovation	0.36%	Vertiv Holdings Co A类股	0.42%
	Mueller Industries	0.53%	LIGHT WONDER	0.34%	Axon Enterprise	0.40%
	SM Energy	0.53%	Weatherford International Plc	0.34%	Targa Resources Corp	0.40%
	ABERCROMBIE AND FITCH A类股	0.52%	CARVANA A类股	0.33%	PTC	0.38%
	AAON	0.52%	ELF BEAUTY	0.33%	Entegris	0.37%
	Installed Building Products	0.52%	APi Group Corp	0.32%	Booz Allen Hamilton Holding	0.35%
	Meritage Homes Corporation	0.52%	SIMPSON MANUFACTURING	0.32%	Reliance Steel & Aluminum Co	0.34%
持仓数量	600		2000		1420	
费率	0.06%		0.19%		0.05%	

三支ETF的差异在于：

①规模：IJR规模最大，VB最小，IWM跟踪的是最著名的小盘股指数——罗素2000指数，有先发和品牌优势，因此也有较大的规模。

②费率：VB保持了先锋的传统，有着最低的费率，IJR费率也相对较低，而IWM费率明显偏高。

③持仓：三支ETF跟踪的指数编制逻辑存在显著的差异。

IWM跟踪的罗素2000指数：每年5月最后一个交易日根据市值排序，将排名1001～3000的股票纳入指数（而排名1～1000的股票则纳入罗素1000大盘股指数）。

VB跟踪的CRSP指数则是根据总市值从大到小对美股进行排名。总市值排名前70%的股票纳入大盘股指数。排名70%～85%的股票被选入中盘股指数。排名85%～98%的股票被选入小盘股指数。

而IJR跟踪的标普小盘股指数则有明确的市值区间，7.5亿美元至46亿美元之间，且是三支指数里面唯一对盈利能力有要求的指数。一家公司最近一个季度的盈利及其过去连续四个季度的盈利总和必须为正数才能被包含在内。

因此整体来看，IJR包含的公司是三支指数里面数量最少的，且平均市值也是最小的，IWM次之，而VB最大。

对于希望拥有小盘股敞口的投资者，IJR是最纯正的，且费率也相对较低。同时，由于存在盈利要求，据道富银行的统计，截至2022年，IJR跟踪的标普小盘股指数在过去30年里跑赢IWM跟踪的罗素2000指数达到676%。

此外，由于罗素2000指数是最知名的美股小盘股指数，围绕其还有丰富的杠杆/反向ETF，包括UWM、TNA、RWM、TWM、TZA等，详见Tips。

五、美股微盘股ETF

除了小盘股之外，还有市值更小的一组公司：微盘公司。美股比较有代表性的微盘股ETF是IWC。

IWC跟踪的是罗素微盘股指数。该指数包含了罗素2000指数中市值最小的股票和罗素3000指数中未包含在罗素2000指数内的最小市值股票。这意味着，它包括了美国市值排名在2000～4000之间的股票。医药、金融为罗素微盘股指数前两大持仓行业（表2-1-13）。

表2-1-13　IWC持仓及费率明细

ETF	IWC	
跟踪指数	罗素微盘股指数	
十大持仓及占比	MODINE MANUFACTURING	1.23%
	Sterling Infrastructure	0.79%
	Crinetics Pharmaceuticals	0.77%
	CLEANSPARK	0.74%
	URANIUM ENERGY CORP	0.69%
	IDEAYA BIOSCIENCES	0.69%
	RHYTHM PHARMACEUTICALS	0.53%
	AVIDITY BIOSCIENCES	0.45%
	GEO GROUP REIT	0.45%
	UFP Technologies	0.44%
持仓数量	1487	
费率	0.60%	

包括三大指数ETF在内，美股ETF提供了丰富的宽基产品体系，从大盘到微盘，投资者有充分的选择来构建一个分散化的投资组合。

Tips

主要美股宽基ETF一览（表2-1-14）。

表2-1-14　主要美股宽基ETF

ETF		跟踪指数	费率	杠杆/反向
美股全市场指数ETF	VTI	CRSP美国总体市场指数	0.03%	
	ITOT	标普总体市场指数	0.03%	
	SCHB	道琼斯美国宽基市场指数	0.03%	
	IWV	罗素3000指数	0.20%	
美股大盘股ETF	SCHX	道琼斯美国大盘股指数	0.03%	
	IWB	罗素1000指数	0.15%	
	VV	CRSP美国大盘股指数	0.04%	
美股中盘股ETF	IJH	标普中盘股指数	0.05%	
	VO	CRSP中盘股指数	0.04%	
	IWR	罗素中盘股指数	0.19%	
标普中盘股杠杆/反向ETF	MVV		0.95%	2×
	UMDD		0.95%	3×
	MYY		0.95%	−1×
	MZZ		0.95%	−2×
	SMDD		0.95%	−3×

续表

ETF		跟踪指数	费率	杠杆/反向
美股小盘股ETF	IJR	标普小盘股指数	0.06%	
	IWM	罗素2000指数	0.19%	
	VB	CRSP小盘股指数	0.05%	
小盘股杠杆/反向ETF	UWM		0.95%	2×
	TNA		1.09%	3×
	RWM		0.95%	−1×
	TWM		0.95%	−2×
	TZA		1.03%	−3×
美股微盘股ETF	IWC	罗素微盘股指数	0.60%	

第三节　智慧贝塔ETF：真的智慧吗？

20世纪90年代末的美股可谓意气风发，没想到踏入21世纪遭遇的是一场"当头棒喝"。

面对突如其来的崩盘，习惯了明星科技股每天上涨的投资者几乎溃不成军。科网泡沫重创之下，美股整整用了三年才逐步企稳。

这场载入史册的金融市场危机也是ETF大发展的分水岭。

一些痛定思痛的投资者开始寻找投资其他资产的机会，此后首支债券ETF、首支商品类ETF先后问世，多资产ETF浪潮就此开端。

另一些人则开始反思股灾的教训，他们关注的焦点之一就是指数基金。

除了"奇葩"的道指以股价为权重以外，包括标普500和纳斯达克100在内的指数都是以市值为权重。在20世纪90年代末的科技股狂潮中，股价大幅上涨的科技公司在指数中的权重越来越高，导致包括ETF在内的众多指数基金"越涨越买"，而这些昂贵的科技股正是此后股价大跌的重灾区，投资者因此损失惨重。

景顺看准了这个时机，在2003年推出了第一支标普500等权ETF——RSP，一推出便大获成功。

可能连景顺也没有想到的是，RSP打开的不只是等权重指数ETF的大门，还打开了另一个更为宏大的市场。

了解这个市场之前，先要理解资本市场的一个根本问题：如何解释股价的变化？

资产定价问题一直是金融学大佬们的论战焦点。20世纪60年代，夏普（Sharpe）、Lintner和Mossin提出著名的CAPM（资本资产定价模型）。

CAPM认为：①证券资产的预期收益和它的市场系统性风险（beta）之间存在一个正向的线性关系，beta越大，资产的预期收益越大；②市场beta 足以解释证券资产的预期收益，不存在超额收益（alpha）。

但人们发现beta无法完全解释资产的预期收益，随后又出现了套利定价模型（APT），由此爆发了一场著名的论战。论战的双方集结了罗斯、罗尔、夏普、法玛（Fama）等当时金融学术界的诸多大牛，从理论基础到实证检验，从风险衡量到定价因子确认，双方以笔为矛进行了多轮论战。最后，论战焦点集中在这两个问题上：资产定价究竟需要几个因子？这些因子又是什么呢？

1992年，法玛和French提出了三因子模型，该模型在CAPM原有市场因子的基础上增加了价值和规模因子，即股票的收益率可以用三个因子来解释。三因子模型统一了CAPM和APT两大理论，在其后二十多年时间里被学术界和实务界广泛接受。

三因子模型让法玛拿下了2013年的诺贝尔经济学奖，使其被尊称为"现代金融学之父"，它还证明了"知识就是金钱"，开启了量化投资的"学霸做交易"的时代。

由法玛的学生David Booth创立的Dimensional Fund Advisors发行了诸多基于市值和价值因子的投资产品，一跃成长为管理资产逾7000亿美元的公募基金巨擘，此后更是转型成了ETF巨头，此乃后话。法玛的另一个学生克里夫·阿斯内斯（Cliff Asness）创立的AQR更是管理着史上最成功的量化基金之一。

法玛开了这个"钱途大好"的头，学界和华尔街对更多的定价因子持续挖掘，动量、波动性、股息率、盈利质量等新一代因子陆续被发掘，因子投资进入黄金期。

既然在beta以外存在如此多的因子，那为何不能在传统指数投资基础上，改变指数按照市值决定成分股和权重的传统模式，以不同因子为标准，从而获得所谓超额收益呢？

按照这个思想，资产管理公司Research Affiliates设计了一系列"基本面指数"（RAFI）。其研究显示，基于不同基本面因子选股和加权的指数表现要优于传统的市值加权指数。

Research Affiliates认为所谓"基本面指数"混合了主动和被动投资特点的形态，是一种基于规则的投资产品。

著名咨询公司韬睿惠悦（现称为 Willis Towers Watson）发明了一个词来描述这类产品：smart beta（智慧贝塔）。这个名字响亮又易懂：smart beta，更智慧的指数！

RSP是第一支smart beta概念的ETF。2005年，第一支跟踪RAFI指数的ETF上市，smart beta ETF正式登上历史舞台。

在最合适的时机，又有一个最出圈的名字，smart beta ETF火了，而且一火就火了20年。

众多错失ETF先发优势的华尔街机构争相发行smart beta ETF，希望能弯道超车。但随着贝莱德和先锋两巨头的发力，smart beta赛道依旧是它们的天下。

随着众多因子被挖掘，基于美股四大基准指数，通过在选股和权重方面倾向于一个或多个因子，美股smart beta指数形成了众多类别，大致可以分为以下几类：

①基于基本面因子：成长、价值、红利等。

②基于加权方式：等权。

③基于市场表现：动量、低波(low volatility)、最小波动（minimum variance）、高贝塔（high beta)等。

一、因子筛选的标准

然而，正如上文所言，smart beta缺乏明确的基准，各大指数公司在指数构建方面存在差异，这给投资者的回报带来显著的影响。

比如贝莱德常跟踪的标普指数与先锋常用的CRSP指数对于成长与价值的标准存在差异。

对于成长因子的筛选，标普和CRSP都采纳了过去三年的每股收益（EPS）和每股收入增速作为标准，不同点在于CRSP还纳入了对于未来EPS的增速预期等指标，而标普则加入了动量因素（过去12个月的股价变动率）。

对于价值因子的筛选，两者都采纳了PB（市净率）、PS（市销率）、PE（市盈率）三大标准，而CRSP还增设了未来动态PE、股息率指标。

那如果一支股票既符合成长的标准，也符合价值的标准呢？指数公司的做法就是将其市值按比例分配给不同的指数。

两大指数对因子定义的微妙差异，在2023年使跟踪两家指数的ETF产生巨大的差异。

在前一年的2022年，美股遭遇熊市，科技股跌幅巨大，而能源股则逆市上涨。

由于标普所独有的动量指标，到了2022年底标普指数再平衡的时候，微软在成长和价值指数中的市值分配比例从2021年的100%和0变成了2022年底的58%和42%。而埃克森美孚作为石油龙头则因为业绩和股价的强劲，被归入了成长股。

2023年，随着美国科技股重启涨势，投资者惊讶地发现，同为成长股ETF，跟踪标普指数的ETF远远跑输跟踪CRSP指数的ETF，原因就在于CRSP指数中科技股的权重要高于标普指数。

相比于标普指数和CRSP指数，罗素指数更加不同。

罗素指数的构建，特别是针对成长股和价值股的分类，是通过一套特定的评估体系来实现的。这种方法旨在将股票根据其成长和价值特征分配到相应的风格估值指数中。

以下是罗素风格指数的构建方法的详细说明：

非线性概率方法：FTSE Russell采用一种"非线性概率"方法来为股票分配成长和价值风格。

价值特征：使用市净率（price-to-book, P/B）来评估。

成长特征：使用两个变量来评估，分别是I/B/E/S®预测的中期增长率（两年）和每股销售历史增长率（五年）。

概率指标：所谓的"概率"指标表示股票是价值股还是成长股的确定程度。这是基于股票的相对P/B比率、I/B/E/S®预测的中期增长率（两年）和每股销售历史增长率（五年）来计算的。

综合价值评分（CVS）：通过将上述三个变量的排名转换为标准化单位，

并按照一定的权重组合，形成一个综合价值评分。在这个评分体系中，价值变量占50%，而两个成长变量占剩下的50%。

股票排名和权重分配：股票首先根据其CVS进行排名，然后应用概率算法计算CVS分布，为每支股票分配成长和价值权重。

权重的表示：一般来说，CVS较低的股票被认为是成长的，CVS较高的股票被认为是价值的，而CVS处于中间范围的股票则被认为同时具有成长和价值特征，并在成长和价值指数中按比例分配权重。所有股票都通过其成长和价值权重的组合得到完全代表。

二、指数权重的设置

对于同样的因子指数，不同指数公司存在不同的权重设计，其中罗素和CRSP都有其独特的方法。

标普系列smart beta指数多按照传统的市值加权来计算。

罗素指数则不同，其smart beta指数的权重设计按照其独有的CVS计算来完成，且每个罗素纯风格指数的行业权重被限制在10%以内。

CRSP指数也有其独特的权重设计方案。在其部分smart beta指数中，CRSP根据股票的PB、PE、动态PE、股息率、PS率五大指标的评分和排名，来设计指数权重。

而在众多smart beta指数中还有等权重、以自由现金流为权重、以股息为权重等不同权重设计，这对ETF的回报都会产生显著的影响。

由于过去十年里smart beta ETF大行其道，投资者越来越习惯于依赖指数ETF去配置资产。但由于其标准的不清晰，投资者很容易被名字误导，从而影响回报，所以在投资前了解ETF的持仓构成非常重要。

smart beta ETF的资产规模如今已经达到万亿美元，争议也随之而来。

smart beta缺乏明确的基准。尽管其声称基于规则和公式构建，但在实践中，ETF在构建这些指数时拥有相当大的自由度。这种自由度来源于多种因子定义的选择和股票选择及其权重的灵活性。由于大规模数据的可用性和强大的计算能力，开发一个具有出色回测表现的智慧贝塔指数并不困难。

随着华尔街"因子竞赛"的开启，每家机构都宣称自家推出的smart beta产品能够战胜市场，带来超额回报，每家机构都"精心"做了回测来证明这一点。但市场对于"数据挖掘"的忧虑越来越大，认为有些"大量营销的回溯测试"可能经不起仔细推敲。

尤其是这种回测表现并不总是能够转化为实际的市场表现。有研究显示，在ETF上市前，智慧贝塔指数的市场调整回报（即alpha）平均约为3%。然而，在ETF上市后，这一数字显著下降，平均alpha变为负数，约为-1%~-0.5%。这意味着，上市后，智慧贝塔指数不仅未能继续提供超额回报，反而在扣除市场回报后表现不佳。

面对如此众多的smart beta ETF，如何选择也是一个很专业的问题。实践证明，选择因子是一件非常困难的事，尤其是对于普通投资者。这与主动管理的问题是一样的，绝大部分投资者没有择时交易能力，但又有择时交易的冲动。

或许smart与beta这两个单词本身就是矛盾的，beta概念的提出者夏普表达得很直接：我对这个名字感到恶心，很怀疑这是否是长期有意义的。

智慧贝塔真的智慧吗？

至少，现在市场确实愿意买单。

第四节　智慧贝塔ETF：成长与价值——一生之敌

在smart beta ETF的众多因子中，有两个是最基本的因子：成长和价值。

这可以追溯到金融学的"圣杯之争"——资产定价模型。从一开始，价值与成长就是对立的关系。

价值和成长的概念最初由法玛和French在他们1992年的三因子模型中引入，以帮助解释超出市场的长期投资回报。法玛和French将价值股定义为账面价值与市值比率较高的股票，而将成长股定义为账面价值与市值比率较低的股票。价值股票相对于其"内在"价值（即账面价值）而言价格较低，但其特点是股息收益率较高，因此被认为被低估。相比之下，成长型股票的好处是能够随着时间的推移潜在地增加现金流，并以不太代表其资产当前账面价值的方式产生更高的资产回报率。

价值与成长，构成了美股风格的基础。如今的美股成长为王，但在历史上很长一段时间里，价值股才是主流。

尽管20世纪90年代末的科技股有所回调，但直到2007年之前，价值股表现一直领先于成长股。在这长达五十年的时间里，美股可以说是"价值为王"。

2008年金融危机之后，成长股开始主导美股风格。

这里最关键的变化是美联储启动了QE货币政策，在很长一段时间里将利率压制在极低的水平，而通胀也并未出现显著的上升，这带来了接下来十五年的"成长股大牛市"。

这一切在2020年新冠肺炎疫情暴发后出现了变化，关键变量是美国通胀的爆发，导致美联储开启了猛烈的加息潮，而美国刺激经济带来的财政赤字也让美债收益率持续维持在高位。地缘政治局势的恶化，也使得全球供应链面临重组，这给通胀带来了长期的推动力。

此外，ChatGPT的横空出世让AI开启了新一轮技术革命，这给以科技股为核心的美股成长股打了一针强心剂。市场希望在通胀见顶、美联储进入降息周期后，成长股能够继续主导美股。

价值 VS 成长，谁执美股牛耳？新一轮的斗争已经开始！

一、成长股ETF

成长因子侧重公司的业务中长期成长性，通过分析公司的历史收入增长率、净利润增长率以及预期增长率等指标来衡量。

成长股无疑是美股的核心资产，也是美股对投资者吸引力最大的股票之一。

最具标志性的美股成长股ETF是纳斯达克100 ETF，但它只覆盖了在纳斯达克证券交易所上市的非金融公司。

以美股全市场指数为基础，主要成长股ETF如表2-1-15所示。

表2-1-15　主要成长股ETF

ETF		跟踪指数	费率	持仓数量	加权方式
美股大盘成长股ETF	VUG	CRSP美国大盘成长股指数	0.04%	209	市值加权
	SCHG	道琼斯美国大盘成长股指数	0.04%	256	市值加权
	IWF	罗素1000成长股指数	0.18%	445	成长加权
	VONG		0.08%	445	成长加权
	IVW	标普500成长股指数	0.18%	232	市值加权
	SPYG		0.04%	232	市值加权
美股中盘成长股ETF	IWP	罗素中盘成长股指数	0.23%	335	成长加权
	VOT	CRSP美国中盘成长股指数	0.07%	150	市值加权
	IJK	标普400中盘成长股指数	0.17%	250	市值加权
美股小盘成长股ETF	VBK	CRSP美国小盘成长股指数	0.07%	638	成长加权
	IWO	罗素2000成长股指数	0.23%	1070	成长加权
美股全指成长股ETF	IUSG	标普900成长股指数	0.04%	478	市值加权

1.成长股ETF的规模和费率差异

（1）美股大盘成长股ETF

美股的大盘成长股ETF主要有VUG、SCHG、VONG和SPYG，它们分别跟踪四大基准指数的成长因子版本。

①VUG：先锋旗下的VUG跟踪的是CRSP美国大盘成长股指数，也是费率最低、规模最大的美股成长股ETF。

②SCHG：嘉信理财旗下的SCHG跟踪的是道琼斯美国大盘成长股指数。

③VONG：贝莱德旗下的VONG跟踪的是罗素1000成长股指数，同样跟踪该指数的还有一个主要成长股ETF——IWF，但VONG的费率更低。

④SPYG：道富银行旗下的SPYG跟踪的是标普500成长股指数。同样跟踪该指数的还有IVW，规模也很庞大，但费率远高于SPYG。

（2）美股中盘成长股ETF

主要的中盘成长股ETF包括：

跟踪罗素中盘成长股指数的IWP、跟踪CRSP美国中盘成长股指数的VOT和跟踪标普400中盘成长股指数的IJK。

它们的主要差异在于：

①规模：IWP最大，VOT次之，IJK最小。

②费率：先锋旗下的VOT依旧是费率最低的，IWP和IJK费率都相对较高。

（3）美股小盘成长股ETF

规模较大的小盘成长股ETF有两支，分别是跟踪CRSP美国小盘成长股指数的VBK和跟踪罗素2000成长股指数的IWO。

其差异在于：

①规模：VBK更大，其流动性更好，买卖价差也更小。

②费率：VBK显著低于IWO。

但因为罗素2000成长股指数作为小盘股经典指数的知名度，以及iShares罗素2000系列ETF的先发优势，IWO依然是规模很大的小盘成长股ETF。

（4）美股全指成长股ETF

贝莱德iShares旗下的IUSG"一枝独秀"，规模远超同类产品。

IUSG跟踪标普900成长股指数，主要覆盖美股大中盘成长股。

2.成长股ETF的持仓差异

除了以上规模和费率的差异外，这些ETF在持仓方面的差异主要来自指数设计的差异，包括：

（1）四大基准指数在规模分类标准上存在差异

我们在本章第二节"美国宽基ETF：不只有三大指数"提过，主要差异在于：除了标普指数外，其他三大指数系列的中盘股指数与其大盘股或小盘股指数存在部分重叠。

无论是大盘股、中盘股还是小盘股标普系列指数都是市值占比最小的，也是其中规模划分最为清晰的。中盘股市值占比最高的是罗素系列指数，而小盘股市值占比最高的是CRSP系列指数。

此外，标普指数的成分股必须满足包括盈利在内的一系列要求，这也导致其成分股与其他指数不同。

（2）指数公司在因子筛选标准上存在差异

我们在本章第三节"智慧贝塔ETF：真的智慧吗？"中提到，各大指数公司对于因子的筛选标准不同，比如标普和CRSP对于成长股的标准存在一定的差异，尤其是标普对于动量因素的考虑，这导致其成分股与其他指数存在显著的差异。

（3）指数公司在权重设计上存在差异

相比于标普的以按市值加权为主的权重设计，罗素和CRSP都有各自独特的权重设计方案，这使得各家的成长指数存在差异。

由于上述差异的存在，投资者在选择成长股ETF时，不仅需要考虑流动性和费率，还需要详细考虑其持仓，而不能仅看名字进行选择。

二、价值股ETF

作为成长股的竞争对手，价值股着重关注市场价值低于其基本面所反映价值的股票。价值投资的逻辑在于更便宜的股票从长期看会取得超额收益。

过去十年里，成长股大行其道，许多价值投资者开始转向ETF进行配置。

衡量价值因子有许多维度，目前几大指数公司普遍关注PE（包括动态PE）、PS、PB这些指标。

著名的道琼斯工业平均指数就属于价值指数，而覆盖更广泛美股的主要价值股ETF如表2-1-16所示。

表2-1-16　主要价值股ETF

ETF		跟踪指数	费率	持仓数量	加权方式
美股大盘价值股ETF	VTV	CRSP美国大盘价值股指数	0.04%	352	价值加权
	IWD	罗素1000价值股指数	0.18%	852	价值加权
	IVE	标普500价值股指数	0.18%	446	市值加权
	SPYV		0.04%	443	市值加权
	COWZ	Pacer现金牛100指数	0.49%	100	自由现金流加权
美股中盘价值股ETF	VOE	CRSP美国中盘价值股指数	0.07%	203	市值加权
	IWS	罗素中盘价值股指数	0.23%	704	价值加权
美股小盘价值股ETF	VBR	CRSP美国小盘价值股指数	0.07%	854	价值加权
	IWN	罗素2000价值股指数	0.23%	1421	价值加权
美股全指价值股ETF	IUSV	标普900价值股指数	0.04%	744	市值加权

1.美股大盘价值股ETF

主要的美股大盘价值股ETF包括：

①VTV：先锋旗下的VTV跟踪CRSP美国大盘价值股指数，也是目前规模最大的价值股ETF。

②IWD：跟踪罗素1000价值股指数，费率相比于同类产品偏高。

贝莱德旗下的IVE和道富旗下的SPYV都跟踪标普500价值股指数，但SPYV费率远低于IVE。

此外，还有一支近年来飞速崛起的"网红"——COWZ。我们在第一编第七章"八仙过海——谁来分剩下这杯羹？"中提到过，COWZ是"ETF新贵"Pacer的旗舰产品，COWZ独特之处在于以现金流为基准，从代表大型企业的罗素1000指数中选出自由现金流收益率最高的100家公司，这意味着COWZ的持仓集中在能源、原材料以及医疗行业。

2022年，在美股大幅下行，罗素1000价值股指数下跌19.1%之际，COWZ大放异彩，全年上涨了0.2%。自2016年12月中旬推出以来，COWZ在三年和五年维度的表现也优于罗素1000价值股指数。

Pacer靠这一独门绝技在竞争激烈的ETF行业里"异军突起"，资产规模在数年里飞速飙升。

2.美股中盘价值股ETF

主要有先锋旗下跟踪CRSP美国中盘价值股指数的VOE和贝莱德iShares旗下跟踪罗素中盘价值股指数的IWS。VOE规模更大，且保持了极低的费率，而IWS费率相对较高。

3.美股小盘价值股ETF

主要有先锋旗下跟踪CRSP美国小盘价值股指数的VBR和iShares旗下跟踪罗素2000价值股指数的IWN。VBR规模更大且费率更低。

4.美股全指价值股ETF

贝莱德iShares旗下的IUSV规模显著大于同类产品，主要跟踪标普900价值股指数，覆盖美股大盘和中盘价值股。

与成长股类似，除了以上规模和费率的差异外，这些ETF在持仓方面的差异同样主要来自基准指数的选股、因子筛选标准和权重设计等因素。

三、质量股ETF

介于成长因子与价值因子之间，还有一种因子——质量因子。质量因子涵盖具有持续强劲盈利能力和稳定资产负债表的公司，通常通过盈利能力（ROE）、盈利稳定性和低杠杆率（D/E）等指标来筛选。

与成长因子相比，质量因子更关注当前的盈利能力、盈利稳定性和现金流情况，成长因子则更关注收入和利润的增长潜力。与价值因子相比，两者都寻求有强劲基本面的公司，但质量因子并不追求"便宜"。

从质量股ETF的持仓看，质量股既有"成长核心"的科技股，也有"价值核心"的医疗股。从质量股ETF的市场特征看，质量股的估值低于成长股，但高于价值股。质量股的股息率也处于平均水平，低于价值股，但高于成长股。

用一句话来总结三者的关系就是：当下好的，还是便宜的，或者未来好的？

在一定程度上，巴菲特也是从"纯价值股投资"转向"质量股投资"的典型案例。师从格雷厄姆，巴菲特早期是一个深度价值股投资者，一直做的都是"烟蒂型投资"，寻找那些市场价格远低于账面价值的股票，追求高度的安全边际。

但随着战后美国经济复苏，股市上涨，"烟蒂"越来越少。而与芒格的相遇极大地拓宽了巴菲特的投资理念，这才有了后面喜诗糖果、可口可乐、苹果这些股神的经典投资。

从过去三十年全球范围的表现看，质量因子的表现超过了成长因子和价值因子。

美股质量股ETF里，有一个ETF规模鹤立鸡群：QUAL（表2-1-17）。

贝莱德iShares旗下的QUAL跟踪MSCI美国行业中性质量指数。QUAL从MSCI大盘股和中盘股指数中根据质量因子筛选公司。自2015年9月起，该ETF放弃了早期的一些行业超额敞口，使行业权重与基准指数保持一致，同时在行业内部按照质量标准设计个股权重。

表2-1-17 QUAL持仓及费率情况

ETF	QUAL	
跟踪指数	MSCI美国行业中性质量指数	
十大持仓及占比	英伟达	6.86%
	Meta A类股	4.79%
	Visa A类股	4.60%
	微软	4.39%
	万事达 A类股	4.11%
	博通	3.98%
	礼来	3.77%
	苹果	3.62%
	康菲	2.53%
	耐克 B类股	2.18%
持仓数量	130	
费率	0.15%	

QUAL有几个显著的特点，其一，它被认为是"最纯粹的质量股ETF"，集中了美国基本面最优质的公司；其二，对于价值股投资者，QUAL的问题是，其估值相对较高；其三，QUAL行业分布与基准指数一致，避免了在因子筛选后的行业过度暴露。

除了QUAL外，还有一些多策略ETF也在质量因子上有鲜明的特点，我们将在后文详细叙述。

质量股ETF介于成长股ETF和价值股ETF之间，给了"即便买贵也要买对"的投资者更多的选择。

自因子投资出现以来，成长与价值就犹如一个硬币的两面，是奠定股市风格的"一生之敌"。

然而，成长股ETF和价值股ETF的界限并不清晰。不仅各大指数公司的设计存在差异，而且同一支股票也有可能同时被纳入成长和价值指数，投资者仅凭名字很难准确把握。

对于普通投资者，要想在多变的市场风格中准确择时非常困难，因此成长股、价值股或质量股ETF投资的最佳方法可能是根据自身需求进行多样化配置。

第五节 智慧贝塔ETF：红利如何选？

1961年，两位未来的诺贝尔奖得主默顿·米勒和弗朗哥·莫迪利亚尼在《商业杂志》上发表了一篇题为《股利政策、增长和股票估值》的文章。

他们在这篇文章中提出了此前几年研究的理论，即公司的市场价值仅限于其基础资产和未来收益的净现值。两人认为，在所有条件相同的情况下，资本结构无关紧要，无论是发债、发股还是利润再投资都与价格无关。

他们得出的结论是，不存在最佳股息率这样的东西。任何向股东的现金分配（即股息）都只会影响"维持任何所需的投资水平"。他们论证了，股息是无关紧要的，是封建时代的遗物。

两位学术大佬否定了红利投资的意义，此后，科技巨头亚马逊、谷歌和Facebook的成功似乎进一步验证了这一点，这三家公司在2024年之前从未分过红，但其股价表现未受影响。

但由于2020年新冠肺炎疫情冲击带来的市场动荡，美股股指屡创新高后的估值过高，加上高通胀肆虐全球市场，红利股成为投资者的避风港。

2024年2月，Meta破天荒地宣布分红（史上首次），股价应声大涨。华尔街认为随着互联网公司的增速开始放缓，市场对其分红的诉求越来越大。Meta宣布分红后，亚马逊和谷歌随后跟进。

无独有偶，A股在过去几年里也出现了对高股息股的追捧。国投证券认为随着国内经济底层基础变化，市场对于ROE的价值挖掘，将逐渐从过去更关注分子（利润弹性）转变为更关注分母（净资产变化）。

越来越多企业资本开支缩减、自由现金流改善，提供了一种可以维持ROE的方式——通过更多分红和注销回购来减少净资产（ROE的分母），从而抵消EPS的波动（ROE的分子）。

尤其是2024年4月《国务院关于加强监管防范风险推动资本市场高质量发

展的若干意见》的发布,更是从监管层面提高了对上市公司分红的要求。

再加上"日特估""韩特估"都在推动上市公司加大分红回购力度,可以说全球范围内,红利因子正受到前所未有的重视。

一、详解红利因子

按照红利因子的构建方式,红利ETF可大致分为以下几类:

①高股息ETF:筛选相对于基准(如S&P 500)或相对于特定行业而言股息较高的公司。

②强基本面股息ETF:结合高股息与基本面标准(如盈利和估值)或低波动性和质量等因子进行筛选。

③红利增长ETF:筛选股息逐年增长的公司,通常排除股息收益率最高的前10%~25%的公司。股息增长的期限要求因ETF而异,大部分要求五年以上。

④"红利贵族(dividend aristocrats)"ETF:筛选更长期限的股息逐年增长的公司,一些"红利贵族"ETF筛选的公司股息增长期限长达25年以上。

有些ETF采用其中一种策略,也有ETF采取多种策略。

红利ETF存在一些显著的特点:

其一,相比于标普500等基准指数,绝大部分红利ETF低配科技股,而高配公用事业股,因此其持仓股票的成长性很弱,在美股最常见的成长股牛市中表现疲软。

其二,这些评价标准都来自历史数据,并不能确保未来股息的趋势不变,可能存在股息被削减的风险。而且,股息收益率并非越高越好,需要结合公司基本面进行判断,这也会影响高股息ETF的表现。

其三,对于红利增长ETF,尤其是"红利贵族"ETF,由于要求有长期的股息连续增长,所以其持仓往往是最成熟、最保守的企业,还会刻意避开股息收益率最高的企业,因此其成长性更弱,且股息收益率都不会很高。

美银美林曾对三类红利ETF的回报做过回测,结果是无论高股息ETF、强基本面股息ETF还是红利增长ETF,在过去五年都跑不赢标普500指数。

美银美林认为,红利ETF不适合想要获得更高总回报的投资者,更适合想要现金收入的投资者。

二、详解红利ETF

主要的红利ETF如表2-1-18所示。

表2-1-18 主要红利ETF

ETF		跟踪指数	费率	持仓数量	加权方式
高股息ETF	VYM	富时高股息指数	0.06%	453	市值加权
	SPYD	标普500高股息指数	0.07%	81	等权重
红利增长ETF	VIG	标普美股红利增长指数	0.06%	317	市值加权
	DGRO	晨星美国红利增长指数	0.08%	423	股息加权
	RDVY	纳斯达克股息成长指数	0.50%	51	等权重
"红利贵族"ETF	SDY	标普高股息贵族指数	0.35%	138	股息加权
	NOBL	标普500高股息贵族指数	0.35%	74	等权重
强基本面股息ETF	SCHD	道琼斯美国红利100指数	0.06%	100	市值加权
	DVY	道琼斯精选红利指数	0.38%	105	股息加权
	HDV	晨星股息聚焦指数	0.08%	81	股息加权
	FVD	Value Line红利指数	0.70%	176	等权重

1. 高股息ETF

①VYM：追踪富时高股息指数，通常持有支付高于平均股息的公司股票，基金是按市值加权的，过去5年80%的时间段内分红稳定。

②SPYD：股息收益率最高的红利ETF之一，追踪标普500高股息指数成分股中股息收益率最高的80家公司。基金是等权重的，意味着每家公司对基金的表现有相同的影响，地产和金融行业权重最高。

2. 红利增长ETF

①VIG：规模最大的红利ETF。追踪标普美股红利增长指数，持有连续10年分红增长的美国公司股票，不持有REITs（房地产投资信托基金）。排除股息收益率最高的前25%的公司。值得关注的是，微软和苹果占了整个ETF持仓总额的10%。

②DGRO：追踪晨星美国红利增长指数，要求至少5年不间断的年度分红增长，排除股息收益率最高的前10%的公司。美元股息加权，单支股票权重上限约为3.5%。

③RDVY：追踪纳斯达克股息成长指数，持有在纳斯达克美国基准指数中的公司股票，不包括REITs。等权重，要求股票的12个月追踪股息高于3年和5年的股息。

3."红利贵族"ETF

①SDY：跟踪标普高股息贵族指数，针对的是至少连续20年每年增加股息的标普1500综合指数成分股。它是按股息加权的，因此埃克森美孚、雪佛龙等能源公司获得了更高的权重。

②NOBL：跟踪标普500高股息贵族指数，针对大盘股指数中股息至少连续25年增长的成分股。投资组合等权重，每季度重新加权一次。

4. 强基本面股息ETF

①SCHD：一支多策略红利ETF，追踪道琼斯美国红利100指数，筛选基本面强劲、10年持续分红和5年分红增长的公司，不包括REITs。最大单支股票权重不超过4%，且行业权重在再平衡时不得超过25%。

②DVY：跟踪道琼斯精选红利指数。跟踪道琼斯指数中100支股息收益率最高的美国上市公司股票，覆盖更多中盘股票，按股息加权。股票的当前每股股息必须高于其5年平均水平，股息覆盖率（定义为每股年收益除以每股年度股息）为167%或更高，过去5年必须支付股息，并且过去12个月的EPS必须为正。

③HDV：跟踪晨星股息聚焦指数。包含大中小盘股票，以股息加权，聚焦于能源、必需消费品、电信三大行业。

④FVD：跟踪Value Line红利指数，该指数独创"安全"指标，对股票进行筛选，对超过平均股息收益率的ETF进行等权设置。

美股有着丰富的红利ETF产品。但正如前文所言，每一个红利策略都存在优缺点，高股息ETF不一定稳定，红利增长ETF分红稳定但股息收益率较低，

"红利贵族"ETF股息更低且成长性更差。所以对于投资者来说，采用多种策略更为合适。

在过去几年的美股成长股牛市里，红利ETF虽然表现平平，但仍然受到"收入型投资者"的喜爱。

但自2022年以来，红利ETF遭遇了两个对手的强劲挑战。一个是收益率飙升的美债ETF，相比于红利ETF，美债ETF更安全且收益率更高，并且在大跌之后有着不错的资本利得预期；另一个则是新崛起的"结构化收入型ETF"，在当红的摩根大通JEPI带领下，结构化收入型ETF在保留一定股指上涨幅度的同时，还提供了7%~9%的分红率。

在当下的美股市场，"结构化收入型ETF"成为红利ETF真正的长期竞争对手。

第六节　智慧贝塔ETF：动量、低波与高贝塔——"后视镜"掘金

击败市场，这是每一个投资者的梦想。

自CAPM被提出以来，这一梦想就具象化为对超额回报alpha的追求。三因子模型统一资产定价模型方向后，学界和华尔街争相挖掘各种因子，试图找到稳定战胜市场的秘籍。

尤其是在计算机和大数据开始在金融圈普及后，各种因子的挖掘效率更是倍增。然而，随着时间的推移，许多被认为是有效的因子策略被陆续证伪，它们被发现在不同的市场或时间段内表现并不一致。

在被众多研究人员和投资者广泛研究和反复测试后，有少数因子被证明能在某些情况下一定程度上战胜市场，动量（momentum）和低波动（low volatility）就是其中之二。

伴随低波因子的挖掘，作为其对立面，高beta因子也被市场所挖掘［根据CAPM，低波动（风险）意味着低beta］。

低波因子认为，低波动性的股票往往能够带来比高波动性股票更高的收益。对此可能的解释是所谓的"彩票效应"：

投资者追逐风险较高的股票，想要以小博大。这种行为可能会抬高高波动性股票的价格，导致其定价过高，而波动性较小的股票仍然被低估。这个理论很简单：被忽视、定价过低和不那么拥挤会助长低波动性股票长期跑赢大盘的趋势。

动量因子则基于过去表现良好的股票在未来一段时间内仍将保持强势的假设，表现为"逢高买入、逢低卖出"。这与普通人的认知相反，对此来自行为金融学的解释是：投资者不仅对坏消息反应过度，也对好消息反应不足。很多投资者在某支股票盈利超预期的时候不敢进场，瞻前顾后，在看到股价大幅拉升的时候，反而跟随进场。

从市场表现看，在市场低迷和避险环境下，低波因子往往效果最好。相比之下，在波动性较低的趋势市场中，动量因子应该会表现出色，但在市场反转和波动性加剧时，动量因子往往会陷入困境。

比如在2000年互联网泡沫破灭后到2002年美股见底前、2007年底金融危机爆发到2010年、2012年欧债危机爆发期间，低波因子表现都胜过了大盘指数。

研究过去十年的美股市场表现发现，当低波动性股票跑输标普500指数时，几乎总会看到高贝塔因子跑赢大盘。

而在互联网泡沫破灭前、金融危机爆发前则是动量因子超额收益爆发的时期。

值得一提的是，当2018年中美贸易冲突爆发和2022年美国通胀高企，美股陷入低迷时，低波因子表现良好。而当2023年下半年AI行情爆发，大量资本涌向英伟达等少数的龙头股时，动量因子走出了近十年来最强的势头。

一、详解低波、动量指数

1. 低波指数

目前市场上有两种构建低波指数的办法：低波动（low volatility）和最小波动（minimum volatility）。这两种指数的构建方法存在非常大的差异。

（1）低波动指数

指数的目标是寻找自身波动性最低的股票，其主要特点是：

①这种方法通过评估历史波动性（通常使用标准差来度量）来对股票进行排名。

②选择波动性最低的一定数量的股票构成投资组合。

③这种方法的复杂性较低，因为它不涉及复杂的优化计算。

④由于没有行业权重约束，这种策略可能会在某些行业形成较大的权重，尤其是那些天然波动性较低的"防御性"行业，如公用事业和消费品行业。

（2）最小波动指数

指数的目标是寻找一篮子整体波动性最小的股票，其主要特点：

①使用均值-方差优化，通过估计股票回报的协方差矩阵来构建投资组合。

②目标是在给定的风险水平下最小化投资组合的波动性。

③这种策略的构建更为复杂。

④为了保持与基准的紧密对应关系，这种策略通常会对行业权重进行限制，以避免在单一股票或行业上的极端集中。

基于排名的低波动指数可能会有更高的市场beta，而基于优化的最小波动指数则可能会有更高的规模因子暴露。

低波动指数持仓通常集中在"防御性"行业，比如必需消费品、公用事业等，因为它们往往对经济周期不太敏感，能提供稳定的收益和股息。在市场不确定的时期，它们往往充当盾牌，在动荡的投资环境中提供相对稳定性。

最小波动指数持仓则可以容纳一些自身波动性相当大的股票，包括科技、医疗等行业。

尽管两种指数都旨在降低波动性并提供比传统的加权宽基基准指数更高的风险调整回报，但两种指数都有各自的劣势。

低波动指数对于股票的筛选基于历史的波动性，但在不同市场和经济周期下，可能每次市场调整中的股票表现都会出现极大变化，这使基于短期历史筛选出的股票在减少波动方面存在不稳定性。

而最小波动指数的选股基于组合的相关性，但华尔街有句格言提醒我们：

"在危机时期，所有相关性都趋向于1。"这意味着在极端市场下，相关性的突变会导致组合丧失低波动性。

2. 动量指数

动量因子的定义说起来简单，但在指数设计上并非如此。

衡量动量的标准学术定义是衡量过去12个月的股票总回报率（不包括最近一个月），买入动量最强的股票，卖出动量最弱的股票。

许多动量指数都采用多策略组合的方式，包含经过波动性或质量调整的动量指标。这有助于淘汰那些不具有持续性的股票。例如，生物技术股票在发布有利的临床试验结果后飙升，如果不考虑波动性，那就会被纳入动量指数，这些股票的涨幅可能不会持续。与此同时，根据波动性或质量调整的动量指标评级较高的股票更有可能持续上涨。这是因为市场可能会较慢地消化有关其前景的利好信息。根据波动性和/或质量调整动量选择指标可能会产生比原始指标更好的结果。

与标准的动量衡量标准不同，一些指数还会衡量多个层面的动量，通常会增加较短的回顾期。这是因为认识到了市场趋势可以迅速转变的事实。它还减弱了运气在筛选过程中的作用。在多个层面上测量动量是一种很好的做法。

指数的权重设计也存在差异，有的以动量来加权，而有的则以市值为权重基础再结合动量质量做调整，还有的采取等权重的策略。

动量指数的一个鲜明特征是多变性。动量指数持仓非常多变，在不同市场周期、行业和规模的股票间不断变化，这导致动量指数持仓的周转速度非常快，给跟踪指数的ETF带来很高的交易成本，必须在跟踪指数和交易成本之间取得平衡。

一般动量ETF一年至少要再平衡两次，但有一些ETF在极端市场环境下会进行临时性的再平衡操作。

不同的动量指数的设计存在差异，且持仓多变，让动量ETF更难以把握，投资者需要更有深度地跟踪ETF的持仓变化。

二、详解低波、高beta、动量ETF

1. 低波ETF

美股低波ETF中有两支ETF规模"鹤立鸡群",它们是USMV和SPLV。其中,贝莱德iShares旗下的USMV跟踪MSCI美国最小波动指数,是规模最大的低波ETF;而景顺旗下的SPLV跟踪标普低波动指数(表2-1-19)。

表2-1-19　主要美股低波ETF对比:USMV VS SPLV

ETE	USMV		SPLV	
跟踪指数	MSCI美国最小波动指数		标普低波动指数	
十大持仓及占比	博通	2.26%	可口可乐	1.37%
	默克	1.73%	伯克希尔哈撒韦 B类股	1.35%
	WASTE MANAGEMENT	1.69%	REPUBLIC SERVICES INC	1.33%
	WASTE CONNECTIONS	1.68%	WASTE MANAGEMENT INC	1.28%
	IBM	1.66%	麦当劳	1.26%
	REPUBLIC SERVICES INC	1.66%	沃尔玛	1.26%
	AMPHENOL CORP A类股	1.64%	高露洁	1.23%
	PROGRESSIVE CORP	1.61%	百事可乐	1.20%
	微软	1.58%	百胜集团	1.20%
	伯克希尔哈撒韦 B类股	1.57%	Visa Inc	1.20%
持仓数量	170		101	
费率	0.15%		0.25%	

两者的差异在于:

①规模/流动性/费率:USMV有更大的规模、更好的流动性以及更低的费率。

②持仓:两支ETF分别代表着两类低波指数。

USMV属于"最小波动"ETF,其十大持仓包括了博通、微软等传统上波动性较高的科技股。且整体行业持仓更接近基准指数的分布,权重最大的行业是科技、医疗和金融。

SPLV属于"低波动"ETF,它从标普500指数成分股中筛选过去12个月内实际波动性最低的100支股票,这些股票有鲜明的"防御性",包括可口可乐、百事可乐、麦当劳这些消费股,也有公用事业等行业股票。其在行业分配上消费股权重最大,其次是公用事业。

如上文所述,USMV和SPLV属于两支逻辑完全不同的低波ETF,投资者需要结合市场环境,仔细甄别。

2. 高beta ETF

与低波ETF几乎对应的是高beta ETF,SPHB是其中规模较大的一支(表2-1-20)。

SPHB跟踪的是标普500高beta指数,筛选标普500成分股中100支beta系数最高的股票,以beta加权的设计放大了市场波动。一定程度上,SPHB类似一支杠杆大盘指数基金。从历史角度来看,在低波ETF——SPLV表现不佳的时期,SPHB往往表现优异。

表2-1-20　SPHB主要持仓及费率情况

ETF	SPHB	
跟踪指数	标普500高beta指数	
十大持仓及占比	英伟达	1.59%
	Comerica Inc	1.52%
	Align Technology Inc	1.43%
	Generac Holdings Inc	1.42%
	KeyCorp	1.39%
	Enphase Energy Inc	1.34%
	Monolithic Power	1.33%
	Caesars Entertainment	1.31%
	Carnival Corp	1.29%
	Zebra Technologies	1.27%
持仓数量	100	
费率	0.25%	

3. 动量ETF

美股有三支规模相对较大的纯动量ETF,它们风格各异,其中:

贝莱德旗下的MTUM:跟踪MSCI美国动量指数,旨在从美国大中盘股指中筛选出最近价格稳步上涨的股票。根据6个月和12个月的持有期回报(根据过去三年回报的波动性来衡量)来选择股票并对其进行加权。换句话说,该基金使用修改后的夏普比率来寻找具有平滑、积极趋势线的股票。

景顺旗下的PDP:根据公司和行业层面的相对表现从美国大中型股票中挑

选100支股票，采用的是著名技术分析公司Dorsey Wright的一整套独有的动量指标体系。

First Trust旗下的FV：特别的点在于FV持有的不是个股，FV通过Dorsey Wright的模型从First Trust所有的美国各板块及全球ETF中筛选出5支（表2-1-21）。

表2-1-21 主要动量ETF

动量	ETF	跟踪指数	费率	持仓数量	加权方式
大盘动量	MTUM	MSCI美国动量指数	0.15%	128	动量加权
大中盘动量	PDP	Dorsey Wright技术指标领先者指数	0.62%	101	动量加权
FOF动量	FV	Dorsey Wright Focus Five指数	0.90%	5	等权重

它们的差异在于：

①规模/流动性/费率：MTUM有着最大的规模、最好的流动性和最低的费率，FV规模最小、费率最高。

②持仓：MTUM和PDP持仓更分散，MTUM偏向于大盘股，PDP中盘股比例更高、行业层面更加分散。

无论是低波ETF、高beta ETF还是动量ETF，都是基于"后视镜"筛选股票，因而存在一个根本的问题：历史趋势是否会在未来继续。

作为代表低风险的低波ETF，"最小波动"USMV和"低波动"SPLV从历史数据看能在市场低迷期超越市场，很多投资者用低波ETF替代债券或者现金来避险。

2020年3月，新冠肺炎疫情冲击之下，市场崩盘式下跌。USMV和SPLV分别下跌19.06%和21.37%，而标普500指数跌幅为19.3%。在极端走势下，USMV和SPLV都没能带来预期的价值。

而动量ETF的特点就是，它能一直表现得非常好，直到它不再出现。当逆转到来时，动量ETF可能遭遇沉重打击。2009年，动量ETF跌了73%。科网泡沫破灭之后以及2022年11月再次出现了规模较小但仍然令人痛苦的逆转。

"后视镜"掘金，投资者都得悠着点。

第七节　智慧贝塔ETF：多因子策略，"鸡蛋不放在同一个篮子里"

"智慧贝塔很愚蠢！"这句评价来自先锋集团的创始人博格。"心直口快"的老爷子说的是他对于个人投资者该如何投资的理解。

自从早年在主动管理型基金上栽了大跟头后，博格坚信普通投资者不该做主动管理。对于smart beta代表的因子投资，他认为：有时候投资者能选对因子，有时候选错，不过更多的时候他们会选择当时火爆的因子，那他们几乎必错。

博格说的是事实。

尽管学术研究和实践都证明部分因子在一定时期内确实可以相对稳定地获得超额收益，但这需要长时间的忍耐。

Larry Swedroe在2018年做了一个有意思的统计——统计不同因子在不同时间段内不起作用的时间百分比。

统计结果显示，单一因子投资在大部分时期是不起作用的，很多因子并不适合作为"买入并持有"策略的标的。

这统计的还是被业界无数次测试后公认相对有效的因子。而过去十几年里还有更多的因子被挖掘，并被宣称以这些因子为标的能够获得超额回报，被学界称为"因子动物园"。

现代投资组合理论认为，可以通过投资一组相关性较低的资产实现整个组合的风险收益比的提升。既然资产组合有效，那因子组合可以吗？

Page和Taborsky的研究表明，因子之间的相关性低于资产类别之间的相关性，他们认为因子组合优于资产组合。但此后Idzorek和Kowara的研究认为两者的效果不能对比。

Asness认为确实有部分因子的超额回报稳定存在，投资者不应择时，而应该关注那些长期有效的因子，以低成本方式构建这些因子的组合来投资。

"多因子策略"由此发端，成为smart beta ETF重要的组成部分。

一、详解"多因子"指数

构建"多因子"指数有两种主要的方法:

① "指数层面多因子"策略:这种方法通过将多个单因子策略组合起来,形成一个多因子投资组合。比如,如果投资者要构建一个10支股票构成的"红利低波组合",可以选5支红利评分最高的股票和5支低波评分最高的股票,组成一个组合。

② "个股层面多因子"策略:这种方法采用"自下而上"的策略,通过将每支股票的各个因子得分组合起来,形成一个多因子得分,然后根据这个得分选择成分股。用这种方法来构建"红利低波组合",投资者会先给所有股票进行红利因子评分,再进行低波因子评分,然后选出综合得分最高的10支股票来构建组合。

两种方法各有优劣,"指数层面多因子"策略的组合构建清晰简单,且在目标多因子的敞口上要弱于"个股层面多因子"策略。

这就像两支三人篮球队,一支篮球队中一个人只会运球,一个人只会传球,还有一个人只会投篮;另一支篮球队球员水平相对均衡,每个球员都能运球、传球和投篮。

作为一个球迷,你会选哪支篮球队?

二、详解多因子策略ETF

不同因子的组合使得多因子ETF有丰富的种类,目前规模较大的有以下几支:

①嘉信理财旗下的FNDX:跟踪罗素RAFI美国大盘股指数,通过收入、现金流、股息和回购四大指标从指数中筛选股票,并以此加权。

②景顺旗下的PRF:跟踪富时RAFI美国1000指数,通过收入、现金流、股息和净资产四大指标从指数中筛选股票,并以此加权。

③景顺旗下的OMFL:跟踪罗素1000动态多因子指数,通过价值、规模、动量、质量和低波动性五大指标从指数中筛选股票,并以此加权。

④WisdomTree旗下的DGRW：跟踪WisdomTree美国质量股息增长指数，在筛选过程中将前瞻性盈利预测与历史资产回报率(ROA)和股本回报率增长结合起来。根据这三个因素的综合排名，选出排名前300的股票纳入其中。

上述四支ETF都是"个股层面多因子"策略ETF，而"指数层面多因子"策略ETF有一支规模很大——高盛资管旗下的GSLC：跟踪高盛Active Beta美国大盘股指数，以价值、质量、动量和低波动性四个因子单独筛选和加权，然后以等权的方式构建组合（表2-1-22）。

表2-1-22 主要"多因子策略"ETF

ETF		跟踪指数	费率	持仓数量	加权方式
"个股层面多因子"策略ETF	FNDX	罗素RAFI美国大盘股指数	0.25%	741	收入、现金流、股息和回购加权
	PRF	富时RAFI美国1000指数	0.39%	1000	收入、现金流、股息和净资产加权
	OMFL	罗素1000动态多因子指数	0.29%	376	价值、规模、动量、质量和低波动性加权
	DGRW	WisdomTree美国质量股息增长指数	0.28%	300	质量、红利加权
"指数层面多因子"策略ETF	GSLC	高盛Active Beta美国大盘股指数	0.09%	443	价值、动量、质量和低波动性加权

其中，FNDX、PRF和OMFL都是基于以质量为核心的多因子策略：

①规模：FNDX和GSLC规模最大，因此流动性和买卖价差也最小。

②费率：PRF劣势较大，GSLC费率最低。

③持仓：差异主要体现在部分因子选择上，比如PRF不含回购，因此相比FNDX，其苹果和微软等科技股的持仓相对较低。OMFL则在加入动量因子后，有更强的弹性。

DGRW则是考虑了质量和红利增长潜力的多因子ETF。相比于其他红利ETF，其持仓主要集中在能源和公用事业上，DGRW是对科技行业配置比例最高的红利ETF。

GSLC采取了"指数层面多因子"这种相对简单的策略，因而其费率是整个多因子ETF板块中最低的。

三、智慧贝塔ETF：争议中前行

作为近几年才逐步发展的产品，从早期业绩评估来看，多因子ETF并没有体现出相对于传统的市值加权型ETF的显著优势。这一点也在更广泛的smart beta ETF中有所体现，尤其在2022年之前的十年里。

因子投资在2022年迎来最高光的时刻，在这一年里，美国"股债双杀"，投资者迫切寻求能提供更多保护的产品。根据Finominal的数据，只有成长股ETF的表现逊于全球股票，而价值股ETF、规模ETF、动量ETF、低波ETF、质量股ETF和多因子ETF的表现则优于市场。在这一年里，smart beta ETF的资产规模也达到峰值，直逼1万亿美元大关。

但在随后的2023年，尤其是第四季度，随着科技巨头股"独领风骚"，美股重回巨头模式，smart beta ETF再次落后于传统的市值加权指数ETF。

博格说"智慧贝塔很愚蠢"。因子投资鼻祖Research Affiliates的CEO Rob Arnott如此回应博格：

（博格）推广了将阿尔法与贝塔分开的概念，认识到贝塔可以以微乎其微的成本获得。如果没有这种分歧——简单而廉价的贝塔具有正的长期超额回报，与零和游戏中困难且可能昂贵的阿尔法（减去成本）不同——智慧贝塔革命可能永远不会发生。各个行业的发展往往是颠覆性创新的结果。资产管理也不例外。杰克·博格可以说是资产管理史上最重要的颠覆者。

第一个先锋指数共同基金的推出是一个很好的例子，说明了一个简单而强大的想法如何在可靠的研究的支持下改变了一个行业——我们的行业——的历史。改变游戏规则的创新往往始于一个好主意、挑战传统实践的勇气和坚持到底的耐心，然后才产生经受住无数批评并随着时间的推移而被广泛接受的概念。我们想不出比杰克·博格和"贝塔空间"的演变更好的例子了。

虽然我们强烈支持杰克倡导的许多被动投资原则，但我们不同意指数必须按市值加权的观点。市值加权作为一种投资策略虽然很有吸引力，但也存在缺陷：市值加权指数会增持被高估的股票并减持被低估的股票，从而随着时间的推移拖累投资组合的表现。然而，这种拖累很容易被忽视，因为业绩通常是相对于遭受同样问题的市值加权指数基准来衡量的。

博格并不喜欢ETF，曾将它们比作"向纵火犯提供煤油"，因为它们为赌博成瘾者提供了日内交易的便利。然而，他的指数革命为ETF的出现播下了种子。而ETF的出现为智慧贝塔策略的广泛采用播下了种子。

Tips

主要智慧贝塔ETF一览（表2-1-23）。

表2-1-23　主要智慧贝塔ETF

ETF		跟踪指数	费率	持仓数量	加权方式
成长股ETF					
美股大盘成长股ETF	VUG	CRSP美国大盘成长股指数	0.04%	209	市值加权
	SCHG	道琼斯美国大盘成长股指数	0.04%	256	市值加权
	IWF	罗素1000成长股指数	0.18%	445	成长加权
	VONG		0.08%	445	成长加权
	IVW	标普500成长股指数	0.18%	232	市值加权
	SPYG		0.04%	232	市值加权
美股中盘成长股ETF	IWP	罗素中盘成长股指数	0.23%	335	成长加权
	VOT	CRSP美国中盘成长股指数	0.07%	150	市值加权
	IJK	标普400中盘成长股指数	0.17%	250	市值加权
美股小盘成长股ETF	VBK	CRSP美国小盘成长股指数	0.07%	638	成长加权
	IWO	罗素2000成长指数	0.23%	1070	成长加权
美股全指成长股ETF	IUSG	标普900成长股指数	0.04%	478	市值加权
价值股ETF					
美股大盘价值股ETF	VTV	CRSP美国大盘价值股指数	0.04%	352	价值加权
	IWD	罗素1000价值股指数	0.18%	852	价值加权
	IVE	标普500价值股指数	0.18%	446	市值加权
	SPYV		0.04%	443	市值加权
	COWZ	Pacer现金牛100指数	0.49%	100	自由现金流加权

续表

ETF		跟踪指数	费率	持仓数量	加权方式
美股中盘价值股ETF	VOE	CRSP美国中盘价值股指数	0.07%	203	市值加权
	IWS	罗素中盘价值股指数	0.23%	704	价值加权
美股小盘价值股ETF	VBR	CRSP美国小盘价值股指数	0.07%	854	价值加权
	IWN	罗素2000价值股指数	0.23%	1421	价值加权
美股全指价值股ETF	IUSV	标普900价值股指数	0.04%	744	市值加权
红利ETF					
高股息ETF	VYM	富时高股息指数	0.06%	453	市值加权
	SPYD	标普500高股息指数	0.07%	81	等权重
红利增长ETF	VIG	标普美股红利增长指数	0.06%	317	市值加权
	DGRO	晨星美国红利增长指数	0.08%	423	股息加权
	RDVY	纳斯达克股息成长指数	0.50%	51	等权重
"红利贵族"ETF	SDY	标普高股息贵族指数	0.35%	138	股息加权
	NOBL	标普500高股息贵族指数	0.35%	74	等权重
强基本面股息ETF	SCHD	道琼斯美国红利100指数	0.06%	100	市值加权
	DVY	道琼斯精选红利指数	0.38%	105	股息加权
	HDV	晨星股息聚焦指数	0.08%	81	股息加权
	FVD	Value Line红利指数	0.70%	176	等权重
质量股ETF					
行业中性ETF	QUAL	MSCI美国行业中性质量指数	0.15%	130	质量加权
低波ETF					
最小波动ETF	USMV	MSCI美国最小波动指数	0.15%	170	波动性加权
低波动ETF	SPLV	标普低波动指数	0.25%	101	波动性加权
高beta ETF					
大盘高beta ETF	SPHB	标普500高beta指数	0.25%	100	贝塔加权
动量ETF					
大盘动量ETF	MTUM	MSCI美国动量指数	0.15%	128	动量加权
大中盘动量ETF	PDP	Dorsey Wright技术指标领先者指数	0.62%	101	动量加权
FOF动量ETF	FV	Dorsey Wright Focus Five指数	0.90%	5	等权重

续表

ETF		跟踪指数	费率	持仓数量	加权方式
多因子策略ETF					
"个股层面多因子"策略ETF	FNDX	罗素RAFI美国大盘股指数	0.25%	741	收入、现金流、股息和回购加权
	PRF	富时RAFI美国1000指数	0.39%	1000	收入、现金流、股息和净资产加权
	OMFL	罗素1000动态多因子指数	0.29%	376	价值、规模、动量、质量和低波动性加权
	DGRW	WisdomTree美国质量股息增长指数	0.28%	300	质量、红利加权
"指数层面多因子"策略ETF	GSLC	高盛Active Beta美国大盘股指数	0.09%	443	价值、动量、质量和低波动性加权

第八节 美股板块与主题ETF：弱水三千，只取一瓢

自从SPY开启了美国ETF的历史，美股前20支ETF都是全市场或海外国家指数。

直到1998年12月，在美林的支持下，道富一口气发行了美股历史上第21~29支ETF，这九支ETF只覆盖科技、能源、金融等九个行业，开创了细分行业ETF的先河。

作为华尔街老牌财富管理巨头，美林很早就意识到了ETF的吸引力。自第一支ETF推出以来，美林就感受到了这个全新的产品的"吸金能力"，成立了专门的团队来研究ETF。

20世纪90年代末，科技股狂潮席卷华尔街，美林的财富顾问们面临着客户对科技股投资的迫切需求。为了能让旗下财务顾问具备给客户"定制标普指数"的能力，美林将其行业模型与标普500指数结合，与道富银行联手推出了九支板块ETF。

这九支ETF构成了Sector SPDR板块ETF的雏形，也是最早的美股板块ETF。

随着1999年纳斯达克100 ETF的"一炮而红",更多科技ETF随后推出,美股市场进入了细分市场投资的时代。

除了在一些垂直细分市场更集中的投资外,一些有前瞻性的机构和养老基金开始探索突破性的长期战略,来寻求更高的长期回报,比如清洁能源、可持续、云计算等。这些投资领域通常会横跨多个板块和行业,形成全新的上下游产业,被业界称为"主题投资"。

2005年,景顺推出第一个"主题ETF",投向清洁能源。而此后将主题ETF推向高潮的正是"横空出世"的"木头姐"和她的ARK系列ETF。

板块与主题ETF的兴起,大大强化了ETF作为交易工具的属性,但对于投资者的研究和择时能力也提出了更高的要求。

一、详解美股板块指数

决定板块ETF持仓的主要因素有两个:行业分类标准和基准指数。

1. 行业分类标准

目前美股最主流的板块分类标准是全球行业分类标准 (GICS),该标准由标普道琼斯指数与MSCI于1999年联手制定。

最早发行板块ETF的道富SPDR和"低费率之王"先锋集团是美股板块ETF最大的两家发行商,它们都采纳GICS标准。

GICS的行业分类结构为四层,分别是:11个板块、25个行业组、74个行业以及163个子行业。

这11个大板块包括:能源、原材料、工业、非必需消费品、必需消费品、医疗健康、金融、科技、通信服务、公用事业和房地产。

GICS每年都会对分类标准进行年度回顾,以确保反映全球市场状况。1999年以来,GICS曾进行不下10次修订,其中影响较大的修订有:

2016年,将房地产行业集团(抵押型REITs除外)从金融板块转移到新创建的房地产板块。

2018年,将电信服务业更名为通信服务业。该板块扩大,纳入以前属于非必需消费品板块的媒体和娱乐公司，以及来自科技板块的互动媒体和服务公司，其中包括"FAANG"中的三家：Meta、奈飞和Alphabet。

2023年3月，14家公司被重新分类，影响了5个板块。值得注意的是，Visa和Mastercard（之前五家最大的科技公司中的两家）以及PayPal、Fiserv等被重新归类为金融公司。因此，金融板块增加了成长因子，包括利率上升带来的估值风险。相反，科技板块变得更加集中于两支巨型股票——苹果和微软。

以上的这些GICS的变化都给板块/行业ETF带来了深远的影响。

2. 基准指数

道富行业ETF Sector SPDR主要跟踪的是标普细分板块指数系列，即根据GICS从标普500指数中抽出对应板块的公司构建细分板块指数，同样按照市值加权。这意味着Sector SPDR系列的板块ETF只持有对应板块的大盘股，因此其持仓数量较少，对应单一股票的权重、市值规模较大，企业质量较好。

先锋ETF跟踪的是MSCI细分板块指数，同样是根据GICS从MSCI美国可投资指数（MSCI USA IMI）中抽出对应板块的公司构建细分板块指数，按照市值加权。相比于SPDR板块ETF，先锋板块ETF的持仓股票数量要大很多，而且不局限在大盘股。

一句话总结就是，想要持仓行业龙头就选SPDR板块ETF，想要实现更全的行业覆盖就选先锋板块ETF。

二、详解美股板块/行业ETF

按照GICS，美股板块ETF有11大类。

1. 通信服务ETF

根据GICS，通信服务板块是指主要通过网络提供信息、广告、娱乐、新闻和社交媒体内容的公司，例如传统电信公司AT&T，也包括了Meta、谷歌这些互联网巨头，奈飞、迪士尼这样的流媒体公司，以及EA这样的游戏公司。

规模最大的通信服务ETF有两个：SPDR旗下的XLC和先锋旗下的VOX

（表2-1-24）。

表2-1-24　美股主要通信服务ETF对比：XLC vs VOX

ETF	XLC		VOX	
跟踪指数	标普通信服务类指数		MSCI通信服务25/50指数	
十大持仓及占比	Meta A类股	23.51%	Meta A类股	22.39%
	Alphabet A类股	13.15%	Alphabet A类股	13.02%
	Alphabet C类股	11.11%	Alphabet C类股	10.42%
	奈飞	4.60%	迪士尼	4.79%
	T-Mobile US Inc	4.54%	康卡斯特 A类股	4.59%
	威瑞森通信	4.40%	奈飞	4.54%
	艺电	4.40%	威瑞森通信	4.52%
	迪士尼	4.29%	AT&T Inc	3.54%
	AT&T Inc	4.22%	T-Mobile US Inc	2.86%
	康卡斯特 A类股	4.16%	Trade Desk Inc A类股	1.44%
持仓数量	23		118	
费率	0.10%		0.10%	

两者的异同在于：

①规模/费率：两者费率相同，XLC规模远大于VOX，因此流动性更好，买卖价差更小。

②持仓：由于所跟踪的指数存在差异，XLC的持仓数量更小，但集中在大盘股，所以其Meta和Alphabet的权重更大，而VOX持仓更分散，还持有一些中小盘通信股票，巨头持仓权重相对较小。

2. 非必需消费品ETF

根据GICS，非必需消费品板块主要包括对经济周期敏感度较高的消费品类公司，如汽车、家庭耐用消费品、休闲设备、服装制造商，以及电商、酒店、餐厅和其他休闲设施等服务与零售公司。例如特斯拉、耐克这样的制造企业，麦当劳、星巴克这样的线下零售企业，以及亚马逊、Booking等电商公司。

规模最大的非必需消费品ETF是SPDR旗下的XLY和先锋旗下的VCR（表2-1-25）。

表2-1-25　美股主要非必需消费品ETF对比：XLY vs VCR

ETF	XLY		VCR	
跟踪指数	标普非必需消费品行业指数		MSCI非必需消费品25/50指数	
十大持仓及占比	亚马逊	24.86%	亚马逊	23.10%
	特斯拉	12.15%	特斯拉	9.23%
	家得宝	9.34%	家得宝	7.10%
	麦当劳	4.34%	麦当劳	3.79%
	劳氏公司	3.81%	劳氏公司	2.78%
	Booking Holdings Inc	3.48%	Booking Holdings Inc	2.45%
	耐克 B类股	3.34%	TJX Cos Inc	2.16%
	TJX Companies Inc	3.07%	耐克 B类股	2.14%
	星巴克	2.83%	星巴克	1.94%
	Chipotle Mexican Grill Inc A类股	2.31%	Chipotle Mexican Grill Inc A类股	1.49%
持仓数量	53		306	
费率	0.10%		0.10%	

两者的异同在于：

①规模/费率：两者费率一样，XLY规模显著大于VCR，因此有更好的流动性和更小的买卖价差。

②持仓：XLY持仓集中在大盘股，持仓数量少，巨头权重大；而VCR持仓更为分散，包含中小盘股票，巨头权重相对较低。

3. 必需消费品ETF

根据GICS，必需消费品板块涵盖对经济周期敏感度较低的企业，包括食品、饮料和烟草制造商与经销商，以及非耐用家居用品和个人产品制造商，亦涵盖食品和药品零售商。例如宝洁等消费品公司，沃尔玛、Costco等连锁企业，以及可口可乐、百事可乐等饮料公司。

规模最大的必需消费品ETF有SPDR旗下的XLP和先锋集团旗下的VDC（表2-1-26）。

表2-1-26　美股主要必需消费品ETF比较：XLP vs VDC

ETF	XLP		VDC	
跟踪指数	标普必需消费品行业指数		MSCI必需消费品25/50指数	
十大持仓及占比	宝洁	14.57%	宝洁	12.00%
	开市客	12.43%	开市客	10.03%
	沃尔玛	9.99%	沃尔玛	7.95%
	可口可乐	9.03%	可口可乐	7.43%
	百事可乐	4.81%	百事可乐	7.02%
	菲利普莫里斯国际	4.48%	菲利普莫里斯国际	4.39%
	亿滋国际A类股	4.04%	亿滋国际A类股	3.46%
	塔吉特百货	3.44%	塔吉特百货	2.92%
	奥驰亚	3.25%	奥驰亚	2.84%
	高露洁	3.17%	高露洁	2.61%
持仓数量	39		105	
费率	0.10%		0.10%	

两者的异同在于：

①规模/费率：两者费率一样，XLP规模显著大于VDC，因此有更好的流动性和更小的买卖价差。

②持仓：XLP持仓集中在大盘股，持仓数量少，巨头权重大；而VDC持仓更为分散，包含中小盘股票，巨头权重相对较低。

4. 能源ETF

GICS的能源板块涵盖从事油气、煤炭和可消耗燃料的勘探、生产提炼和销售、储存和运输业务的公司以及供应油气设备与服务的公司。比如埃克森美孚、雪佛龙等一体化石油巨头，Pioneer等上游页岩气勘探公司，斯伦贝谢等油服公司。

此外，能源板块分类中还有一类特殊的实体：MLP。MLP是在美国法律下设置的业主有限合伙企业，这些实体通常围绕石油和天然气等自然资源的运输环节基础设施而建立。MLP有类似REITs的现金流分配机制，还有向股东提供高比例收益和税收优惠等优势。

主要的能源ETF有：SPDR旗下的XLE、先锋集团旗下的VDE和Alerian发行的AMLP。其中，AMLP是规模最大的MLP ETF，投资其选择的能源中游MLP（表2-1-27）。

表2-1-27 美股主要能源ETF比较：XLE vs VDE vs AMLP

ETF	XLE		VDE		AMLP	
跟踪指数	标普能源行业指数		MSCI能源25/50指数		Alerian MLP指数	
十大持仓及占比	埃克森美孚	23.36%	埃克森美孚	21.97%	Western Midstream Partners LP	13.65%
	雪佛龙	16.52%	雪佛龙	13.53%	Energy Transfer LP	12.65%
	康菲	9.10%	康菲	7.25%	Plains All American Pipeline LP	12.65%
	EOG Resources Inc	4.65%	斯伦贝谢	3.76%	MPLX LP Partnership Units	12.35%
	斯伦贝谢	4.40%	Marathon Petroleum Corp	3.67%	Enterprise Products Partners LP	12.05%
	Marathon Petroleum Corp	4.34%	EOG Resources Inc	3.58%	Sunoco LP	7.39%
	Phillips 66	3.99%	Phillips 66	3.45%	EnLink Midstream LLC	6.39%
	Pioneer Natural Resources Co	3.79%	Pioneer Natural Resources Co	2.94%	NuStar Energy LP Common Units	5.92%
	Valero Energy Corp	3.34%	Valero Energy Corp	2.79%	Hess Midstream LP A类股	5.00%
	WILLIAMS COS INC	2.76%	Williams Cos Inc	2.27%	Cheniere Energy Partners LP	4.29%
持仓数量	26		116		16	
费率	0.10%		0.10%		0.85%	

XLE和VDE之间的异同在于：

①规模/费率：两者费率一样，XLE规模显著大于VDE，因此有更好的流动性和更小的买卖价差。

②持仓：XLE持仓集中在大盘股，持仓数量少，巨头权重大；而VDE持仓更为分散，包含中小盘股票，巨头权重相对较低。

此外，还有一个规模较大的杠杆能源ETF：NRGU。

NRGU跟踪三倍做多Solactive MicroSectors 美国大型石油指数，该指数从Solactive GBS 美国大中型股指数中根据市值和流动性筛选10支最具流动性的股票，以等权重设计。

5. 金融ETF

根据GICS，金融板块包括银行、非银行储贷机构，以及多元化金融服务、专业金融、消费金融、资产管理与证券托管、投资银行业务与经纪服务、资本市场服务、金融交易、数据和分析、保险承保人与经纪人以及抵押REITs等多元化金融服务提供商。

金融板块包括伯克希尔哈撒韦这样的综合金融公司，摩根大通、高盛这样的大银行，Visa、万事达卡这样的支付公司等。

主要的金融ETF有：SPDR旗下的XLF和KRE、先锋集团旗下的VFH等（表2-1-28）。

表2-1-28　美股主要金融ETF对比：XLF vs VFH vs KRE

ETF	XLF		VFH		KRE	
跟踪指数	标普金融行业指数		MSCI金融25/50指数		标普地区银行指数	
十大持仓及占比	伯克希尔哈撒韦 B类股	13.26%	摩根大通	8.54%	Bank OZK	2.58%
	摩根大通	9.55%	伯克希尔哈撒韦 B类股	8.12%	Huntington Bancshares Inc	2.55%
	Visa Inc A类股	7.83%	万事达卡 A类股	5.94%	M & T BANK CORP	2.54%
	万事达卡 A类股	6.84%	Visa Inc A类股	5.69%	Regions Financial Corp	2.51%
	美国银行	4.49%	美国银行	3.98%	CITIZENS FINANCIAL GROUP	2.50%
	富国银行	3.86%	富国银行	3.10%	First Horizon Corp	2.49%
	标普全球	2.42%	标普全球	2.03%	Truist Financial Corp	2.49%
	高盛	2.40%	高盛	2.01%	East West Bancorp Inc	2.44%
	美国运通	2.26%	美国运通	1.96%	Zions Bancorp NA	2.43%
	前进保险	2.24%	贝莱德	1.83%	Webster Financial Corp	2.43%
持仓数量	74		396		142	
费率	0.10%		0.10%		0.35%	

三者之间的差异在于：

①规模/费率：XLF规模最大、流动性最好，且费率和VFH一样都处于极低的水平，而KRE费率相对较高。

②持仓：XLF持仓集中在大盘股，持仓数量少，巨头权重大；而VFH持仓更为分散，包含中小盘股票，巨头权重相对较低。

KRE则投资更细分的地区银行类别，因此其持仓与XLF和VFH差异极大，不包含摩根大通等巨头。

此外，XLF还有对应的规模较大的杠杆ETF，比如两倍做多的UYG，三倍做多的FAS。而KRE也有规模较大的杠杆ETF：三倍做多的DPST。

6. 医疗健康ETF

根据GICS，医疗健康板块包括医疗服务提供商、生产和经销医疗保健设备与用品的公司、医疗技术公司以及制药和生物技术公司。

该板块包含了礼来、默克、辉瑞这样的医药巨头，吉利德、再生元这样的生物医药公司，波士顿科学、GE医疗这样的医药设备公司等。

医疗健康板块的ETF主要有：SPDR旗下的XLV和先锋集团旗下的VHT（表2-1-29）。

表2-1-29　美股主要医疗健康ETF比较：XLV vs VHT

ETF	XLV		VHT	
跟踪指数	标普医疗行业指数		MSCI医疗25/50指数	
十大持仓及占比	礼来	11.59%	礼来	10.08%
	联合健康	8.88%	联合健康	7.35%
	强生	6.83%	强生	6.11%
	默克	6.18%	默克	5.37%
	艾伯维	5.66%	艾伯维	5.16%
	赛默飞世尔	4.07%	赛默飞世尔	3.61%
	雅培	3.56%	雅培	3.17%
	丹纳赫	3.03%	丹纳赫	2.81%
	辉瑞	2.79%	辉瑞	2.52%
	安进	2.74%	安进	2.44%
持仓数量	65		407	
费率	0.10%		0.10%	

两者的异同在于：

①规模/费率：两者费率一样，XLV规模大于VHT，因此有更好的流动性和更小的买卖价差。

②持仓：XLV持仓集中在大盘股，持仓数量少，巨头权重大；而VHT持仓更为分散，包含中小盘股票，巨头权重相对较低。

此外，医疗健康板块作为美股的重要板块，还有很多细分行业ETF。其中生物科技行业有两支主要的ETF：贝莱德旗下的IBB和SPDR旗下的XBI。医疗设备行业有贝莱德旗下的IHI，覆盖了雅培、GE医疗这样的大型医疗设备公司（表2-1-30）。

表2-1-30 美股主要医疗细分领域ETF比较：IBB vs XBI vs IHI

ETF	IBB		XBI		IHI	
跟踪指数	纽交所生物科技指数		标普生物科技指数		道琼斯医疗设备指数	
十大持仓及占比	安进	8.73%	ALPINE IMMUNE SCIENCES INC	1.90%	雅培	16.99%
	福泰制药	8.33%	REVOLUTION MEDICINES INC	1.28%	直觉手术	11.77%
	再生元	8.25%	Exact Sciences Corp	1.22%	史赛克	10.04%
	吉利德	8.23%	Biomarin Pharmaceutical Inc	1.21%	美敦力	4.98%
	艾昆纬	4.43%	Cytokinetics Inc	1.18%	波士顿科学	4.76%
	莫德纳	3.68%	CEREVEL THERAPEUTICS HOLDING	1.18%	BECTON DICKINSON	4.74%
	渤健	3.03%	CRINETICS PHARMACEUTICALS INC	1.17%	DexCom Inc	4.66%
	梅特勒-托利多	2.72%	Exelixis Inc	1.17%	爱德华生命科学	4.64%
	因美纳	2.01%	莫德纳	1.14%	GE医疗	4.52%
	艾拉伦	1.96%	Geron Corp	1.13%	爱德士	4.07%
持仓数量	224		139		57	
费率	0.44%		0.35%		0.39%	

其中，IBB和XBI的差异主要在于：

①规模/费率：IBB的规模更大，XBI略小一些；XBI的费率更低一些。

②持仓：IBB此前跟踪的是纳斯达克生物科技指数，2021年6月后改为纽交所生物科技指数，覆盖了整个美股的生物医药公司。由于以市值为权重，所以IBB持仓集中在生物医药巨头上，比如生物科技四巨头安进（Amgen）、福泰制药（Vertex）、再生元（Regeneron）、吉利德（Gilead）合计占据超过1/3的权重。XBI跟踪标普生物科技指数，该指数是一个等权重指数，因此中小生物医药公司占据了更大的权重，导致其成长性和波动性都更大。

此外，还有一个规模较大的杠杆ETF——LABU，它跟踪三倍做多标普生物科技指数，是一个波动性更大的生物科技ETF。

7. 工业ETF

按照GICS，工业板块包括建筑制品、电气设备与机械、航空航天和国防产品的生产商和经销商，还包括建筑工程、打印、环境服务、人力资源服务、研究咨询服务和运输服务等商业服务提供商。

该板块包括了卡特彼勒、GE、霍尼韦尔这样的设备巨头，也有Uber（优步）、UPS（联合包裹服务）这样提供运输服务的公司。

此外，这个板块还包括一类特殊的行业——军工，涵盖了雷神（RTX）、洛克希德·马丁（Lockheed Martin）等美国军工巨头。

其中，覆盖全行业的ETF主要有：SPDR旗下的XLI和先锋集团旗下的VIS（表2-1-31）。

表2-1-31 美股主要工业ETF比较：XLI vs VIS

ETF	XLI		VIS	
跟踪指数	标普工业行业指数		MSCI工业25/50指数	
十大持仓及占比	卡特彼勒	4.90%	GE	3.70%
	GE	4.49%	卡特彼勒	3.61%
	优步科技	3.96%	联合太平洋铁路	2.90%
	联合太平洋铁路	3.78%	优步科技	2.76%
	雷神	3.60%	雷神	2.71%
	霍尼韦尔	3.40%	霍尼韦尔	2.62%
	伊顿	3.33%	伊顿	2.42%
	约翰迪尔	2.81%	波音	2.15%
	联合包裹服务	2.79%	约翰迪尔	2.11%
	ADP	2.68%	联合包裹服务	2.08%
持仓数量	82		392	
费率	0.10%		0.10%	

两者的异同在于：

①规模/费率：两者费率一样，XLI规模大于VIS，因此有更好的流动性和更小的买卖价差。

②持仓：XLI持仓集中在大盘股，持仓数少，巨头权重大；而VIS持仓更为分散，包含中小盘股票，巨头权重相对较低。

美股军工ETF中有三支规模较大：贝莱德旗下的ITA、景顺旗下的PPA和SPDR旗下的XAR（表2-1-32）。

表2-1-32　美股主要军工ETF比较：ITA vs PPA vs XAR

ETF	ITA		PPA		XAR	
跟踪指数	道琼斯美国航天与防务指数		SPADE美国航天与防务指数		标普航天与防务行业指数	
十大持仓及占比	雷神	18.78%	雷神	7.10%	雷神	4.42%
	波音	13.58%	洛克希德·马丁	6.99%	Heico Corp	4.21%
	洛克希德·马丁	13.50%	波音	6.00%	洛克希德·马丁	4.21%
	通用动力	4.78%	GE	5.65%	通用动力	4.18%
	德事隆	4.62%	诺斯洛普·格鲁曼	5.54%	TransDigm Group Inc	4.16%
	TransDigm Group	4.61%	通用动力	5.11%	CURTISS WRIGHT	4.10%
	诺斯洛普·格鲁曼	4.55%	L3Harris Technologies	4.50%	德事隆	4.01%
	L3Harris Technologies Inc	4.32%	霍尼韦尔	4.49%	WOODWARD INC	3.97%
	Axon Enterprise Inc	4.23%	TransDigm Group Inc	3.97%	诺斯洛普·格鲁曼	3.93%
	Howmet Aerospace	4.18%	伊顿	3.70%	Axon Enterprise Inc	3.80%
持仓数量	39		52		34	
费率	0.39%		0.58%		0.35%	

其中：

①ITA：规模最大，跟踪道琼斯美国航天与防务指数，该指数以市值加权，单一公司权重上限不超过22.5%。因此ITA的持仓偏向大盘股，尤其是"军工三巨头"雷神、洛克希德·马丁和波音合计权重超过45%，使得ITA的持仓集中度非常高。

②PPA：费率劣势最大，跟踪SPADE美国航天与防务指数，该指数用规模、流动性和收入来筛选公司，同样以市值加权，单一公司权重上限不超过10%。因此相比于ITA，PPA的"军工三巨头"权重没有那么高。

③XAR：费率最低，跟踪标普航天与防务行业指数，该指数等权重设计，目标是实现大盘股、中盘股和小盘股的权重之比为40：40：20，因此其最为偏向中小盘公司。

此外，ITA还有对应杠杆版本ETF——DFEN，跟踪三倍做多道琼斯美国航天与防务指数。

8. 原材料ETF

根据GICS，原材料板块包括生产化学品、施工材料、玻璃、纸张、林业产品和有关包装产品的公司，金属、矿物和采矿公司，以及钢铁生产商。

该板块覆盖了Linde这样的美国化工公司，也包括Freeport（费利浦）、Newmont（纽蒙特）这样的矿业巨头。

其中，覆盖全行业的ETF主要有：SPDR旗下的XLB和先锋集团旗下的VAW。

此外，专注矿业子行业的ETF有XME（表2-1-33）。

表2-1-33 美股主要原材料ETF比较：XLB vs VAW vs XME

ETF	XLB		VAW		XME	
跟踪指数	标普原材料行业指数		MSCI原材料25/50指数		标普矿业行业指数	
十大持仓及占比	林德集团	21.60%	林德集团	16.68%	费利浦·麦克莫兰铜金公司	5.38%
	宣伟	7.19%	宣伟	6.26%	美国铝业	5.14%
	费利浦·麦克莫兰铜金公司	7.10%	费利浦·麦克莫兰铜金公司	4.99%	纽蒙特黄金	4.97%
	益康集团	5.53%	益康集团	4.39%	皇家黄金	4.70%
	空气产品公司	5.14%	空气产品公司	3.99%	MP材料	4.66%
	纽柯钢铁	4.70%	纽柯钢铁	3.60%	卡彭特技术	4.63%
	纽蒙特黄金	4.49%	纽蒙特黄金	3.06%	URANIUM ENERGY CORP	4.60%
	陶氏公司	3.97%	科迪华	3.01%	Steel Dynamics Inc	4.50%
	科迪华	3.84%	陶氏公司	3.01%	纽柯钢铁	4.45%
	马丁-玛丽埃塔材料	3.55%	马丁-玛丽埃塔材料	2.81%	COMMERCIAL METALS CO	4.41%
持仓数量	31		118		33	
费率	0.10%		0.10%		0.35%	

三者的异同在于：

①规模/费率：XLB规模最大，VAW次之，而XME的费率相对较高，规模也相对较小。

②持仓：XLB和VAW都覆盖整个原材料板块，且以市值加权，因此相对而言都偏向大盘股。相比之下，XLB持仓集中在大盘股，持仓数少，巨头权重大；而VAW持仓更为分散，包含中小盘股票，巨头权重相对较低。

XME跟踪原材料板块中的细分行业指数：标普矿业行业指数，该指数是一个等权重指数，因此XME广泛涉及金、银、铜、铁、铝、煤炭等各品类、各规模的生产商。

对于部分希望投资大宗商品生产商的投资者，XME提供了铜金矿巨头Freeport、金矿巨头Newmont、美国铝业公司甚至铀矿公司的配置机会。

9. 房地产ETF

根据GICS，房地产板块包括经营房地产管理与开发活动以及股票型房地产投资信托 (REIT) 的公司，如多元化项目、工业大厦、酒店和度假村、办公室、医疗保健设施、住宅、租赁及特定项目REITs，但不包括抵押REITs。

房地产板块规模较大的ETF有：先锋集团旗下的VNQ、SPDR旗下的XLRE和贝莱德旗下的IYR（表2-1-34）。

表2-1-34　美股主要房地产ETF比较：VNQ vs XLRE vs IYR

ETF	VNQ		XLRE		IYR	
跟踪指数	MSCI房地产25/50指数		标普地产行业指数		道琼斯地产行业指数	
十大持仓及占比	Vanguard Real Estate II Index Fund Institutional Plus Shares	13.06%	Prologis Inc	10.49%	PROLOGIS REIT INC	8.28%
	Prologis Inc	7.61%	American Tower Corp	8.76%	AMERICAN TOWER REIT CORP	6.92%
	American Tower Corp	5.82%	Equinix Inc	7.70%	EQUINIX REIT INC	4.67%
	Equinix Inc	4.90%	Welltower Inc	5.55%	Welltower Inc	4.47%
	Simon Property Group Inc	3.23%	Simon Property Group Inc	5.02%	SIMON PROPERTY GROUP REIT INC	4.05%
	Welltower Inc	3.16%	Realty Income Corp	4.84%	REALTY INCOME REIT CORP	3.90%
	Public Storage	2.90%	Digital Realty Trust Inc	4.55%	DIGITAL REALTY TRUST REIT INC	3.66%
	Crown Castle International Corp	2.90%	Crown Castle Inc	4.53%	Crown Castle Inc	3.65%
	Realty Income Corp	2.84%	Public Storage	4.52%	PUBLIC STORAGE REIT	3.64%
	Digital Realty Trust Inc	2.67%	CoStar Group Inc	3.78%	CoStar Group Inc	3.04%
持仓数量	160		34		76	
费率	0.12%		0.10%		0.39%	

三者的差异在于：

①规模：VNQ在整个板块中"鹤立鸡群"，规模和流动性都远好于其他产品。XLRE规模次之，IYR最小。

②费率：XLRE最低，IYR费率劣势最大。

③持仓：XLRE持仓集中在大盘股，持仓数少，巨头权重大；而VNQ持仓更为分散，包含中小盘股票，巨头权重相对较低。

IYR同样覆盖全行业，持仓数量多于XLRE，但少于VNQ。此外，IYR权重上限设置更严格：单一持仓的权重上限为10%，所有权重超过4.50%持仓的总权重上限为22.50%，因此其巨头持仓权重是三支ETF中最低的，更偏向中小盘一些。

10. 科技ETF

根据GICS，科技板块涵盖提供软件和信息技术咨询与数据处理服务的公司（互联网服务和家庭娱乐除外），技术硬件与设备的制造商和经销商，如通信设备、手机、计算机、电子设备和半导体等。

如前文所述，在GICS历史上的几次调整中，包括Meta、Alphabet、奈飞在内的科技巨头，以及Visa、PayPal这些金融科技公司都被调出了科技板块，在近年来少数科技巨头"一枝独秀"的市场环境下，GICS的科技板块集中在剩余的几家巨头上，比如微软、苹果和英伟达。

而富时罗素行业指数使用ICB（行业分类基准），其科技板块覆盖的公司范围要比GICS大很多。

（1）GICS

目前美股科技板块ETF中，使用GICS且规模较大的ETF有：先锋旗下的VGT、富达旗下的FTEC、SPDR旗下的XLK、景顺旗下的RSPT（表2-1-35）。

表2-1-35　主要采取GICS的美股科技ETF比较

ETF	VGT		FTEC		XLK		RSPT	
跟踪指数	MSCI信息科技25/50指数		MSCI信息科技25/50指数		标普科技行业指数		标普等权科技行业指数	
十大持仓及占比	微软	18.31%	微软	18.32%	微软	23.58%	美光科技	1.86%
	苹果	15.38%	苹果	15.38%	苹果	20.14%	第一太阳能	1.82%
	英伟达	11.76%	英伟达	11.76%	博通	4.46%	西部数据	1.77%
	博通	4.24%	博通	4.31%	英伟达	4.11%	摩托罗拉	1.71%
	Salesforce	2.11%	Salesforce	2.18%	Salesforce	2.99%	泰科电子	1.70%
	AMD	2.11%	AMD	2.12%	AMD	2.71%	甲骨文	1.70%
	Adobe	1.65%	Adobe	1.69%	Adobe	2.40%	安费诺	1.69%
	埃森哲A类股	1.57%	埃森哲A类股	1.60%	埃森哲A类股	2.27%	派拓网络	1.67%
	甲骨文	1.50%	甲骨文	1.50%	思科	2.24%	Roper Technologies Inc	1.64%
	思科	1.46%	思科	1.49%	甲骨文	2.09%	微软	1.64%
持仓数量	315		315		68		68	
费率	0.10%		0.08%		0.10%		0.40%	

它们的异同在于，VGT和FTEC都跟踪MSCI信息科技25/50指数，VGT是规模最大的科技ETF，FTEC是富达在2013年推出的低费率版本。XLK跟踪标普科技行业指数，RSPT是它的等权重版本。

相比之下，XLK持仓集中在大盘股，持仓数少，巨头权重大；VGT和FTEC持仓更为分散，包含中小盘股票，巨头权重相对较低。RSPT则是等权重设计，因此中小盘公司的影响最大。

此外，尽管标普和MSCI行业指数都面临"权重上限"的问题，但两大指数关于超过权重后的调整措施存在差异，这使得最终ETF的持仓权重并不完全反映其市值。在跟踪标普科技行业指数的XLK持仓里，微软和苹果这前两大持仓的权重远高于其他公司，而跟踪MSCI信息科技25/50指数的VGT和FTEC的权重分布相对均衡。

此外，XLK还有对应的三倍做多版本：TECL。

（2）非GICS

使用非GICS的科技板块ETF主要有：贝莱德旗下的IYW和IGM（表2-1-36）。

IYW跟踪罗素1000科技22.5/45指数，该指数采用富时罗素维护的ICB。GICS经历几次调整，相比VGT这些采用GICS的ETF，IYW持仓包含了Alphabet和Meta这两家科技巨头。

IGM跟踪标普北美科技扩展指数，但其几乎所有持仓都配置在美国。不同于GICS的标普行业指数，IGM同样包含了Alphabet和Meta两家巨头。

IYW和IGM的主要差异在于，IYW主要覆盖大盘科技股，而IGM持仓数量更大，包含了部分中小盘公司。

此外，IGM的单一持仓上限较低，因此其巨头权重远低于IYW，巨头的影响更小。

表2-1-36　采用非GICS的美股科技ETF比较

ETF	IYW		IGM	
跟踪指数	罗素1000科技22.5/45指数		标普北美科技扩展指数	
十大持仓及占比	微软	18.76%	苹果	8.95%
	苹果	15.29%	微软	8.94%
	英伟达	11.57%	Meta A类股	8.58%
	Meta A类股	4.09%	英伟达	7.83%
	Alphabet A类股	3.04%	Alphabet A类股	5.76%
	博通	2.99%	Alphabet C类股	4.87%
	Alphabet C类股	2.60%	博通	4.20%
	Salesforce	2.48%	Salesforce	2.31%
	Adobe	2.06%	奈飞	2.09%
	AMD	2.04%	AMD	2.09%
持仓数量	136		283	
费率	0.39%		0.40%	

那么谁是最好的科技ETF呢？这取决于投资者的需求。

在过去几年里，美股形成了科技巨头领涨的局面，FAANG、"科技七姐妹"等市场焦点代表了不同科技巨头对市场的影响力，它们在过去几年里贡献了整个市场绝大部分的涨幅。

因此，对于投资者来说，是希望更多地持有科技巨头，还是希望减少科技巨头的影响，成了其选择科技ETF时最主要的考虑。

（3）科技细分行业ETF

除了整个科技板块ETF之外，还有一些规模较大的科技细分行业ETF。

①半导体ETF。

在自ChatGPT问世以来的这一轮科技创新周期中，半导体处于最核心的位置，尤其是AI热潮下，半导体行业成为整个科技板块的焦点。

美股规模较大的半导体ETF有：VanEck旗下的SMH、贝莱德旗下的SOXX和SPDR旗下的XSD（表2-1-37）。

表2-1-37　美股主要半导体ETF比较：SMH vs SOXX vs XSD

ETF	SMH		SOXX		XSD	
跟踪指数	MVIS 美国上市半导体25指数		ICE 半导体指数		标普半导体行业等权指数	
十大持仓及占比	英伟达	20.04%	英伟达	8.66%	SEMTECH CORP	4.25%
	台积电	12.53%	博通	8.12%	美光科技	3.51%
	博通	7.87%	高通	6.83%	第一太阳能	3.40%
	阿斯麦	4.85%	AMD	6.65%	IMPINJ INC	3.25%
	高通	4.80%	英特尔	5.38%	MACOM TECHNOLOGY	3.22%
	德州仪器	4.78%	美光科技	5.19%	DIODES INC	3.02%
	美光科技	4.53%	微芯科技	4.28%	微芯科技	2.95%
	应用材料	4.49%	德州仪器	4.21%	亚德诺半导体	2.95%
	Lam Research	4.45%	亚德诺半导体	4.19%	德州仪器	2.93%
	AMD	3.94%	应用材料	4.05%	博通	2.90%
持仓数量	25		30		40	
费率	0.35%		0.35%		0.35%	

其中：

SMH：跟踪MVIS美国上市半导体25指数，该指数按照市值和日均成交量筛选出25家最大的美国上市半导体公司，并以市值加权。SMH的持仓集中度较高，前十大持仓占比超过70%，其中，英伟达、台积电、博通三巨头占据了超过40%的权重。

SOXX：跟踪ICE半导体指数，该指数包含30家最大的美国上市半导体公司，且存在严格的持仓上限。巨头的权重受到持仓上限的制约，从而避免了诸如英伟达这样市值快速飙升的巨头对整个持仓产生过大的影响。

XSD：跟踪标普半导体行业等权指数，覆盖了大中小各类半导体公司，且使用等权重设计，因此XSD是三支ETF中最偏向中小盘股的一支。

此外，SOXX还有两个杠杆ETF规模较大：三倍做多版本的SOXL和三倍做空版本的SOXS。

②软件ETF。

美股科技股中有许多知名软件巨头，包括微软、Salesforce、甲骨文、Adobe等知名软件公司，也包括EA等热门游戏公司，这些公司都有着强劲的基本面、很好的成长性，广受投资者关注。

规模较大的软件ETF有贝莱德旗下的IGV，跟踪标普北美扩展软件类指数（表2-1-38）。

IGV主要覆盖美国软件公司，也持有一小部分加拿大公司。IGV以市值加权，但对于单一持仓上限有严格的限制，因此微软等巨头对IGV整体的影响有限。

表2-1-38　IGV持仓及费率情况

ETF	IGV	
跟踪指数	标普北美扩展软件类指数	
十大持仓及占比	微软	9.05%
	Salesforce	8.36%
	甲骨文	8.03%
	Adobe	7.75%
	Intuit	7.50%
	ServiceNow	4.86%
	派拓网络	4.02%
	新思科技	3.56%
	Cadence Design Systems	3.51%
	CrowdStrike Holdings A类股	2.98%
持仓数量	119	
费率	0.40%	

对于科技细分行业ETF的选择，投资者同样面临如何对待科技巨头的判断。在美股近年来的巨头行情下，英伟达、微软等股票的狂飙，也让巨头权重更大的ETF有着更好的回报率。但部分投资者并不乐见巨头过高的权重对ETF造成的影响，因此限制权重类ETF、平权类ETF能提供更合适的选择。

11. 公用事业ETF

按照GICS，公用事业板块包括水、电、燃气等公用设施的公用事业公司，以及使用可再生能源发电和配电的独立电厂和能源交易商与公司。

公用事业板块规模较大的ETF有三支：SPDR旗下的XLU、先锋集团旗下的VPU和富达旗下的FUTY（表2-1-39）。

表2-1-39　美股主要公用事业ETF对比：XLU vs VPU vs FUTY

ETF	XLU		VPU		FUTY	
跟踪指数	标普公用事业行业指数		MSCI公用事业25/50指数		MSCI公用事业25/50指数	
十大持仓及占比	新纪元能源	13.82%	新纪元能源	12.00%	新纪元能源	10.94%
	南方电力公司	8.13%	南方电力公司	7.16%	南方电力公司	7.06%
	杜克能源	7.70%	杜克能源	6.82%	杜克能源	6.78%
	美国联合能源公司	6.12%	美国联合能源公司	5.40%	美国联合能源公司	5.32%
	桑普拉能源公司	4.58%	桑普拉能源公司	4.14%	桑普拉能源公司	4.31%
	美国电力公司	4.58%	美国电力公司	4.14%	美国电力公司	4.16%
	道明尼资源	4.31%	道明尼资源	3.77%	道明尼资源	3.92%
	艾索伦电力公司	3.80%	艾索伦电力公司	3.42%	艾索伦电力公司	3.45%
	太平洋天然气电力	3.68%	公共服务事业	3.05%	太平洋天然气电力	3.26%
	公共服务事业	3.37%	联合爱迪生	2.87%	埃克西尔能源	3.08%
持仓数量	31		67		67	
费率	0.10%		0.10%		0.08%	

其中，XLU跟踪标普公用事业行业指数，VPU和FUTY都跟踪MSCI公用事业25/50指数。

三者的异同在于：

①规模/费率：XLU是最早一批SPDR行业ETF，历史最久，规模最大，因此有更好的流动性和更小的买卖价差，VPU次之，FUTY是最晚上市的，规模最小。XLU和VPU费率一样，而FUTY与VPU跟踪一样的指数，费率更低。

②持仓：XLU持仓集中在大盘股，持仓数量少，巨头权重大；而VPU和FUTY持仓更为分散，包含中小盘股票，巨头权重相对较低。

综上，参照GICS，11个板块ETF刻画了美股主要的行业生态，成为投资者按照行业选择配置的有力武器。

三、详解美股主题ETF

主题ETF起源于一些投资机构对于突破性的长期策略的需求，横跨多个板块或者行业。

主题ETF一般聚焦于科技、可再生资源、新型消费等创新主题，规模比较大的主题ETF有如下几类。

1. 科技类主题ETF

由于GICS、ICB等板块划分标准的设定，很多板块ETF并没有纳入投资者普遍认为属于科技类别的公司。如VGT、XLK这些主要科技板块ETF并未纳入Meta、Alphabet、奈飞，也没有纳入亚马逊、特斯拉，这些被列入FAANG或者MAG 7行列的公司在投资者传统认知里都是典型的科技巨头公司。

尤其在当下的"巨头市场"，投资者需要能横跨多个传统板块的ETF来完成其科技巨头股布局。

纳斯达克100 ETF QQQ起到了类似的作用，还有一个主题ETF——FDN也可以起到类似的作用（表2-1-40）。

FDN跟踪道琼斯互联网指数。由于各行各业都使用互联网，FDN持仓横跨了GICS下传统的科技板块公司，被纳入通信服务板块的Alphabet、Meta以及奈飞等公司，被纳入金融板块的PayPal，被纳入非必需消费品板块的亚马逊等，让投资者可以在一个组合内完成对这些公司的投资。

相较于VGT这些科技板块ETF，FDN的费率较高，持仓上限更严格，因此巨头的影响相对小一些。

表2-1-40　FDN持仓及费率情况

ETF	FDN	
跟踪指数	道琼斯互联网指数	
十大持仓及占比	亚马逊	10.37%
	Meta A类股	8.47%
	Alphabet A类股	6.23%
	Alphabet C类股	5.27%
	奈飞	5.02%
	Salesforce	5.02%
	思科	4.55%
	PayPal Holdings	3.33%
	爱彼迎 A类股	3.14%
	阿里斯塔网络	2.83%
持仓数量	42	
费率	0.51%	

面对如此众多的科技ETF，投资者该如何区分呢？

在当下的市场，投资者非常重视科技巨头股在ETF中扮演的角色，从这个视角出发，结合另一个标杆——纳斯达克100 ETF QQQ，主要科技ETF的差异在于：

①QQQ覆盖的科技巨头股最多，尤其是亚马逊、特斯拉这两家并未被其他ETF纳入科技板块的巨头，QQQ持仓也聚焦于大盘股，包含了其他板块股票，但并不含纳斯达克证券交易所以外的公司。

②IYW和IGM覆盖的巨头数量仅次于QQQ，持有Meta、Alphabet这些GICS下被列入通信服务板块的科技巨头，但不包括亚马逊、特斯拉这两家巨头。

③VGT与FTEC持有的公司最多，包含了中小盘公司，但微软、苹果、英伟达三家权重合计超过45%。

④XLK受微软和苹果两家公司影响最大，权重集中在科技大盘股。

⑤FDN聚焦于互联网，包含了亚马逊、Meta、Alphabet这些互联网巨头，但不包含英伟达、博通、特斯拉这样的硬件公司。

⑥想要减少巨头的影响，等权重设计的RSPT最为合适，但RSPT也聚焦于大盘股。IGM则持仓更多，巨头影响相对小一些。

此外，还有一支更加聚焦于科技巨头股的ETF（ETN，交易所交易票据）：FNGS，跟踪纽约证券交易所FANG+指数，它的持仓必须包含FAANG五巨头（Facebook、Apple、Amazon、Netflix 和 Google），其他持仓也需要具有类似的特征，且整体不少于十家公司。因此，FNGS几乎是一支涵盖了FAANG以及英伟达、微软、特斯拉等Mag 7的"纯巨头"ETF（表2-1-41）。

表2-1-41　FNGS持仓及费率情况

ETF	FNGS	
跟踪指数	纽约证券交易所FANG+指数	
十大持仓及占比	Meta A类股	12.53%
	特斯拉	11.71%
	英伟达	10.66%
	AMD	10.03%
	奈飞	9.65%
	苹果	9.39%
	亚马逊	9.35%

续表

ETF	FNGS	
十大持仓及占比	Snowflake A类股	9.10%
	微软	8.84%
	Alphabet A类股	8.74%
持仓数量	>10	
费率	0.58%	

"巨头行情"的火爆让华尔街迅速推出了FNGS的两倍做多版本——FNGO，满足希望回报最大化的投资者的需求。

还有一支三倍做多"纯巨头"杠杆ETF——BULZ。

BULZ每天提供跟踪FANG指数和满足特定要求的科技公司3倍的敞口。该基金由八个核心部分（Alphabet、亚马逊、苹果、Facebook、微软、奈飞、英伟达和特斯拉）组成，还包括通过筛选确定的七家公司。符合资格的公司必须在美国交易所上市，属于科技行业，且市值至少为100亿美元。

科技创新ETF

除了上述以市值为焦点的科技ETF之外，还有一类主打科技创新的ETF，围绕科技创新的各个领域来筛选股票、设计权重，这满足了部分希望投资突破性科技公司的投资者的需求。

这个领域最有名的ETF是"木头姐"旗下的ARK系列基金，比如ARKK（创新ETF）、ARKW（下一代互联网ETF）。伍德以其对科技公司的执着和远见在基金界"横空出世"，也打开了主动管理型ETF的"新局面"。

除了ARK这类主动管理型基金，也有一些跟踪指数的科技创新ETF，其中KOMP是规模较大的一支（表2-1-42）。

KOMP跟踪标普–Kensho新经济指数，寻找通过推动新经济技术的创新和进步来改变经济的公司。该指数是各种标普新经济分项指数的综合体，每个分项指数都围绕自动驾驶汽车、3D 打印、基因工程、纳米技术等主题构建。分项指数本身依靠人工智能来选择成分股，算法会扫描公司文件中的相关术语，选择持股，并根据这些术语的出现频率和位置将其分为核心股或非核心股。每个分项指数中的持股最初都是等权重的，核心公司的权重较高，通过专有的风险回报率对每个子指数进行加权。

表2-1-42　KOMP持仓及费率情况

ETF	KOMP	
跟踪指数	标普-Kensho新经济指数	
十大持仓及占比	Coinbase A类股	1.74%
	Leidos Holdings	1.49%
	Cleanspark	1.44%
	TELEDYNE TECHNOLOGIES	1.27%
	Meta A类股	1.25%
	Bruker	1.22%
	亿航智能	1.11%
	PTC	1.08%
	洛克希德·马丁	0.98%
	Elbit Systems Ltd	0.94%
持仓数量	439	
费率	0.20%	

相比于ARKK，KOMP的费率要低得多，且持仓要分散得多，而ARKK则以重仓押注闻名。

2. 基建类主题ETF

随着美国开始进入新一轮"再工业化"，基建主题愈发被市场重视。

基建横跨工业、原材料、科技等多个板块和行业。其中规模较大的ETF有两个：Global X旗下的PAVE和贝莱德旗下的IFRA（表2-1-43）。

表2-1-43　美股主要基建类ETF比较：PAVE vs IFRA

ETF	PAVE		IFRA	
跟踪指数	Indxx美国基建发展指数		纽交所FactSet美国基建指数	
十大持仓及占比	伊顿	3.53%	Vistra	0.90%
	联合租赁	3.24%	NRG 能源	0.89%
	马丁-玛丽埃塔材料	3.23%	Equitrans Midstream	0.88%
	特灵科技	3.20%	MGE 能源	0.87%
	派克汉尼汾	3.18%	世纪铝业	0.85%
	艾默生	3.10%	新纪元能源	0.84%
	广达服务	3.02%	AVANGRID	0.83%
	火神材料	2.79%	道明尼能源	0.80%
	纽柯钢铁	2.77%	埃克西尔能源	0.78%
	约翰迪尔	2.75%	Taseko矿业	0.78%
持仓数量	102		169	
费率	0.47%		0.30%	

其中：

①PAVE：跟踪Indxx美国基建发展指数，专注美国国内基建供应链中的参与者，例如原材料生产商、建筑设备生产商、工业运输和工程服务公司，MLP、REIT和BDC（商业发展公司，一种专门投资于中小企业和经营状况亟待改善的公司的投资工具）不包括在内。持仓中工业和原材料股合计权重超过90%。

②IFRA：跟踪纽交所FactSet美国基建指数。该指数将受益于美国基建的公司分为两类：基础设施推动者（建筑公司、工程服务公司、机械和材料公司）或基础设施资产所有者和运营商（公用事业公司、能源运输和储存公司、铁路运输公司）。两个类别在指数中的权重均为50%，各个类别中的单一持仓权重相同。

相比之下，IFRA单一持仓的影响更小，IFRA聚焦于公用事业板块，其占比最大，而PAVE则聚焦于工业和原材料两个板块。

基本面特色ETF

除了科技、基建这些基于特定产业的主题ETF外，还有一些主题ETF聚焦于公司基本面（表2-1-44）。

表2-1-44 美股主要基本面特色ETF比较：MOAT vs PKW vs GVIP

ETF	MOAT		PKW		GVIP	
跟踪指数	晨星宽护城河指数		纳斯达克美国回购指数		高盛对冲基金VIP指数	
十大持仓及占比	Alphabet	2.95%	T-Mobile US	4.82%	维谛技术 A类股	2.54%
	雷神	2.84%	Booking Holdings	4.48%	英伟达	2.47%
	嘉信理财	2.80%	强生	4.46%	GE	2.42%
	科迪华	2.74%	康卡斯特	4.32%	泰尼特医疗保健	2.41%
	国际香料香精公司	2.70%	洛克希德·马丁	4.16%	花旗	2.36%
	安朗杰	2.64%	约翰迪尔	4.04%	先锋资源	2.35%
	雅诗兰黛	2.61%	费哲金融服务	3.34%	CRH	2.33%
	金宝汤	2.51%	HCA医疗保健	3.12%	爱尔开普控股	2.28%
	奥驰亚	2.47%	马拉松石油	2.76%	APi Group	2.27%
	泰勒科技	2.45%	万豪国际	2.62%	泰普尔	2.26%
持仓数量	40		203		50	
费率	0.46%		0.61%		0.45%	

其中：

景顺旗下的MOAT：跟踪晨星宽护城河指数，该指数由晨星公司挑选的40家公司组成，这些公司的股价具有吸引力并具有可持续的竞争优势（专利、高转换成本等），该指数以等权重设计。该基金持仓包括了科技巨头Alphabet、军工巨头雷神、资管巨头嘉信理财、化妆品巨头雅诗兰黛等各个行业的龙头公司。

景顺旗下的PKW：跟踪纳斯达克美国回购指数，该指数覆盖了在过去12个月内回购了至少5%已发行股票的公司，以市值加权。回购已经成为近年来推动美股走高的重要力量，PKW汇聚了市场上回购比例最高的一篮子股票公司。

高盛旗下的GVIP：跟踪高盛对冲基金VIP指数。GVIP不投资对冲基金。相反，它使用公开文件从对冲基金投资组合中选择股票。从对冲基金披露的权益资产来看，该基金按市值选取了个别对冲基金资产前10名中出现频率最高的50支美股，以等权重设计。

综上，美国ETF有着极为丰富的板块与主题ETF体系，广泛覆盖了市场的各个角落，让投资者可以一键押注市场的特定部分。

面对如此多的选择，投资者该如何决策呢？

华尔街研究了很多理论，其中"美林时钟"是非常有名的一个。

"美林时钟"是2004年由美林证券在 *The Investment Clock* 中提出的，基于对美国1973年到2004年的历史数据的研究，将资产轮动及行业策略与经济周期联系起来，是资产配置领域的经典理论，是一个非常实用的指导投资周期的工具（图2-1-1）。

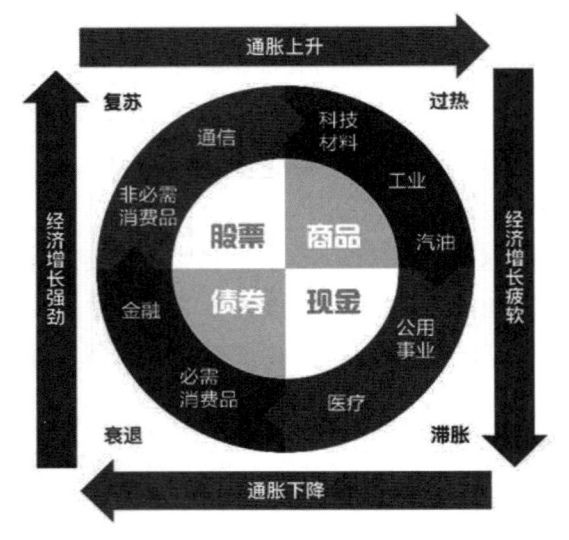

图2-1-1 "美林时钟"示意图

嘉实基金曾总结，"美林时钟"是一个分析经济周期的框架，通过经济增长率（GDP）和通货膨胀率（CPI）这两个宏观指标的高和低，将经济周期分成了四个阶段。分别是衰退期（低GDP+低CPI）、复苏期（高GDP+低CPI）、过热期（高GDP+高CPI）、滞胀期（低GDP+高CPI）。

从衰退期开始四个阶段依次推进，在此过程中债券、股票、大宗商品和现金依次成为最优的大类资产选择；对于股票市场来讲，防御型、成长型、周期型、稳健型板块依次成为最优选择。

"美林时钟"结合板块与主题ETF，给了投资者一个根据经济周期完成资产配置的投资框架。

然而，"美林时钟"并不像真正的时钟一样匀速顺时针转动，各种因素会导致周期加快轮动甚至跳跃，被市场戏称为"美林电风扇"。

相比于长期持有宽基指数，基于主观判断配合板块与主题ETF进行投资，对投资者提出了非常高的要求。

Tips
①美股主要板块/行业ETF一览（表2-1-45）。

表2-1-45　美股主要板块/行业ETF

ETF		费率	杠杆/反向	持仓数量
通信服务ETF					
大盘	XLC	0.10%		23
全行业	VOX	0.10%		118
非必需消费品ETF				
大盘	XLY	0.10%		53
全行业	VCR	0.10%		306
必需消费品ETF				
大盘	XLP	0.10%		39
全行业	VDC	0.10%		105
能源ETF				
大盘	XLE	0.10%		26
全行业	VDE	0.10%		116
MLP	AMLP	0.85%		16
三倍做多等权石油巨头	NRGU	0.95%	3×	
金融ETF				
大盘	XLF	0.10%		74
全行业	VFH	0.10%		396
两倍做多大盘	UYG	0.95%	2×	
三倍做多大盘	FAS	0.96%	3×	
地区银行	KRE	0.35%		142
三倍做多地区银行	DPST	0.93%	3×	
医疗健康ETF				
大盘	XLV	0.10%		65
全行业	VHT	0.10%		407
全指生科	IBB	0.44%		224
等权标普生科	XBI	0.35%		139
三倍做多标普生科	LABU	1.01%	3×	
医疗设备	IHI	0.39%		57
工业ETF				
大盘	XLI	0.10%		82
全行业	VIS	0.10%		392
军工	ITA	0.39%		39
	PPA	0.58%		52
	XAR	0.35%		34
三倍做多军工	DFEN	0.97%	3×	
原材料ETF				
大盘	XLB	0.10%		31
全行业	VAW	0.10%		118
矿业	XME	0.35%		33
房地产ETF				
全行业	VNQ	0.12%		160
大盘	XLRE	0.10%		34
全行业	IYR	0.39%		76

续表

ETF		费率	杠杆/反向	持仓数量
科技ETF				
全行业	VGT	0.10%		315
全行业	FTEC	0.08%		315
大盘	XLK	0.10%		68
三倍做多大盘	TECL	0.97%	3×	
等权大盘	RSPT	0.40%		68
全行业	IYW	0.39%		136
全行业	IGM	0.40%		283
半导体	SMH	0.35%		25
	SOXX	0.35%		30
	SOXL	0.94%	3×	
	SOXS	1.02%	−3×	
	XSD	0.35%		40
软件	IGV	0.40%		119
公用事业ETF				
大盘	XLU	0.10%		31
全行业	VPU	0.10%		67
全行业	FUTY	0.08%		67

②美股主要主题ETF一览（表2-1-46）。

表2-1-46　美股主要主题ETF

ETF		费率	杠杆/反向	持仓数量
科技类				
互联网	FDN	0.51%		42
纯巨头	FNGS	0.58%		>10
两倍做多巨头	FNGO	0.95%	2×	
三倍做多巨头	BULZ	0.95%	3×	
科技创新	KOMP	0.20%		439
基建类				
	PAVE	0.47%		102
	IFRA	0.30%		169
基本面类				
宽护城河	MOAT	0.46%		40
回购	PKW	0.61%		203
对冲基金VIP	GVIP	0.45%		50

第九节　结构化ETF：为了降低风险，你愿意放弃多少收益？

结构化产品在华尔街并不新鲜，但名声却一直不太好，甚至在国内也曾引发众多争议。

2024年一开年，国内一款名为"雪球"的结构化产品遭遇"雪崩"，大规模的敲入让很多客户"血本无归"，甚至引发了A股的连环下跌。

类似的事情在2007年也发生过，当时一种叫Knock Out Discount Accumulator（KODA）的金融产品风靡全香港，宣传的时候称其为打折股票，最后却变成了"I kill you later""富豪杀手""金融毒品"。

当时把富豪"杀"成啥样了呢？中信集团旗下的中信泰富直接在Accumulate上亏了186亿港币，碧桂园也亏了12亿港币。

这波爆雷的受害者近3万人，都是国内的最富裕阶层，包括许多民营企业家和企业高管。

结构化产品因此常被称为"金融核武"。

每次爆雷后，场外结构化产品的不透明（复杂的非标准化结构）、低流动性（无法提前赎回）和高费率（投行吸血）都会成为众矢之的。

但将传统只能由机构和高净值客户购买的场外结构化产品包装成ETF，却有着独特的优势：

其一，ETF有更低的参与门槛和更低、更透明的费率。

其二，ETF有良好的流动性。相比于随时可以在场内买卖的ETF，场外结构化产品一般不能或者很难提前赎回。而当底层资产出现意料之外的变化后，场内ETF投资者可以随时抛售。

换句话说，结构化ETF是传统场外结构化产品的"下沉、低配、降费版本"，失去了部分灵活性，却可能是更好的投资工具。

第一个使用期权作为其策略核心部分的ETF是PowerShares S&P 500 BuyWrite Portfolio（代码：PBP）。该ETF于2007年12月推出，采用的是备兑期权策略，即持有标普500指数，同时卖出标普500指数的看涨期权。

2018年8月，Innovator公司推出了全市场首支缓冲类（buffer）ETF，随后First Trust、Allianz、True Shares 和Pacer也陆续加入了buffer ETF发行人的行列。

2022年，美国"股债双杀"让投资者转向了结构化ETF寻求保护。摩根大通资管推出的JEPI一跃成为规模最大的主动管理型ETF，一举超越了此前"木头姐"创下的纪录。

"金融核武"走向了全民化！

一、详解结构化策略

结构化ETF的本质是通过各种期权工具改变一项投资的风险/回报特征，以满足投资者的特定需求。

根据期权组合方式的不同，结构化ETF可以分为很多类型，包括不同的挂钩标的、认沽或认购、做多或做空、不同的行权价格、不同的到期月份、不同的数量等各种变化，结构化ETF可以提供"下行保护"，可以"月度派息"，还可以"放大杠杆"。

目前规模较大的结构化ETF如下。

1. 备兑期权（covered call）类ETF

备兑期权类ETF持有特定的资产，出售对应资产的看涨期权获得期权金，并分配给投资者。

让我们用案例来说明：

假设用户小皮买入了100股A公司股票，目前交易价格是50元，小皮认为该股短期内可能不会大幅上涨，因此决定卖出一份行权价为55元的看涨期权，一个月后到期，每股期权金2元。

看涨期权到期时，小皮会面临三种场景：

第一种，A公司股价上涨到60元或更高：看涨期权将被行使。小皮以55元的执行价出售100股，错过了从55元到60元或更高价的上涨，但仍然保留2元的期权金，整体每股赚了7元。

第二种，A公司股价维持在50元：看涨期权到期时一文不值，小皮在该月每股赚取2元。

第三种，A公司股价跌至45元：虽然股价跌了5元，但由于期权金的收入对冲，小皮每股净亏损为3元。

从以上案例可以看出，备兑期权的作用是牺牲底层资产部分上行的收益换取期权金的收入，因而获得每月现金的收入，对冲部分底层资产下行的损失。

影响备兑期权类ETF收益的因素包括：

①底层资产的走势：备兑期权策略适合底层资产价格平稳的场景，如果底层资产大幅上行，那备兑期权类ETF将跑输底层资产，如果底层资产大幅下行，那备兑期权类ETF的下行保护作用也很小。

②期权金的高低：期权金取决于底层资产的波动性、到期时间和执行价格。波动越大、到期时间越长、执行价格越低，则期权金越高，反之亦然。当然，执行价格越低，ETF的上行潜力就越小。

备兑期权类ETF执行期权策略也有两种方式：主动管理与系统实施，具体取决于投资者的偏好。

备兑期权策略不止可以用在股票ETF上，同样可以用于债券和商品备兑期权ETF。

总体上，备兑期权类ETF给了投资者一个每月获得现金收入的方式，尤其在整体利率较低的市场下，备兑期权的期权金收入还高于一般的固收资产，为投资者提供了一定程度的"下行保护"。而缺点是，在牛市大涨时限制上涨潜力，熊市大跌时保护力度不够。

2. 缓冲（buffer）类ETF

缓冲类ETF又被称为"预期收益（defined outcome）"类ETF，通过使用期权组合策略，给予投资者在一定期限内，对于标的资产固定程度的损失保护，同时有一定的涨幅限制。

缓冲类ETF包含多种类型，比如传统buffer系列、flex buffer系列、高参与率系列以及低参与率无cap系列等。

中信证券分析了占比最大的传统buffer类ETF，其结构分为三层：

第一层，获取标的资产1∶1的收益，可以通过期权组合来构建标的收益，也可通过买入一份行权价几乎为0的看涨期权或者直接买入标的资产来获取收益。

第二层，设置buffer保护，通过买入行权价较高的认沽期权和卖出行权价较低的认沽期权来实现，行权价的选择直接决定了buffer的范围，注意这一步会产生负的现金流。

第三层，通过卖出虚值认购期权来弥补第二层带来的负现金流，这一交易也限制了组合的最大收益，认购期权的虚值大小取决于第二层交易导致的资金缺口大小。在第三层有时也会通过买入认购期权来调节上行参与倍数。

此外，结构化ETF存在期限，期权到期后需要进行再平衡。上述讨论的损益结构仅在期权到期时刻才成立，到期前的损益情况可能会受到波动性等因素的影响。结构化ETF的期限一般为1年，管理人会在每个月滚动发行产品，1年期限结束后，ETF不会到期，此时管理人会平仓当前持有的期权头寸并按照基金合同约定好的结构建立新的期权头寸，当天的期权市场价格会影响结构中的某些参数，例如对于传统buffer类ETF而言，再平衡日的期权价格会影响收益的上限。

中信证券用图2-1-2来解释上面的三层结构。

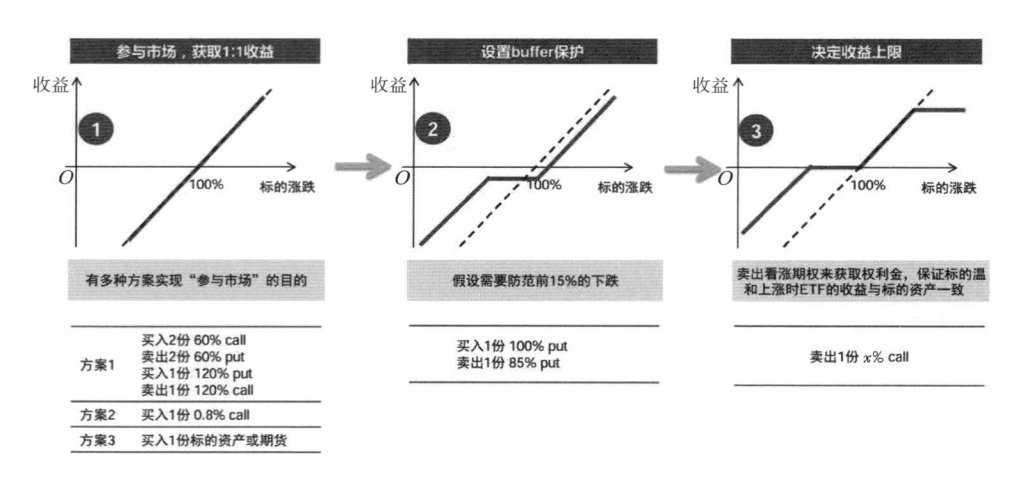

图2-1-2　传统buffer类ETF结构的构建方式

（资料来源：中信证券研究部）

通过这三层结构，传统buffer类ETF形成了图2-1-2最右侧图的收益率结构（红色线所示）。

让我们用案例来说明：

以Innovator旗下的4月buffer系列（PAPR）为例，该ETF从2024年4月1日到2025年3月31日，针对标普500指数，给投资者设置了15%的下行保护以及14.46%的涨幅上限，费率为0.79%。

假定投资者小皮在2024年4月1日买入该ETF，到2025年3月31日，他的收益情景如下：

情景1：如果标普500指数大涨30%，超过了PAPR的14.46%上限，则小皮的收益被限制在13.67%（14.46%-0.79%）。

情景2：如果标普500指数涨幅为10%，低于PAPR的涨幅上限，则小皮扣费前的收益与标普500指数相同。

情景3：如果标普500指数下跌10%，在PAPR设置的15%缓冲区内，则小皮扣费前的损失为0。

情景4：如果标普500指数大跌30%，由于PAPR提供15%的损失保护，则小皮扣费前的损失为15%。

需要注意的是，以上情景的测算只针对第一天买入且在一年后的到期日卖出PAPR的投资者。

那对于在中间时段买入的投资者，其真实的buffer范围（即下跌保护区间）以及收益上限取决于买入的时点。如果在低于初始价格的位置买入结构化ETF，那么buffer范围会降低，收益上限则会上升；如果在高于初始价格的位置买入，那么在享受到buffer保护前需要先自行承受部分损失，同时收益的上限会有所降低。

Innovator在官网（www.innovatoretfs.com）为旗下ETF产品提供了简易查询工具，详细标注了每支ETF在当时的剩余期限、剩余缓冲以及剩余涨幅上限，如图2-1-3所示。

CURRENT OUTCOME PERIOD VALUES (CURRENT/NET)						AS OF 5/2/2024
Fund Price	Fund Return	SPY Return	Remaining Cap	Remaining Buffer	Downside Before Buffer	Remaining Outcome Period
$32.98	-1.76%	-3.45%	16.43% / 15.59%	13.68% / 12.96%	0.00% / 0.00%	333 days

OUTCOME PERIOD VALUES (CURRENT/NET)						AS OF 3/28/2024
Fund Price	Fund Return	SPY Return	Cap	Buffer	Downside Before Buffer	Outcome Period
$33.57	0.00%	0.00%	14.46% / 13.67%	15.00% / 14.21%	0.00% / -0.79%	365 days

图2-1-3 RAPR当日收益结构示意图（来自Innovator官网）

注：所有"/"后的数字为去除费率后的净收益。

从以上结构看，传统buffer类ETF相对稳健。长期来看buffer类ETF可以在利率下行环境中成为类固收产品的重要补充。在利率下行和传统理财产品收益低的环境中，市场对于可获取稳健收益的类固收产品有较大需求，buffer类ETF可以通过降低权益风险暴露敞口、获取波动性风险溢价的方式来实现类绝对收益。

除了以上备兑期权ETF、缓冲类ETF之外，还有多种期权策略在ETF中较为常用。

3. 卖出看跌期权（putWrite）类ETF

看跌期权赋予买方在特定时间（到期日）之前以指定价格（执行价格）出售股票的权利，但没有义务。

当ETF出售看跌期权时，如果买方选择行使期权，则ETF必须以执行价格购买股票。如果股票在到期日之前从未跌至（或低于）执行价格，则期权到期时毫无价值，而ETF（卖方）可以保留因出售该期权而收到的期权金。

一定程度上讲，卖出看跌期权与备兑期权有类似的效果。

不管是sell put 还是 sell covered call，都相当于卖保险，卖保险能获得保费收入，而sell put和sell covered call能收取权利金。

通过出售看跌期权产生持续的期权金收入，可以实现月度付息、减少投资组合的波动性，尤其是在相对平稳的市场中。

区别在于，在备兑期权策略下，如果标的资产大幅上涨，ETF需要以确定价格卖出股票；在卖出看跌期权策略下，如果标的资产大幅下跌，ETF需要以现金买入。

自2020年疫情以来，美国实施天量财政刺激，直接给民众发钱，使得美国市场的期权交易量激增，尤其是在美国散户中间。末日（0DTE）期权这种交易当天到期的期权更是因为高风险、高收益的特点，成交量激增。

这使得卖出末日期权策略的ETF被市场热捧，因为极短的到期周期让期权卖方的利润极为丰厚。

其他策略还有买入看涨期权等，简言之就是利用看涨期权放大杠杆，创造更高回报。买入看涨期权ETF可以用较小的期权仓位创造较大的股权持仓，也可以用少量的期权来获取更大的风险敞口。

二、详解结构化ETF

采用结构化策略，规模较大的美国ETF如下。

1. 备兑期权类ETF

自2022年以来，备兑期权类ETF一直受到投资者青睐，资金流入规模排名靠前。类型也从股票类ETF扩展到债券类、商品类ETF等。

（1）股票类

摩根大通资管和Global X是这个领域最大的玩家，围绕标普500、纳指100和罗素2000三大基准指数布局备兑期权类ETF产品，其中：

①JEPI和XYLD底层资产围绕标普500布局；

②JEPQ和QYLD底层资产围绕纳指100布局；

③RYLD底层资产围绕罗素2000布局（表2-1-47）。

表2-1-47 主要备兑期权类ETF

跟踪指数	ETF	费率	管理类型
标普500	JEPI	0.35%	主动
	XYLD	0.60%	标准
纳指100	JEPQ	0.35%	主动
	QYLD	0.60%	标准
罗素2000	RYLD	0.60%	标准

这些ETF的差异在于：

①规模："后起之秀"JEPI凭借2022年以来的大红大紫，规模远超XYLD，此后摩根大通也趁势推出了JEPQ，但时间相对较短，因此规模仍然落后于推出已有十年的QYLD。

②费率：摩根大通旗下的JEPI、JEPQ费率都要低于Global X旗下的XYLD、QYLD、RYLD。

③持仓：Global X旗下的XYLD、QYLD、RYLD采取了标准管理，底层资产严格复制了对应的基准指数，并且出售平价期权。而摩根大通资管旗下的JEPI、JEPQ采取了主动管理，底层资产方面，基于低波原则对基准指数进行了主动筛选，相较于对应的基准指数价值、低波特征更明显，此外通过ELN模拟了"出售价外期权"的收益结构。整体上，摩根大通资管希望通过主动管理，实现更低波动的意图，从而更好地满足投资者的收入需求。

由于以上持仓的差异，在熊市时，摩根大通的ETF回撤幅度更小。在牛市时，Global X的ETF相对弹性更大。

此外，随着个股ETF的出现和发展，基于特斯拉、英伟达等热门个股的备兑期权类ETF也快速出现，其中规模较大的就有基于特斯拉的TSLY。

（2）债券类

备兑期权策略在债券类ETF上同样可以应用，其中规模较大的两支ETF是：贝莱德旗下的TLTW和Aptus旗下的JUCY（表2-1-48）。

表2-1-48　主要债券类备兑期权ETF

底层资产	ETF	费率	备注
长期美债	TLTW	0.35%	卖出美债期权
短期债券	JUCY	0.59%	卖出美股期权

其中：

①TLTW：持有近年来备受市场关注的超长期美债ETF——TLT，同时每个月出售102%价外备兑看涨期权。

②JUCY：基于较短久期的美债和其他机构债券，同时出售美国大盘股期权。

相比之下，TLTW底层持有的是波动更大的TLT，而JUCY出售的则是大盘股期权，不同于TLTW的美债期权。

债券备兑期权策略在利率上行或者平稳时期时是很合适的策略，尤其在美债收益率长期处于高位的当下，该策略进一步提升了投资者的回报。

（3）大宗商品类

备兑期权策略应用在商品类ETF上，主要有原油、黄金和白银这些流动性相对较好的品类，如在USOI、GLDI和SLVO这些规模最大的商品类ETF上构建备兑期权策略（表2-1-49）。

表2-1-49　主要商品类备兑期权ETF

底层资产	ETF	费率
原油	USOI	0.85%
黄金	GLDI	0.65%
白银	SLVO	0.65%

综上，基于美股、美债和大宗商品，备兑期权类ETF给了投资者获得月度收入的选项，代价是放弃上行的潜力，因此更适合在对应资产相对平稳的时期投资。

2. 缓冲类ETF

在buffer类ETF领域，Innovator和FT Cboe两家公司牢牢占据了领先的位置。

（1）Innovator系列

最早发行buffer类ETF的Innovator开发了不同下行保护的系列ETF，缓冲程度越大，上涨限制越低。

Innovator按月滚动发行buffer类ETF，费率为0.79%。每一支ETF均为一年到期，其缓冲幅度是固定的，但上涨限制在每一年到期时根据市场环境重新设置。

根据缓冲幅度的不同，主要分为三个系列，以投资标普500的五月系列为例：

①B系列：BMAY下行缓冲为9%，上涨限制为18.21%。

②P系列：PMAY下行缓冲为15%，上涨限制为14.30%。

③U系列：UMAY下行缓冲为30%，上涨限制为15.15%。值得注意的是U系列与其他两个系列略有不同，缓冲并非从零开始，而是从-5%开始，所以损失的前5%是不会得到保护的，其保护区间为［-35%，-5%］。

（2）FT Cboe系列

与Innovator类似，First Trust与芝加哥期权交易所（CBOE）联手推出了一系列buffer类ETF，费率为0.85%。

FT Cboe主要有两个系列，以投资标普500的五月系列为例：

①F系列：FMAY下行缓冲为10%，上涨限制为17.65%。

②D系列：DMAY下行缓冲为25%，上涨限制为13.67%，其缓冲并非从零开始，而是从-5%开始，所以损失的前5%是不会得到保护的，其保护区间为［-30%，-5%］。

为了能帮助投资者更简便地投资buffer类ETF，Innovator和FT Cboe都推出了一键投资旗下buffer类ETF组合的"基金的基金（FOF）"。

其中，FT Cboe旗下的BUFR和BUFD规模更大，费率也较高；Innovator旗下的BUFB和BUFF的费率更低，规模较小，但其月度buffer类ETF的规模更大。

3."卖出看跌期权"类ETF

2016年PUTW的上市拉开"卖出看跌期权"类ETF大幕，但真正打开局面的是Defiance在2023年推出的JEPY。

JEPY不持有股票，而是持有美债组合，并将其作为抵押品卖出看跌期权。JEPY最大的特色在于卖出的是末日期权。

JEPY上市时正是末日期权狂热之时。通过多次出售末日期权，JEPY希望获得比传统出售1个月到期期权更高的收益。

然而，末日期权的高风险也让很多投资者难以接受。

4."买入看涨期权"类ETF

如前文所述，通过买入看涨期权，ETF可以放大杠杆获取收益，也可以用较小的资本模拟出更大的敞口。Aptus旗下的DRSK就使用了这一策略。

DRSK用90%～95%的仓位买入一系列投资级债券ETF，来实现对于7～8年期美元投资级债券的敞口，同时剩余5%～10%的仓位买入美国大盘股看涨期权，从而实现一个相对平衡的股债组合。

综上，基于各种底层资产和期权的组合，调整其风险、回报的结构，结构化ETF给投资者提供了管理风险（managed risk）和明确回报（defined outcome）的产品。

结构化ETF具有较强的专业性和较大的复杂性，对于普通投资者是一个很高的门槛，但万变不离其宗，投资者最终需要作出选择：为了降低风险/提高收入，愿意放弃多少收益？

Tips

主要的结构化ETF一览（表2-1-50）。

表2-1-50　主要结构化ETF

ETF			费率	备注
备兑期权类ETF				
股票类	标普500	JEPI	0.35%	主动
		XYLD	0.60%	标准
	纳指100	JEPQ	0.35%	主动
		QYLD	0.60%	标准
	罗素2000	RYLD	0.60%	标准
	特斯拉	TSLY	0.99%	
债券类	长期美债	TLTW	0.35%	卖出美债期权
	短期债券	JUCY	0.59%	卖出美股期权
大宗商品类	原油	USOI	0.85%	
	黄金	GLDI	0.65%	
	白银	SLVO	0.65%	
缓冲类 ETF				
Innovator系列		RMAY	0.79%	月度系列
		BUFB	0.89%	FOF
		BUFF	0.89%	FOF
FT Cboe系列		DMAY	0.85%	月度系列
		BUFR	1.05%	FOF
		BUFD	1.05%	FOF
"卖出看跌期权" 类 ETF				
标普500		JEPY	0.99%	末日期权
"买入看涨期权" 类ETF				
DRSK			0.78%	

第二章　全球股票ETF

第一节　全球股指ETF：一键配置全球

2023年4月，"股神"巴菲特时隔11年再度访问日本。在东京市中心的四季酒店的豪华套房里，日本五大商社老板全部到齐，一边喝着樱桃可乐一边向"股神"推荐自家公司。

在日本接受媒体采访时，巴菲特明确表态：他看好日股，并将考虑加码对日股的投资。

在"股神"的加持下，日股成了当年全球市场最热门资产之一，外资不断涌入，华尔街全线看好。而在这些大行的看多报告里，都有一个特别的假设：日本国内投资者加大对日股的投资。

就在日股红透全球的这一年，日本投资海外股票的指数型投资信托的资金流入额却再创新高。2021年的统计数据显示，经由日本国内的投资信托基金流向海外股票的投资额是流向日本股票投资额的近300倍！

2024年，日本启动了备受关注的新小额投资非课税制度（NISA），放宽了日本人投资股市的免税额度，日本政府此举意在推动更多日本人投资日股。

但政府没想到的是，即便年初日股领涨全球，即便外资大举买入，国内投资者依然减持日股，反而大举买入海外股指。印度更是日本散户的最爱，光是2024年1月，日本的个人投资者就在印度股市横扫了2370亿日元（约合人民币115亿元）。

今天的日本中年人和老年人，基本都经历过股市泡沫破裂时代、亚洲金融危机和2008年的次贷危机，也见证了日本股市30多年来的未见起色，因此，大多数中老年散户很难对本国股市产生信任感。

在股市泡沫破灭后的三十多年里，"受伤"的日本人习惯了投资全球，在全球寻找增长速度更快的经济体和明星公司，甚至直接配置全球。

据报道，就在2024年1月9日这一天，日本全球股指基金"eMAXIS Slim All World Equity All Country"单日流入1000亿日元以上的资金，仅一天就相当于2023年12月的全月流入额(1088亿日元)。

这支基金是日本最受欢迎的基金之一，连续多年被评为日本最优质基金。该基金跟踪的指数是MSCI ACWI指数，它是全球第一个包含新兴市场的涵盖全球主要国家的指数。

日本人对全球投资的热衷并非特例，随着ETF在过去三十年的大发展，如今人们完全可以便捷且低门槛地一键投资全球主要地区股市，而美国上市ETF覆盖的地区和资产类别最为完整。

1996年，BGI（贝莱德旗下iShares前身）推出了首支在美国上市的海外股票ETF，当时覆盖的地区是墨西哥、加拿大和巴西。随着投资者对国际投资机会的兴趣增加，海外ETF的种类也迅速扩展。除了单一国家ETF外，还出现了跟踪地区性指数（如亚洲、欧洲或欧元区）的ETF，以及跟踪特定风格（如社会责任、增长、价值、小盘、中盘等）或行业指数的ETF。此后还出现了利用衍生品加入杠杆或者反向交易的ETF，以及主动管理型ETF。

这些产品为投资者提供了更精细化的国际投资选择。

配置全球ETF面临的主要风险之一是汇率风险。美国ETF的投资货币是美元，当一些国家的货币相对于美元贬值时，投资该国股市的ETF回报也会受到汇率影响。为了能对冲此类风险，汇率对冲型ETF开始出现。但天下没有免费的午餐，汇率对冲会抬高成本，相关ETF的费率也会更高。

接下来，让我们打开"一键配置全球股票"的大门！

一、全球股票ETF

根据博格的理论，对于一般投资者而言，最合适的投资是长期持有广泛的市场指数，而非追涨杀跌。

最广泛的股票指数就是全球股指了，投资全球股指ETF就是对世界经济押注。

覆盖全球广泛地区股指的美国ETF主要分为两类：全球股指ETF和全球（非美）股指ETF。

1. 全球股指ETF

在全球股指的布局上，先锋和贝莱德各有一支规模庞大的ETF，分别是VT和ACWI。

VT跟踪富时总体国际股票指数，ACWI跟踪MSCI ACWI全球指数，两者投资于美股的权重都超过了60%（表2-2-1）。

表2-2-1 主要全球股指ETF比较：VT vs ACWI

ETF	VT		ACWI	
跟踪指数	富时总体国际股票指数		MSCI ACWI全球指数	
十大持仓及占比	微软	3.85%	微软	4.15%
	苹果	3.34%	苹果	3.63%
	英伟达	2.35%	英伟达	3.08%
	亚马逊	1.99%	亚马逊	2.29%
	Meta A类股	1.36%	Meta A类股	1.54%
	Alphabet A类股	1.04%	Alphabet A类股	1.21%
	Alphabet C类股	0.86%	Alphabet C类股	1.08%
	礼来	0.80%	礼来	0.87%
	伯克希尔哈撒韦 B类股	0.79%	台积电	0.82%
	博通	0.70%	摩根大通	0.78%
持仓数量	9733		2385	
费率	0.07%		0.32%	

对于想要一键投资全球市场的投资者来说，这两支ETF都覆盖了发达国家和新兴市场的广泛公司，都有着极佳的流动性（意味着买卖价差很小）。从长期回报看，两者较为接近。

两支ETF之间也存在差别：

①费率：VT费率要低于ACWI，这对于收益非常接近的ETF而言是不小的差别。

②持仓：尽管前十大持仓差距不大，但VT的持仓数量远多于ACWI，这是因为VT覆盖了全球市场的大中小型公司，而ACWI主要覆盖大中型公司。

2. 全球（非美）股指ETF

尽管全球股指ETF持仓的公司极为分散，但美股的整体权重仍然超过了60%，对于希望能够尽可能分散组合风险的投资者而言，他们需要有更多非美地区的敞口。

全球（非美）股指中规模最大的三支ETF分别是先锋旗下的VXUS、VEU和贝莱德旗下的IXUS（表2-2-2）。

尽管跟踪不同的指数，但三支ETF都覆盖了发达国家和新兴市场的广泛地区股票，持仓非常分散，市场流动性极佳，三者的走势也较为接近。

表2-2-2 主要全球（非美）股指ETF比较：VXUS vs IXUS vs VEU

ETF	VXUS		IXUS		VEU	
跟踪指数	富时总体国际股票(非美)指数		MSCI ACWI全球(非美)指数		富时全球(非美)指数	
十大持仓及占比	台积电	1.71%	台积电	1.96%	台积电	1.49%
	诺和诺德 B类股	1.22%	诺和诺德 B类股	1.41%	阿斯麦	1.37%
	阿斯麦	1.22%	阿斯麦	1.26%	诺和诺德 B类股	1.36%
	丰田	0.94%	雀巢	0.93%	丰田	1.05%
	雀巢	0.90%	三星电子	0.86%	雀巢	1.01%
	三星电子	0.86%	丰田	0.86%	三星电子	0.96%
	路易酩轩	0.73%	路易酩轩	0.86%	路易酩轩	0.82%
	Tencent	0.71%	Tencent	0.81%	Tencent Holdings	0.80%
	诺华制药	0.68%	壳牌石油	0.71%	诺华制药	0.76%
	思爱普 SE	0.67%	阿斯利康	0.67%	思爱普 SE	0.75%
持仓数量	8498		4510		3820	
费率	0.07%		0.07%		0.08%	

三者的差别在于：

①费率：VXUS和IXUS都处于极低的水平，而VEU略高。

②持仓：VXUS持仓数最多，也最为分散，广泛覆盖大中小型公司，而IXUS同样覆盖各类公司，但持仓数少很多。而持股最为集中的VEU则更偏重大型公司。

此外，IXUS还有一个汇率对冲版本：HAWS，为投资者提供规避汇率风险的选择（详细内容见Tips）。

二、区域性股票ETF

除了全球指数之外，美国ETF还有着详尽的细分区域性ETF和单一国家（或地区）ETF，便于投资者更明确地进行地区选择。

其中，比较主流的区域性ETF如下。

1. 非美发达国家股票ETF

2022年，美股进入调整期，资金迅速流向其他发达国家（欧澳远东市场，简称EAFE）股指。

EAFE股指主要覆盖欧洲、日本的核心公司。过去二十年里，美国股指涨幅要远大于非美市场，这也使得美股的估值要远高于其他发达国家的股票。近年来"日特估""欧洲奢侈品、医药等核心资产"陆续受到市场认可，非美发达国家股指成为"美股恐高"投资者的热门选择。

规模最大的三支EAFE ETF分别是：先锋旗下的VEA和iShares旗下的IEFA、EFA。

三支ETF流动性都很好，且持股分散，欧日股票为核心持仓。其中，VEA跟踪的是富时指数，而IEFA和EFA跟踪的是MSCI指数（表2-2-3）。

表2-2-3　主要非美发达国家股票ETF比较：VEA vs IEFA vs EFA

ETF	VEA		IEFA		EFA	
跟踪指数	富时非美发达国家总体股票指数		MSCI核心欧澳远东指数		MSCI欧澳远东指数	
十大持仓及占比	诺和诺德 B类股	1.64%	诺和诺德 B类股	2.18%	诺和诺德 B类股	2.52%
	阿斯麦	1.64%	阿斯麦	1.94%	阿斯麦	2.25%
	丰田	1.26%	雀巢	1.44%	雀巢	1.67%
	雀巢	1.22%	路易酩轩	1.32%	路易酩轩	1.53%
	三星电子	1.15%	丰田	1.32%	丰田	1.53%
	路易酩轩	0.99%	壳牌石油	1.10%	壳牌石油	1.27%
	诺华制药	0.92%	阿斯利康	1.03%	阿斯利康	1.19%
	思爱普	0.90%	诺华制药	1.01%	诺华制药	1.17%
	壳牌石油	0.90%	思爱普	1.00%	思爱普	1.16%
	阿斯利康	0.82%	罗氏制药	0.93%	罗氏制药	1.07%
持仓数量	4000		2860		794	
费率	0.05%		0.07%		0.33%	

其异同在于：

①费率：EFA最高，IEFA次之，VEA最低。

②持仓：VEA和IEFA都覆盖大中小型公司，而EFA主要覆盖大中型公司。

最大的区别在于，富时指数于2009年将韩国升级为发达国家，而MSCI指数一直将其列入新兴市场。

因此，相比于VEA，IEFA和EFA对日本和英国的敞口更大，但不持有加拿大和韩国的股票，比如三星电子。而三星电子是VEA前十大持仓之一。与此同时，VEA的第三大国家敞口是加拿大，但该国不属于EAFE地区，因此IEFA并未将其纳入。

与IEFA相比，EFA主要覆盖大中型公司，覆盖的公司数量更少，其大中型公司权重更高。

此外，EFA分别有汇率对冲版本（HEFA），杠杆版本（EFO、EFU）及反向版本（EFZ），详见Tips。

2. 新兴市场股指ETF

相对于发达国家，新兴市场一直被视为成长性更好、相关性更低的投资标的，在投资者的投资组合中有特殊的价值。

新兴市场广泛覆盖中国、印度、巴西、南非等快速发展的经济体。此前包括中国大陆和中国台湾市场在内的大中华市场一直占据主要新兴市场指数的过半权重。近年来，随着印度股市的迅速崛起，印度股市权重大幅上升，接近中国台湾股市的权重。

规模最大的新兴市场ETF主要是先锋旗下的VWO、贝莱德iShares旗下的IEMG和EEM。VWO跟踪富时新兴市场指数，而贝莱德的ETF跟踪的是MSCI系列新兴市场指数（表2-2-4）。

三者的差异在于：

①费率：VWO最低，IEMG略高，而EEM费率远超前两者。

②持仓：VWO和IEMG都覆盖大中小型公司，而EEM主要覆盖大型公司。

表2-2-4 主要新兴市场ETF比较：VWO vs IEMG vs EEM

ETF	VWO		IEMG		EEM	
跟踪指数	富时新兴市场指数		MSCI核心新兴市场指数		MSCI新兴市场指数	
十大持仓及占比	台积电	6.31%	台积电	7.06%	台积电	8.30%
	腾讯	2.82%	三星电子	3.10%	三星电子	3.64%
	阿里巴巴	2.02%	腾讯	2.88%	腾讯	3.38%
	信实工业	1.53%	阿里巴巴	1.77%	阿里巴巴	2.08%
	印度HDFC银行	1.02%	信实工业	1.25%	信实工业	1.47%
	拼多多	0.97%	拼多多	0.91%	拼多多	1.07%
	印孚瑟斯	0.91%	印度工业信贷投资银行	0.82%	印度工业信贷投资银行	0.95%
	中国建设银行	0.75%	SK海力士	0.78%	SK海力士	0.92%
	美团	0.70%	印孚瑟斯	0.75%	印孚瑟斯	0.88%
	联发科	0.69%	中国建设银行	0.69%	中国建设银行	0.82%
持仓数量	5730		2976		1274	
费率	0.08%		0.09%		0.69%	

最大的差异依然在于：富时系列新兴市场指数不包含韩国，而MSCI系列新兴市场指数将韩国纳入。

因此，IEMG、EEM的持仓中，韩国股票是第四大持仓，其中包括三星电子、SK海力士这样的明星芯片公司。而EEM持仓集中在大型公司，因此其十大持仓的占比更高。

而由于VWO不包含韩国股票，其持仓中大中华市场和印度等其他市场的权重更高。

此外，EEM存在汇率对冲版本（HEEM），杠杆版本，反向版本（EUM），详见Tips。

3. 中国大陆以外新兴市场股指ETF

与非美发达国家股指的逻辑类似，中国由于此前在新兴市场指数中权重较大，所以对指数影响较大。部分希望分散风险的投资者，也就对"中国大陆以处新兴市场股指ETF"有了需求。

当前该领域规模较大的ETF是贝莱德旗下的EMXC。

EMXC前三大权重地区分别是印度、中国台湾和韩国。由于AI芯片股的走红，目前EMXC的前十大持仓主要是台积电和三星电子、SK海力士等芯片产业链上的公司。

三、单一国家（或地区）ETF

股市是一个国家经济的"温度计"，甚至有说法认为投股市就是赌国运。

由于各国所处的经济周期不同，相比于覆盖更广泛区域的全球股指，很多投资者希望投资增长速度更快、流动性更好的市场，单一国家（或地区）ETF就是最简单的选择。

自1996年推出第一个海外ETF以来，贝莱德的iShares一直是全球ETF领域的领先者，目前已在超过40个国家（地区）推出了约60支ETF。首支非洲国家ETF、首支汇率对冲的国家ETF等创新都来自iShares。

规模较大的全球单一国家（或地区）ETF如表2-2-5所示，从中可以看出，单一国家（或地区）ETF存在如下特点：

①费率普遍较高，投资成本高于更广泛的地区ETF。对于希望投资非本国市场，尤其是一些最大经济体以外的市场的投资者来说，是否愿意以更高的成本来投资一个相对陌生的经济体，这是需要权衡的问题。

②汇率风险普遍存在，只有部分国家（或地区）ETF存在对应的汇率对冲型ETF。汇率风险是投资海外ETF普遍存在的风险。在一些出口型经济体的市场，其股市可能与汇率存在负相关性，对于ETF投资者而言，汇率可能会对投资收益产生显著的影响。而汇率对冲型ETF则普遍有更高的费率。

③部分主要市场存在更细分的指数类别，比如覆盖该地区的小盘股指数。

表2-2-5 主要单一国家（或地区）ETF

ETF		费率	大盘/中盘	小盘	对应汇率对冲型ETF
欧洲					
欧洲	VGK	0.11%	Y	Y	
欧元区	EZU	0.52%	Y		HEZU
英国	EWU	0.50%	Y		HEWU
	EWUS	0.59%		Y	
德国	EWG	0.50%	Y		HEWG
	EWGS	0.59%		Y	
瑞士	EWL	0.50%	Y		

续表

ETF		费率	大盘/中盘	小盘	对应汇率对冲型ETF
法国	EWQ	0.53%	Y		
亚太					
中国大陆	MCHI	0.58%	Y		
	FXI	0.74%	Y		
	GXC	0.59%	Y		
	ECNS	0.58%		Y	
中国香港	EWH	0.50%	Y		
中国台湾	EWT	0.58%	Y		
日本	EWJ	0.50%	Y		HEWJ
印度	INDA	0.64%	Y		
韩国	EWY	0.58%	Y		
澳大利亚	EWA	0.50%	Y		
印度尼西亚	EIDO	0.58%	Y		
越南	VNM	0.66%	Y		
中东					
沙特	KSA	0.74%	Y	Y	
以色列	EIS	0.58%	Y	Y	
美洲					
巴西	EXZ	0.58%	Y		
加拿大	EWC	0.50%	Y		HEWC
墨西哥	EWW	0.50%	Y	Y	
非洲					
非洲	AFK	0.98%	Y		

注："Y"指覆盖该地区对应规模的股指。下同。

除了全球股票ETF、区域性股票ETF以及单一国家（或地区）ETF之外，还有板块ETF、主题ETF以及smart beta ETF等更加细分及垂直领域的海外ETF，以及反向及杠杆、衍生品等更复杂的产品。

普通投资者通过全球股票ETF能够便捷地实现一键配置全球股市。但在陌生的市场投资，对于投资者有很大的挑战。然而，正如日本投资者在过去三十年里所发生的变化，如果本国市场持续低迷，那投资全球市场或许是一个更好的选择。

Tips

主要全球股指ETF一览（表2-2-6）。

表2-2-6 主要全球股指ETF

ETF		费率	大盘/中盘	小盘
全球股票				
全球股指				
全球	VT	0.07%	Y	Y
	ACWI	0.32%	Y	
全球（非美）股指				
全球（非美）	VXUS	0.07%	Y	Y
	IXUS	0.07%	Y	Y
	VEU	0.08%	Y	
汇率对冲	HAWS	0.35%	Y	Y
区域性股票				
非美发达国家股票				
非美发达国家	VEA	0.05%	Y	Y
	IEFA	0.07%	Y	Y
	EFA	0.33%	Y	
汇率对冲	HEFA	0.35%	Y	
反向型	EFZ	0.95%	Y	
2倍做多	EFO	0.95%	Y	
2倍做空	EFU	0.95%	Y	
新兴市场股指				
新兴市场	VWO	0.08%	Y	Y
	IEMG	0.09%	Y	Y
	EEM	0.69%	Y	
汇率对冲	HEEM	0.69%	Y	
反向型	EUM	0.95%	Y	
2倍做多	EET	0.95%	Y	
3倍做多	EDC	1.20%	Y	
2倍做空	EEV	0.95%	Y	
3倍做空	EDZ	1.07%	Y	
中国大陆以外新兴市场股指				
中国大陆以外新兴市场	EMXC	0.25%	Y	
单一国家（或地区）				
欧洲				
欧洲	VGK	0.11%	Y	Y
欧元区	EZU	0.52%	Y	
汇率对冲（欧元区）	HEZU	0.53%	Y	
英国	EWU	0.50%	Y	
	EWUS	0.59%		Y
汇率对冲（英国）	HEWU	0.50%	Y	
德国	EWG	0.50%	Y	
	EWGS	0.59%		Y
汇率对冲（德国）	HEWG	0.53%	Y	
瑞士	EWL	0.50%	Y	
法国	EWQ	0.53%	Y	

续表

ETF		费率	大盘/中盘	小盘
亚太				
中国大陆	MCHI	0.58%	Y	
	FXI	0.74%	Y	
	GXC	0.59%	Y	
	ECNS	0.58%		Y
中国香港	EWH	0.50%	Y	
中国台湾	EWT	0.58%	Y	
日本	EWJ	0.50%	Y	
汇率对冲（日本）	HEWJ	0.58%	Y	
印度	INDA	0.64%	Y	
韩国	EWY	0.58%	Y	
澳大利亚	EWA	0.50%	Y	
印度尼西亚	EIDO	0.58%	Y	
越南	VNM	0.66%	Y	
中东				
沙特	KSA	0.74%	Y	Y
以色列	EIS	0.58%	Y	Y
美洲				
巴西	EXZ	0.58%	Y	
加拿大	EWC	0.50%	Y	
汇率对冲（加拿大）	HEWC	0.53%	Y	
墨西哥	EWW	0.50%	Y	Y
非洲				
非洲	AFK	0.98%	Y	

第二节　中国股指ETF：海外配置中国

2024年1月底，"抄底中国"的呼声得到了海外投资者的响应。在A股和港股连续调整后，海外一些机构认为中国资产已经足够便宜，可以抄底了。

就在1月底的这一周，FXI和KWEB两支ETF的看涨期权交易量飙升，后者更是达到历史第二高的水平。

海外投资者之所以选择FXI和KWEB，是因为它们分别跟踪中国大盘股和中概科技大盘股指数，是规模较大、最具标杆性的中国股票ETF之一。

目前中国投资者配置中国资产主要的途径是直接投资A股、B股，通过港股通投资港股，或者通过QDII基金投资在中国香港和美国上市的中概股，而直接投资海外中概股的ETF相对较少。

海外资金要配置中国股票，美国上市的ETF提供了独特的价值。比如在A股节假日休市时，美国ETF仍然持续交易，能够第一时间体现市场变化。美国ETF覆盖的中国股票更为广泛，包括A股、港股，还有反向及杠杆等复杂的版本，能够给投资者更全面的投资选择。不过，美国ETF以美元计价，因与国内以人民币计价不同而存在汇率风险。

一、广泛市场指数

覆盖广泛中国股票，且规模较大的美国ETF主要有以下几类。

1.中国大盘股指ETF

（1）覆盖A股大盘股

目前规模最大的三支ETF分别是ASHR、KBA和CNYA，还有一支规模小很多的CNXT。

其中，ASHR跟踪沪深300指数，KBA跟踪MSCI中国A50指数，CNYA跟踪MSCI中国A股指数，规模最小的CNXT跟踪创业板指数（表2-2-7）。

表2-2-7　主要覆盖A股大盘股的美国ETF比较

ETF	ASHR		CNXT		KBA		CNYA	
跟踪指数	沪深300指数		创业板指数		MSCI中国A50指数		MSCI中国A股指数	
十大持仓及占比	贵州茅台	5.98%	宁德时代	18.41%	贵州茅台	7.61%	贵州茅台	5.71%
	宁德时代	2.74%	东方财富	6.28%	宁德时代	6.10%	宁德时代	2.16%
	中国平安	2.42%	迈瑞生物	5.84%	万华化学	5.42%	招商银行	1.71%
	招商银行	2.15%	汇川技术	4.45%	紫金矿业	5.07%	长江电力	1.63%
	美的集团	1.73%	阳光电源	4.00%	工业富联	4.42%	五粮液	1.62%
	五粮液	1.66%	温氏股份	3.96%	比亚迪	3.72%	中国平安	1.17%
	紫金矿业	1.44%	中际旭创	3.80%	招商银行	3.61%	比亚迪	1.03%
	长江电力	1.41%	爱尔眼科	2.15%	长江电力	3.54%	农业银行	0.95%
	工商银行	1.32%	智飞生物	2.01%	立讯精密	3.52%	迈瑞生物	0.92%
	恒瑞医药	1.17%	亿纬锂能	1.91%	隆基绿能	2.88%	工商银行	0.90%
持仓数量	300		100		50		518	
费率	0.65%		0.65%		0.56%		0.60%	

它们的区别在于：

①规模：ASHR规模远大于KBA和CNYA，其流动性更好，买卖价差更小；CNXT规模小很多，买卖价差远大于前三支ETF。

②费率：ASHR、CNXT略高于CNYA和KBA。

③持仓：KBA跟踪的标的数量最少、市值最大，CNYA和CNXT都包含部分中小盘股票。从持仓结构看，ASHR在金融领域的比例比其他三支高不少；KBA在电子、医疗、矿业等板块的占比要高于另三支；CNYA在消费行业占比相对较高；CNXT则在制造业、电子信息等板块占比更高。

此外，ASHR存在两倍做多的版本（CHAU），详见Tips。

需要注意的是，跟踪A股的指数存在由于美元兑人民币汇率变动而产生的汇率风险。

（2）覆盖中概大盘股

目前规模较大的四支ETF分别是：MCHI、GXC、FXI和PGJ。

其中，PGJ专注于美股，跟踪金龙中国指数；FXI跟踪富时中国50指数，覆盖港股；MCHI和GXC都覆盖美股和港股中概股，分别跟踪MSCI中国指数和标普中国BMI指数（表2-2-8）。

表2-2-8 主要覆盖中概大盘股的美国ETF比较

ETF	MCHI		GXC		PGJ		FXI	
跟踪指数	MCSI中国指数		标普中国BMI指数		金龙中国指数		富时中国50指数	
十大持仓及占比	腾讯	13.48%	腾讯	9.88%	阿里巴巴 美股	7.93%	腾讯	9.48%
	阿里巴巴	8.16%	阿里巴巴	5.90%	携程 美股	7.57%	阿里巴巴	8.83%
	拼多多	4.06%	拼多多	3.63%	百度 美股	7.27%	美团	7.58%
	建设银行	3.27%	建设银行	2.58%	百胜中国	7.19%	建设银行	7.20%
	美团	3.16%	美团	2.19%	网易 美股	6.63%	工商银行	5.01%
	网易	2.29%	网易	1.59%	京东 美股	4.77%	网易	4.43%
	中国银行	1.82%	工商银行	1.53%	中通快递	4.46%	中国银行	4.14%
	工商银行	1.82%	中国银行	1.50%	腾讯音乐	4.26%	京东	3.91%
	京东	1.71%	京东	1.46%	贝壳	4.09%	百度	3.53%
	小米集团	1.60%	百度	1.25%	新东方教育	4.04%	小米集团	3.48%
持仓数量	671		1185		61		50	
费率	0.58%		0.59%		0.70%		0.74%	

它们的区别在于：

①规模：MCHI规模最大，FXI和GXC次之，而PGJ规模远小于前三者。

②费率：FXI最高，MCHI最低。

③持仓：GXC持仓最为分散，广泛覆盖大中小盘股；MCHI次之，覆盖大中盘股；FXI和PGJ相对集中，FXI主要覆盖港股大盘股，PGJ则覆盖美股中概股，包括大中小盘股。

其中，MCHI和GXC都覆盖港股和美股，前十大持仓比较接近。但MCHI大中盘股权重更高，因此互联网和金融股权重更大，GXC则包含部分小盘股，因此在制造和医药股上有更多的敞口。

FXI高度聚焦港股大盘股，因此在金融股上权重最大，持仓中互联网公司权重也相对较高。而PGJ聚焦美股中概股，因此金融业敞口最少，互联网公司敞口最多，同时也有较大的消费股权重。

明星科技股方面，MCHI、GXC同时包含拼多多和美团，而FXI不包含拼多多这类仅在美股上市的科技巨头，类似地，PGJ也不包含美团。

此外，FXI还有两倍、三倍做多和做空的版本（FXP、XPP、YINN、YANG），详见Tips。

2. 中国小盘股指ETF

规模较大的中国小盘股指ETF主要有两支：ECNS和ASHS。其中，ECNS跟踪MSCI中国小盘股指数，ASHS则跟踪中证500指数（表2-2-9）。

表2-2-9　主要中国小盘股指ETF比较

ETF	ECNS		ASHS	
跟踪指数	MSCI中国小盘股指数		中证500指数	
十大持仓及占比	和黄医药	1.81%	新易盛	0.91%
	中国中药	1.62%	天孚通信	0.72%
	中软国际	1.54%	沪电股份	0.69%
	中国光大环境	1.39%	思源电气	0.59%
	三生制药	1.36%	赛轮轮胎	0.57%
	东岳集团	1.34%	昆仑万维	0.57%
	海螺创业	1.30%	科伦制药	0.57%
	敏实集团	1.29%	华工科技	0.56%
	美图	1.27%	西部矿业	0.55%
	大全新能源	1.23%	格林美	0.52%
持仓数量	225		500	
费率	0.58%		0.65%	

它们的区别在于：

①费率：ASHS略高于ECNS。

②规模：两支ETF规模都较小，其中ECNS相对大一些。

③持仓：ECNS覆盖港股和B股的小盘股，而ASHS的持仓全是A股。

从行业结构看，ECNS的医药、科技权重更高，而ASHS的制造业、矿业、电子信息等权重更高。

ASHS存在汇率风险，而ECNS不存在。

二、行业/主题指数

除了宽基股指ETF外，还有一系列中国热门行业和主题股指ETF在美国上市，其中最热门的是科技股ETF。

在科技股ETF中，规模最大的两支ETF分别是KWEB和CQQQ。其中，KWEB是最为知名的中概科技股ETF，跟踪中证海外中国互联网指数；而CQQQ跟踪的是富时中国含A 25%科技上限指数（表2-2-10）。

表2-2-10　主要中国科技股ETF比较

ETF	KWEB		CQQQ	
跟踪指数	中证海外中国互联网指数		富时中国含 A 25% 科技上限指数	
十大持仓及占比	阿里巴巴	9.55%	腾讯	11.22%
	腾讯	9.11%	拼多多 美股	9.55%
	拼多多 美股	7.19%	美团	8.63%
	美团 B类股	6.72%	百度	7.26%
	网易	6.63%	快手	6.18%
	携程	5.60%	金蝶国际	3.12%
	好未来	4.57%	舜宇光学	3.08%
	唯品会	4.42%	金山软件	2.40%
	腾讯音乐	4.36%	哔哩哔哩	2.31%
	看准科技	4.16%	汽车之家	1.49%
持仓数量	34		154	
费率	0.69%		0.65%	

比较两支ETF：

①费率：两者比较接近。

②规模：KWEB规模远大于CQQQ，因此其流动性更好。

③持仓：KWEB覆盖港股和美股中上市的互联网公司股票，而CQQQ覆盖的是A股和进入港股通的港股科技股；KWEB持仓数量远低于CQQQ，其大盘股权重更大，而CQQQ持有更多比例的中小盘股；KWEB聚焦于港股和美股中概互联网公司，覆盖了主要的互联网巨头，而CQQQ没有包含阿里巴巴和网易这两家没有进入港股通的互联网巨头，因此其腾讯、拼多多、美团权重显著高于KWEB，此外CQQQ还包含电子硬件等类型的A股科技公司。

此外，KWEB还有两倍做多版本（CWEB），以及以KWEB为底层资产，采用covered call策略的ETF（KLIP），详见Tips。

除了科技股之外，还有消费及新能源两支规模相对较大的行业ETF，分别是CHIQ和KGRN。CHIQ跟踪的是MSCI中国非必需消费指数，KGRN跟踪的是MSCI中国环境技术指数（表2-2-11）。

表2-2-11　CHIQ与KGRN持仓及费率比较

ETF	CHIQ		KGRN	
跟踪指数	MSCI中国非必需消费指数		MSCI中国环境技术指数	
十大持仓及占比	美团	11.44%	理想汽车	11.63%
	阿里巴巴	8.45%	蔚来	7.77%
	拼多多	7.39%	比亚迪	7.54%
	京东	6.18%	小鹏汽车	5.52%
	携程	5.27%	信义光能	4.79%
	比亚迪	5.17%	宁德时代	4.77%
	理想汽车	3.75%	京沪高速	4.47%
	百胜中国	3.54%	龙源电力	4.39%
	新东方教育	3.20%	雅迪	4.19%
	安踏	2.90%	金蝶中国	3.68%
持仓数量	80		54	
费率	0.65%		0.78%	

其中，CHIQ规模较大，覆盖了主要港股和美股消费类公司，包括电商、汽车、旅游、餐饮、教育、鞋服类主要上市公司，其中包括阿里巴巴、拼多多、京东、美团等互联网平台，也包括比亚迪、理想汽车等电车巨头。KGRN规模相对小，流动性较差，覆盖了主要电车产业链、光伏产业链公司，包括比亚迪、理想汽车、蔚来、小鹏汽车等电车巨头，也包括了宁德时代等电池巨头。

此外，还有一些规模相对较小的行业ETF，详见Tips。

总体而言，美国ETF提供了相对丰富的中国股票覆盖，无论是宽基指数还是行业/主题指数。此外，港股和美股中概ETF提供了差异化的独特价值。

Tips

覆盖中国股票的主要美国ETF如表2-2-12所示。

表2-2-12 覆盖中国股票的主要美国ETF

ETF	备注	费率	反向/杠杆
广泛市场股指ETF			
A股大盘股指数			
ASHR	沪深300	0.65%	
CHAU	2倍做多ASHR	1.17%	2×
CNXT	创业板	0.65%	
KBA	MSCI中国A50	0.56%	
CNYA	MSCI中国A股	0.60%	
中概大盘股指数			
MCHI	MSCI中国	0.58%	
GXC	标普中国BMI	0.59%	
PGJ	金龙中国	0.70%	
FXI	富时中国50	0.74%	
XPP	两倍做多FXI	0.95%	2×
FXP	两倍做空FXI	0.95%	−2×
YINN	三倍做多FXI	1.46%	3×
YANG	三倍做空FXI	1.08%	−3×
小盘股指数			
ECNS	MSCI中国小盘股	0.58%	
ASHS	中证500	0.65%	
行业/主题股指ETF			
KWEB	中证海外中国互联网	0.69%	
CWEB	两倍做多KWEB	1.33%	2×
KLIP	covered call策略KWEB	0.95%	
CQQQ	科技	0.65%	
CHIK	科技	0.65%	
KFVG	5G芯片	0.65%	
KTEC	恒生科技	0.68%	
CHIQ	可选消费	0.65%	
CHIS	必选消费	0.65%	
CHIX	金融	0.66%	
CHIE	能源	0.66%	
CHIH	医疗	0.65%	
CHIC	通信	0.65%	
KGRN	新能源	0.78%	

第三章　美国固收ETF

第一节　美国全债ETF：一键买入万支债券

宽基股指ETF为投资者提供了"cheap beta"，即以较低成本获得对整体股票市场的敞口，最具代表性的就是美国首支ETF——SPDR S&P 500 ETF Trust（SPY）。

在固收领域也有这样的存在，只不过比SPY上市整整晚了10年。2003年9月，贝莱德旗下美国全债产品AGG上市；2007年4月，先锋一口气推出四支全债基金，分别是BND和短中长债产品BSV、BIV和BLV。

债券投资门槛高，与股票市场相比，债券市场流动性较差，品种多且复杂，仅一家公司可能就发行了数百支债券。

全债ETF就像繁杂的债券市场里的一站式超市，投资者通过一个交易代码就能获得广泛且多样的债券敞口，将国债、公司债、资产抵押债等一网打尽，而且能随买随卖，费率还低。

对于大多数投资者来说，配置债券的主要目的是分散股票风险，在股市动荡时，债券可以成为资产配置组合中的"稳定器"。

但持有债券ETF和持有债券本身还是有区别的。尽管债券也有价格波动，但如果持有到期，能拿回本金，如果发行方不违约的话。这也是债券，尤其是高评级优质债券，通常被视为低风险资产的原因。

但这一点在ETF这里就不适用，临近到期的底层债券会被替换成新的债券，不存在拿回本金一说。除了票息以外，投资者赚的是基金本身的价格差，这一定程度上削弱了债券ETF的"安全性"。

一、美国全债ETF绕不开的指数：Bloomberg Aggregate Bond Index

彭博综合债券指数（Bloomberg Aggregate Bond Index，AGG指数）是被最广泛追踪的美国债券市场总体指数之一，美国全债ETF两大巨头BND和AGG均跟踪这一指数。

在2008年11月之前，该指数叫作雷曼综合债券指数，因雷曼兄弟在金融危机中破产倒闭，该指数易主，改由巴克莱银行接管维护，更名为巴克莱资本综合债券指数。2016年，彭博社买下该指数，并改名为彭博巴克莱综合债券指数，到2021年巴克莱的标签被拿掉，正式更改为现在的名称。

AGG指数成分券超过13000支，按市值加权，覆盖了以美债为主的政府债券、机构债券、抵押支持证券（MBS）、资产支持证券（ABS）和商业按揭支持证券（CMBS），但不包括通胀保值债券（TIPS）。

纳入AGG指数的债券必须是评级在Baa3/BBB-/BBB以上的投资级债券，未偿还本金至少为1亿美元，并且距离到期至少一年。

从风格上来看，AGG指数现在比金融危机前更为"保守"。金融危机后，美国开启大规模财政刺激，美国国债发行量激增，也推动政府债券在AGG指数中的比重持续增长，而机构债券和抵押贷款支持债券的比重则有所下降（图2-3-1）。

金融危机之前，政府债券仅占总市值加权指数的20%，截至2023年底，政府债券在指数中的占比已稳步增长至40%以上（图2-3-2）。

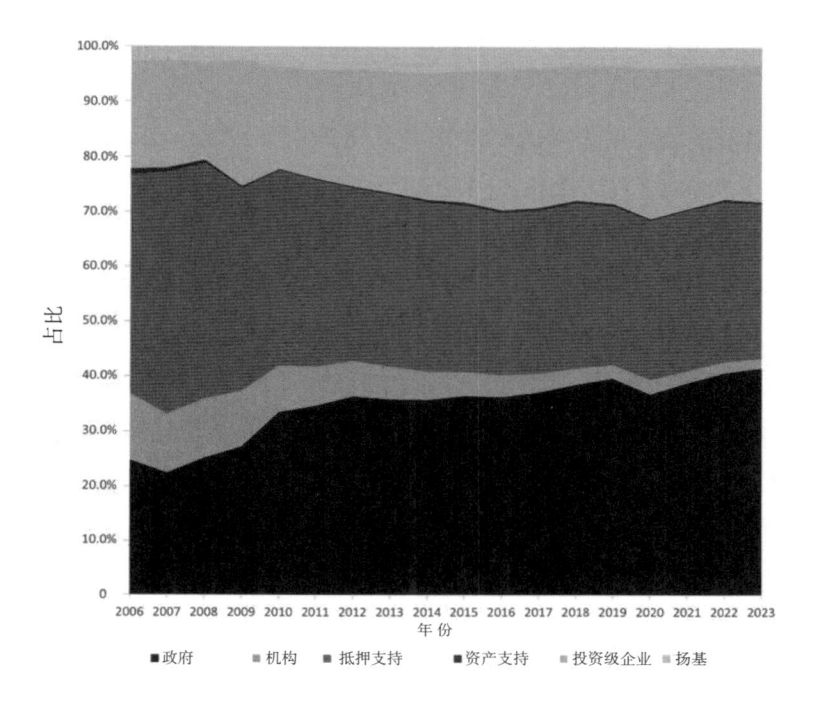

图2-3-1　彭博综合债券指数成分券权重变化图

（来源：LCG联营公司）

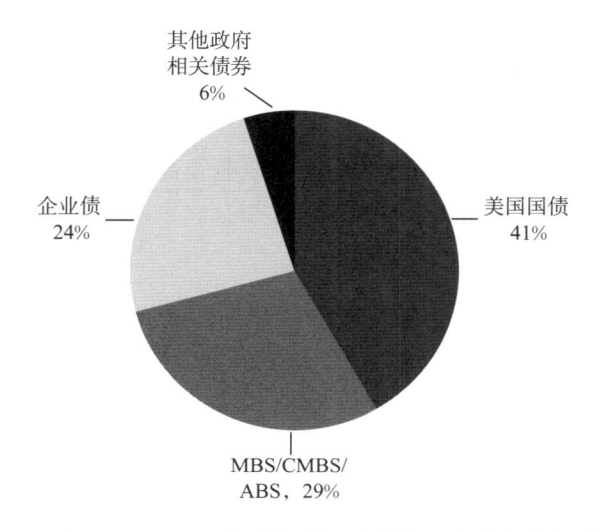

图2-3-2　2023年底彭博综合债券指数成分券权重图

（来源：摩根大通）

二、两大天王：BND VS AGG

美国规模最大的两支全债ETF分别是先锋旗下的Vanguard Total Bond Market Index Fund ETF(BND)和贝莱德旗下的iShares Core U.S. Aggregate Bond ETF (AGG)。

截至2023年底，这两支ETF规模均突破1000亿美元，稳居美国债券ETF前二。

这两支全债ETF都是跟踪AGG指数的被动型产品，但在指数版本上有差异。其中BND跟踪的是浮动调整过（float-adjusted）的AGG指数，剔除政府机构、创始人或其他公司持有的非流通债券。

由于浮动调整，BND分配给机构MBS的资产通常比AGG少5个百分点左右。作为补偿，它在投资组合中增加了对其他资产的配置，尤其是国债。

此外，由于AGG指数成分券数量庞大，购买和持有一个完整的指数投资组合可能会产生高昂的交易和管理费用，BND和AGG均采用样本抽样（index sampling）的方式来进行追踪，即通过选择指数中的代表性样本来复制与指数相似的风险和回报水平。

因此，二者在持仓上有差异。截至2023年底，BND持有10719支债券，AGG持有11291支债券。BND持有的国债占比略高于AGG，而AGG的抵押债券敞口略高于BND（表2-3-1）。

表2-3-1　主要美国全债ETF持仓及费率对比

ETF	BND		AGG	
持仓发行人及占比	美国国债/机构债券	46.00%	美国国债	42.79%
	政府支持的抵押支持证券	20.30%	抵押支持证券	25.62%
	工业	15.70%	工业	15.14%
	金融	9.00%	金融机构	8.30%
	外国债券	3.50%	公用事业	2.37%
	公用事业	2.30%	商业按揭支持证券	1.55%
	商业按揭支持证券	1.90%	主权国家债券	1.00%
	其他	0.80%	超国家组织债券	0.82%
	资产支持证券	0.50%	机构债券	0.72%
	—	—	地方政府债券	0.64%
	—	—	现金和/或衍生品	0.56%
	—	—	资产支持证券	0.50%
持仓数量	10719		11291	
费率	0.03%		0.03%	

期限方面，二者持仓均以1～10年的短中期债券为主，占比大于70%。BND的加权平均期限稍长，为8.7年，AGG为8.59年（表2-3-2）。

表2-3-2 主要美国全债ETF持仓期限对比

ETF	BND		AGG	
持仓期限及占比	1～5年	41%	1～5年	38.92%
	5～10年	31.10%	5～10年	36.75%
	20年以上	12.30%	20年以上	11.14%
	10～15年	9.60%	10～15年	7.05%
	15～20年	5.50%	15～20年	5.13%
	1年以下	0.50%	1年以下	1.01%
加权平均期限	8.7年		8.59年	

二者在久期上也略有不同。久期衡量债券价格对利率变化的敏感性。截至2023年底，BND的平均久期为6.4年，这意味着利率每变化1%，其价格预计将变化约6.4%；AGG的平均久期为6.19年，这意味着利率每变化1%，其价格预计将变化约6.19%。

两支基金的费率都比较低，均为0.03%。

三、先锋三巨头：BSV、BIV、BLV

除了上述涵盖各个期限的全债产品外，还有先锋和iShare推出的按短、中、长期限细分的产品，投资美国政府债券、投资级公司债券和投资级国际美元计价债券。

按规模来看，先锋三巨头遥遥领先：Vanguard Short-Term Bond Index Fund ETF（BSV）、Vanguard Intermediate-Term Bond Index Fund ETF（BIV）和Vanguard Long-Term Bond Index Fund ETF (BLV)。

其中BSV投资1～5年期债券，是三者中规模最大的，其次是BIV，投资5～10年期债券，规模最小的BLV投资10年期以上的债券。

从表2-3-3可以看到三支产品的持仓都以美债等政府/机构债券为主，尤其是BSV，占比高达67.60%。

费率方面，三支产品都是0.04%。

表2-3-3　不同期限美国全债ETF比较：BSV vs BIV vs BLV

ETF	BSV		BIV		BLV	
持仓发行人及占比	政府债券/机构债券	67.60%	政府债券/机构债券	55.10%	政府债券/机构债券	47.60%
	工业	13.30%	工业	21.60%	工业	32.39%
	金融	11.90%	金融	14.60%	金融	7.71%
	外国债券	5.40%	外国债券	4.70%	公用事业	6.16%
	公用事业	1.70%	公用事业	3.40%	其他	3.12%
	其他	0.10%	其他	0.60%	外国债券	3.03%
持仓数量	2674		2116		3069	
平均期限	2.8年		7.3年		22.5年	
平均久期	2.6年		6.2年		13.8年	
费率	0.04%		0.04%		0.04%	

Tips

主要美国全债ETF一览（表2-3-4）。

表2-3-4　主要美国全债ETF

ETF		费率
美国综合债券	BND	0.03%
	AGG	0.03%
美国综合短期债券	BSV	0.04%
美国综合中期债券	BIV	0.04%
美国综合长期债券	BLV	0.04%

第二节　美国超短债ETF：货基plus

2020年3月16日正好是周一，此时美国市场已经处于崩溃的边缘。2月下旬以来，新冠肺炎疫情重创全球经济，美国股债直线下跌。

就在一天前的周日，美联储罕见地在下午5点宣布大幅降息，并计划购买7000亿美元的债券，这让市场大呼意外。

美联储希望以此来提振市场信心，恢复市场流动性。但市场的理解却是：坏了，美联储在为新冠肺炎疫情最坏的情况做准备。

突然之间，每个人都想要现金，但没有买家。

道琼斯工业平均指数周一当天暴跌近13%，创历史第二大单日跌幅，股市波动性飙升，创历史新高。

流动性更差的债市彻底崩了，短期公司债利率飙升，连最具流动性的美国国债都无人问津。

一直被视为"现金等价物"的货币基金遭遇巨额赎回，被迫加入了抛售大军，进一步恶化了债市的供需关系，形成了恶性循环。市场无力承接如此巨量的抛售，迫使高盛、纽约梅隆银行等机构出面购买各自旗下货基的资产。

到了周三，整个货币基金资产规模已经暴跌了11%，一周内净流出高达600亿美元。最终，美联储不得不站出来救市。

在这个危急时刻，ETF交易仍旧坚韧。超短债ETF在一众产品中脱颖而出，成为众多投资者最后的"诺亚方舟"。

当时，超短债ETF持有的债券事实上已经丧失了流动性。在AP和做市商的支持下，投资者将其持有的超短债券转化为ETF份额在二级市场卖出。

其中BIL作为最大的超短债ETF，在此前的3月13日，迎来了自产品推出以来第一个历史关口。当天BIL资金净流入量达到207.9亿美元，较前一天暴增四倍。

在最危急的时刻，超短债ETF依旧维持了流动性，堪称"货基plus"。

一、超短债ETF的两大"撒手锏"

超短债ETF是投资到期期限较短债券的ETF产品，包括短期国债、公司债券等，分为被动和主动两种类别，期限通常在一年以内，甚至只有数月，一般按月分红。

超短债ETF最早出现在2007年，在经过数个重磅事件的考验之后，高流动性及较高收益率，成为它的两大"撒手锏"。

1. 高流动性

超短债ETF持有的一篮子债券到期时间很短，是安全性极高的资产类别。在正常情况下，这类ETF堪比"类现金"的货币基金。

颇为关键的是，一旦遇到极端情况，和货币基金相比，超短债ETF能够凭借一、二级市场套利的机制，在流动性上略胜一筹。

正如上文所述，这一点在2020年疫情暴发时体现了出来。

2. 较高收益率

在正常时期，超短债ETF由于投资多种短期政府债券，可以提供比单一投资更高的收益率。

在自2022年来的这轮美联储加息周期中，随着收益率曲线的倒挂，超短债ETF收益更是惊艳。

比如BIL在2023年10月就凭借5.25%的惊人收益率，迎来自产品推出以来的流量顶峰，资金规模直冲云霄。

美债收益率曲线倒挂指的是，长期国债收益率低于短期国债收益率的现象。比如在2022年10月，3个月和10年期的美债收益率曲线直接出现了自2020年3月以来的首次倒挂。

按理来说，长期国债因为要承担更高的风险，所以投资者会要求更高的回报作为补偿。然而当投资者对经济前景持悲观态度时，尤其是预计央行短期内会下调利率以刺激经济时，投资者预期短期债券收益率会大幅走高，但由于高息压制经济增长，长期国债收益率仍然看低。

二、超短债ETF的"四大天王"

截至2023年底，大约有44支超短债ETF在美国上市，资金管理规模总计达到约1400亿美元，通常分为被动型和主动型。

被动型超短债ETF旨在跟踪特定指数，例如短期国债指数，其投资组合会按照指数的构成进行调整。

主动型超短债ETF则由基金经理根据其市场预测和投资策略来选择投资标的，以追求超过市场指数的表现。

在这两大类别中，"四大天王"格外醒目，其中包括三支被动型超短债ETF和一支主动型超短债ETF。

1. BIL（SPDR Bloomberg 1-3 Month T-Bill ETF）

BIL于2007年5月推出，是最大的超短债ETF，也是追踪短期美债的被动型ETF。

BIL基本上是纯粹的美债ETF，它的投资组合几乎100%由剩余期限为1～3个月的美债构成，是目前市场上最安全的固收ETF之一，费率为0.14%，截至2024年3月31日收益率为3.05%。

BIL的投资组合相对集中，前十大持仓占比约为68.37%。

2. SGOV（iShares 0-3 Month Treasury Bond ETF）

SGOV于2020年5月推出，是追踪短期美债的被动型ETF，主要投资剩余期限为0～3个月的公开发行美债。

在"四大天王"中，SGOV费率最低，仅为0.07%，是BIL的一半，这可能是SGOV最大的优势之一。毕竟费率越低，收益越高，投资者既然无法控制回报，就只能尽可能地控制成本，SGOV的最新一年期收益率为5.13%。

SGOV在产品结构上和BIL颇为相似，虽然都是超短债ETF，持有3个月以内国债，但在具体持仓上有所不同。

SGOV持仓中0～1个月和2～3个月国债的权重更重，1～2个月的权重较小，整体持仓呈"哑铃形"，这表明SGOV更偏向极短期和相对短期的国债产品，以追求更快获得利息收益或者更灵活的资产配置。

而BIL的持仓则较为平衡地分布在各个期限国债上，并没有明显偏向某个期限，以保证较为稳健的投资回报。

3. SHV（iShares Short Treasury Bond ETF）

SHV旨在跟踪洲际交易所短期美国国债证券指数的表现，主要持有美国政府短期国债，费率为0.15%，截至2024年3月31日收益率为5.04%。

相比于BIL，SHV主要投资剩余期限不到一年的国债，因此利率风险略高一些，但也不会对其投资组合的风险配置产生显著影响。

4. JPST（JPMorgan Ultra-Short Income ETF）

JPST是"四大天王"中唯一一支主动型超短债ETF，地位与众不同。

它是摩根大通旗下的产品，是较早推出的主动型ETF，一定程度上改变了当时由被动型ETF主导的市场格局，为保守投资者提供了一种更高收益的选择，截至2024年3月31日收益率为5.31%，费率为0.18%。

JPST旨在承担一定信用风险以提供高收益，投资范围较广，其中包括美元现金、企业债券（期限通常不超过一年）、美债等，资金规模达到226亿美元。

Tips

市场上主流的超短债ETF如表2-3-5所示。

表2-3-5 主流的超短债ETF

代码	追踪指数	类别	费率
BIL	彭博1~3月期美国国债指数	被动型	0.14%
SGOV	洲际交易所0~3月期美国国债证券指数	被动型	0.07%
SHV	洲际交易所短期美国国债证券指数	被动型	0.15%
代码	底层资产	类别	费率
JPST	美元现金、企业债券（期限通常不超过一年）、美债等	主动型	0.18%

注：彭博1~3月期美国国债指数旨在反映期限为1~3个月的美国国债的表现。
洲际交易所0~3月期美国国债证券指数旨在反映期限为0~3个月的美国国债的表现。
洲际交易所短期美国国债证券指数旨在反映较短期美国国债的表现。

第三节 美国国债ETF：债券主战场

2023年8月3日早上9点，著名网红"华尔街传奇对冲基金经理"Bill Ackman在Twitter上突然发帖，高调宣布自己正大举做空三十年期美债，押注长债利率继续上冲。

就在前一天，美国政府骤然扩大美债发行规模，"美债海啸"力推十年期美债收益率飙升至2022年11月以来的最高水平。

Twitter本就是Ackman的主战场，他的活跃程度不亚于"全球第一网红"马斯克。Ackman凭借120万粉丝位居金融圈TOP梯队，上热搜对他来说就是家常便饭。

因此帖子一出，一石激起千层浪。大量跟帖称赞Ackman的做空逻辑，瞬间引爆全网。但其中有一条格外不同，点赞颇多，位置就在Ackman本人置顶的评论之下。

这个评论写道："某人在CNBC上散播恐慌情绪以挽救自己的看跌期权，但之后如果紧接着出现我们这代人最大的涨幅，不知道谁还会把这番言论当回事。"Ackman曾在8月3日接受美国消费者新闻与商业频道（CNBC）采访，再次重申正做空三十年期美债。

这种对Ackman看空长债的讽刺，恰恰反映了长债多头的心声。有一大批投资者通过坚定持有超长债ETF的方式力挺三十年期美债，正好和Ackman背道而驰。

其中最受多头偏爱的ETF产品是iShares 20+ Year Treasury Bond ETF（TLT），它跟踪美国国债20年以上指数，被视为"债券ETF之王"。

投资者对TLT的追逐不是一时兴起。从2022年3月美联储加息开始，TLT就吸引大量资金涌入。2022年TLT全年资金净流入量高达154亿美元，荣登ETF年度榜单TOP 3。与此同时，Direxion Daily 20+ Year Treasury Bull 3X Shares（TMF）这种三倍杠杆的长债ETF产品也被市场疯抢。

TLT和TMF为什么能让投资者趋之若鹜？高分红早已不是重点，长久期之下的资本利得才是核心。

这相当于投资者用炒股的方式来炒作美债ETF，他们押注美联储转向降息并一路抄底，希望能以最低的价格进场，享受降息之后的巨大资本利得。

但股民闯入债市，结果并不是很好。

虽然TLT资金规模从2021年开始一路猛增，但同期随着美联储持续加息，其价格也在断崖式下跌。截至Ackman发帖的2023年8月3日，TLT价格已经从2021年12月3日的154.35美元暴跌至94.85美元。

短短一年半的时间里，TLT大跌约39%。投资者一路亏一路买，结果每次都买在半山腰上。

在这场与Ackman的"多空对决"中，TLT的多头们依旧输得彻底。

直到2023年10月23日，Ackman考虑到美国经济放缓等因素，平掉了长期美债的做空仓位，爆赚2亿美元抽身离场。在这短短两个月里，TLT再跌11%。

一、美债ETF、美债基金、美债，谁更香？

美债ETF作为全球流动性最好的债券，为何如此吸引投资者的关注？与传统的美债基金和美债本身相比，又有什么区别？

这要从三者各自的属性讲起。

2002年7月22日，贝莱德旗下的iShares推出了第一批债券ETF，其中包括三支美债ETF和一支公司债ETF（表2-3-6）。

表2-3-6 iShares第一批债券ETF

ETF	TLT	SHV	IEF	LQD
跟踪指数	洲际交易所20年以上美国国债指数	洲际交易所短期美国国债证券指数	洲际交易所7~10年美国国债指数	Markit iBoxx美元流动性投资级债券指数
类别	美债ETF	美债ETF	美债ETF	公司债ETF

当时市场还没完全从互联网泡沫破灭、股市暴跌的阴影中解脱出来，保守型投资者开始寻求更稳健的投资渠道。而美债ETF大幅降低了投资者投资低风险资产的门槛，吸引了各路避险资金。

1. 美债 VS 美债ETF

①购买门槛：单支美债的最低购买门槛很高，通常对最低投资金额有较高要求，从几千美元到几十万美元不等，主要面向机构投资者，普通投资者很难购买。

美债ETF则允许投资者购买少量的ETF份额，类似于投资股票，降低了最低购买门槛。

②流动性：尽管美债已经是全球流动性最好的债券，但绝大部分美债交易依旧是由机构在场外完成，且很多机构更倾向于持有美债至到期，而不是频繁交易，这些因素降低了美债市场流动性。

美债ETF在二级市场交易，和股票一样，买卖订单通过交易平台来完成，更多投资者可以参与交易，同时众多做市商的存在也有利于市场流动性的提高。

③久期：久期是衡量债券对利率变动敏感性的指标，评估债券的利率风险，反映了利率每变化1%，债券价格的变动幅度。简单来说就是，久期越长，利率风险越大，价格对利率变动的敏感性也越高。以TLT为例，截至2024年3月28日，其久期为16.7年，因此当利率下降1%时，TLT价格涨幅高达16.7%。

对于单支美债而言，随着距离到期日越来越近，久期逐渐变短，利率风险同步下降，价格对利率变动的敏感性也随之减弱。

相比之下，美债ETF会通过调整组合来维持其目标久期范围。当某些持仓美债接近到期时，它们可能会被替换成到期期限更长的美债，以保持ETF整体久期稳定在一定区间内，也就是说价格对利率变动的敏感性也会保持下去。

2. 美债基金 VS 美债ETF

对比美债基金和美债ETF，流动性是关键差异点。

美债基金的申赎，都是基于每日的净资产价值（NAV）在"场外"交易，无法在美债二级市场即时交易，流动性较低。

美债ETF可以在全天交易时段内自由买卖，流动性更高，投资者可以快速进出。

总之，美债ETF为投资者提供了第三种选择。这种流动性高、门槛低、易于交易的投资方式为很多人打开了固定收益市场的大门。

按照不同的分类标准，美债ETF拥有众多细分类别，除了按照所投资美债的到期期限来分类之外，还可以按债券种类分类（分为普通美债ETF和通胀保值债券ETF）、按投资策略分类（分为杠杆美债ETF、逆向美债ETF和逆向杠杆美债ETF），具体细节如表2-3-7所示。

表2-3-7 主要美债ETF

ETF类型	特点
按到期期限分类	
超长期美债ETF	投资到期期限超过20年的超长期美债
长期美债ETF	投资到期期限为10～20年的长期美债
中期美债ETF	投资到期期限为3～10年的中期美债
短期美债ETF	投资到期期限为1～3年的短期美债
多期限美债ETF	投资各期限美债

续表

ETF类型	特点
按债券种类分类	
普通美债ETF	投资标准的、非通胀调整的美债
通胀保值债券(TIPS) ETF	投资通胀保值债券，即投资债券本金会根据通胀率调整的美债以保护投资者免受通胀侵蚀
按投资策略分类	
杠杆美债ETF	采用金融杠杆，旨在提供其跟踪指数日收益的多倍（如两倍、三倍）
逆向美债ETF	旨在提供与其跟踪指数相反的收益，适用于预测美债下跌的投资者
逆向杠杆美债ETF	结合逆向和杠杆策略，旨在提供其跟踪指数相反方向日收益的多倍

二、美债ETF一览

按照到期期限来分类，是美债ETF中最常见的分类方式之一，其中通常包括超长期美债ETF、长期美债ETF、中期美债ETF、短期美债ETF和多期限美债ETF，它们在跟踪指数、费率和持仓方面各有千秋。

1.（超）长期美债ETF：TLT vs SPTL vs VGLT

超长期美债ETF通常投资到期期限超过20年的超长期美债，长期美债ETF则投资到期期限为10~20年的长期美债。

两者在持仓方面较为相似，因此合为一类进行对比。

超长期美债ETF的代表性产品就是上文提及的TLT，由贝莱德iShares推出。长期美债ETF的产品选择更多，其中道富环球的SPDR Portfolio Long Term Treasury ETF（SPTL）和先锋的Vanguard Long-Term Treasury Index Fund ETF（VGLT）颇受市场青睐，资金规模分列一二。

TLT跟踪美国国债20年以上指数，SPTL和VGLT均跟踪彭博美国长期国债指数（表2-3-8）。

表2-3-8 主要（超）长期美债ETF

ETF	TLT		SPTL		VGLT	
跟踪指数	美国国债20年以上指数		彭博美国长期国债指数		彭博美国长期国债指数	
十大持仓及占比	美国国债 1.875% 2051-02-15	8.13%	美国国债 4.75% 2053-11-15	2.77%	美国国债 4.75% 2053-11-15	3.12%
	美国国债 2.0% 2051-08-15	7.28%	美国国债 4.125% 2053-08-15	2.69%	美国国债 4.125% 2053-08-15	2.67%
	美国国债 1.625% 2050-11-15	6.31%	美国国债 4.0% 2052-11-15	2.64%	美国国债 4.0% 2052-11-15	2.41%
	美国国债 1.875% 2051-11-15	5.53%	美国国债 3.625% 2053-05-15	2.55%	美国国债 1.75% 2041-08-15	2.28%
	美国国债 4.125% 2053-08-15	4.94%	美国国债 3.0% 2052-08-15	2.52%	美国国债 2.375% 2051-05-15	2.28%
	美国国债 3.0% 2048-02-15	4.84%	美国国债 3.625% 2053-02-15	2.52%	美国国债 3.625% 2053-05-15	2.23%
	美国国债 3.125% 2044-08-15	4.35%	美国国债 4.375% 2043-08-15	2.41%	美国国债 3.625% 2053-02-15	2.22%
	美国国债 2.5% 2046-05-15	4.15%	美国国债 2.375% 2051-05-15	2.33%	美国国债 1.875% 2041-02-15	2.09%
	美国国债 2.0% 2050-02-15	4.02%	美国国债 3.25% 2042-05-15	2.25%	美国国债 2.0% 2051-08-15	2.04%
	美国国债 3.625% 2053-05-15	3.91%	美国国债 4.0% 2042-11-15	2.24%	美国国债 2.875% 2052-05-15	2.02%
持仓数量	42		88		82	
费率	0.15%		0.03%		0.04%	
久期/年	16.7		15.39		15.2	

三者的差别在于：

①费率：TLT最高，VGLT次之，SPTL最低。

②持仓：SPTL和VGLT的持仓集中度相对较低，前十大持仓占比分别达到24.92%和23.36%，还不及TLT前十大持仓占比（53.46%）的一半。在持仓数量方面，SPTL和VGLT较为接近，均达到TLT的两倍左右。TLT前十大持仓全部为到期期限超过二十年的国债。而SPTL和VGLT的前十大持仓，多数为二十年以上国债，少数则为十五年以上国债。

③久期：TLT最长，SPTL次之，VGLT最短。

超长期美债ETF中的杠杆及反向产品（TMF、TMV、TBT）详见Tips。

2. 中期美债ETF：VGIT vs IEF

中期美债ETF通常投资到期期限为3~10年的美国国债，曾一度被不少投资者打上"无聊"的标签。但今时不同往日，中期美债ETF凭借相对较短的久期而获得稳定收益，逐渐受到投资者认可。

其中资金规模位列第三的先锋Vanguard Intermediate-Term Treasury Index ETF（VGIT）就在2024年初崭露头角，曾在2月单周吸纳17亿美元资金，创下自2009年产品推出以来的最大规模资金流入。

这里具体对比VGIT和资金规模排名第二的iShares 7-10 Year Treasury Bond ETF（IEF），两者分别跟踪彭博美国国债3~10年期指数和洲际交易所美国国债7~10年期指数（表2-3-9）。

表2-3-9 主要中期美债ETF对比

ETF	VGIT		IEF	
跟踪指数	彭博美国国债3~10年期指数		洲际交易所美国国债7~10年期指数	
十大持仓及占比	美国国库券 3.875% 2033-08-15	2.07%	美国国库券 1.375% 2031-11-15	13.20%
	美国国库券 4.5% 2033-11-15	2.01%	美国国库券 1.875% 2032-02-15	12.68%
	美国国库券 4.125% 2032-11-15	1.98%	美国国库券 1.25% 2031-08-15	12.53%
	美国国库券 2.875% 2032-05-15	1.89%	美国国库券 4.5% 2033-11-15	10.63%
	美国国库券 3.5% 2033-02-15	1.88%	美国国库券 3.5% 2033-02-15	9.29%
	美国国库券 1.25% 2031-08-15	1.84%	美国国库券 3.875% 2033-08-15	9.12%
	美国国库券 1.375% 2031-11-15	1.84%	美国国库券 3.375% 2033-05-15	7.98%
	美国国库券 3.375% 2033-05-15	1.83%	美国国库券 2.875% 2032-05-15	7.93%
	美国国库券 1.875% 2032-02-15	1.82%	美国国库券 4.125% 2032-11-15	5.54%
	美国国库券 2.75% 2032-08-15	1.80%	美国国库券 4.0% 2034-02-15	4.57%
持仓数量	108		14	
费率	0.04%		0.15%	
久期/年	5		7.29	

①费率：VGIT费率极低，不及IEF的三分之一。

②持仓：两者持仓情况差异较大。VGIT持仓数量远超IEF，IEF持仓集中度很高，两者的前十大持仓占比分别为18.96%和93.47%。

③久期：VGIT久期相比于IEF更短。

3. 短期美债ETF：VGSH vs SHY

代表性短期美债ETF包括先锋旗下的Vanguard Short-Term Treasury Index Fund ETF Shares（VGSH）和贝莱德旗下的iShares 1-3 Year Treasury Bond ETF（SHY），分别跟踪彭博美国国债1~3年期指数和 ICE 美国 1~3 年期国债指数（表2-3-10）。

表2-3-10　主要短期美债ETF对比

ETF	VGSH		SHY	
跟踪指数	彭博美国国债1~3年期指数		ICE 美国1~3年期国债指数	
十大持仓及占比	美国国库券 1.5% 2027-01-31	1.91%	美国国库券 4.5% 2025-11-15	5.26%
	美国国库券 0.5% 2026-02-28	1.58%	美国国库券 4.0% 2026-02-15	4.93%
	美国国库券 2.25% 2025-11-15	1.58%	美国国库券 4.0% 2025-12-15	3.59%
	美国国库券 0.375% 2026-01-31	1.57%	美国国库券 0.25% 2025-08-31	3.28%
	美国国库券 0.75% 2026-05-31	1.54%	美国国库券 3.875% 2026-01-15	3.24%
	美国国库券 1.25% 2026-11-30	1.50%	美国国库券 2.75% 2025-05-15	2.74%
	美国国库券 0.75% 2026-08-31	1.49%	美国国库券 4.25% 2025-10-15	2.62%
	美国国库券 4.625% 2026-02-28	1.47%	美国国库券 2.875% 2025-06-15	2.51%
	美国国库券 0.625% 2026-07-31	1.45%	美国国库券 0.75% 2026-05-31	2.45%
	美国国库券 2.0% 2025-08-15	1.45%	美国国库券 4.625% 2026-02-28	2.37%
持仓数量	95		94	
费率	0.04%		0.15%	
久期/年	1.9		1.88	

①费率：SHY的费率较高，是VGSH的三倍多。

②持仓：VGSH和SHY在持仓数量方面大致相同。但是前十大持仓占比相差较多，VGSH和SHY分别是15.54%和32.99%。

③久期：VGSH和SHY的久期接近。

4. 多期限美债ETF：GOVT

在按照到期期限分类的美债ETF中，多期限美债ETF与众不同。顾名思义，这类ETF的持仓涉及各类期限美债，从超长期到短期都有。

其中，GOVT尤为醒目，是资金规模最大的多期限美债ETF，追踪洲际交易所美国国债核心债券指数（表2-3-11）。

表2-3-11 GOVT持仓、费率及久期情况

ETF	GOVT	
跟踪指数	洲际交易所美国国债核心债券指数	
十大持仓及占比	美国国库券 1.375% 2031-11-15	5.01%
	美国国债 1.875% 2051-02-15	3.61%
	美国国库券 3.125% 2028-11-15	3.21%
	美国国库券 2.625% 2029-02-15	2.84%
	美国国库券 2.75% 2028-02-15	2.53%
	美国国库券 1.625% 2026-05-15	2.51%
	美国国库券 2.25% 2027-02-15	2.26%
	美国国库券 0.375% 2025-11-30	2.24%
	美国国债 3.75% 2043-11-15	2.09%
	美国国库券 0.75% 2026-08-31	1.83%
持仓数量	183	
费率	0.05%	
久期/年	5.96	

①费率：GOVT的费率较低，仅为0.05%。

②持仓：和其他期限美债ETF相比，GOVT在持仓集中度方面处于中等水平，前十大持仓占比约为28%。但持仓数量更多，高达183支。

③久期：GOVT的平均久期较为接近中期美债ETF。

三、通胀保值债券ETF

相对于普通美债ETF，通胀保值债券ETF是颇为特别的存在，尤其适合在通胀上升时期投资。因为TIPS本金会随着通胀上行而增加，从而保证实际购买力的稳定，相当于能在一定程度上对抗通胀。

假如投资者购买一支TIPS ETF，本金为100美元，当通胀率为4%时，一年

以后投资者将拥有一支价值104美元的TIPS ETF。

除此之外，TIPS ETF也定期分红，这点和普通美债ETF相同。

在产品方面，规模最大的两支TIPS ETF分别为贝莱德iShares 推出的iShares TIPS Bond ETF（TIP）和嘉信理财推出的Schwab U.S. TIPS ETF（SCHP）（表2-3-12）。

表2-3-12 主要通胀保值债券（TIPS）ETF

ETF	TIP		SCHP	
跟踪指数	洲际交易所美国国债通胀链接债券指数		彭博美国国债通胀保值债券指数	
十大持仓及占比	美国国债 0.625%　2032-07-15	3.81%	美国国债 1.125%　2033-01-15	3.69%
	美国国债 1.375%　2033-07-15	3.76%	美国国债 1.375%　2033-07-15	3.69%
	美国国债 1.125%　2033-01-15	3.64%	美国国债 0.625%　2032-07-15	3.65%
	美国国债 2.375%　2028-10-15	3.61%	美国国债 2.375%　2028-10-15	3.51%
	美国国债 1.25%　2028-04-15	3.61%	美国国库券 0.375%　2025-07-15	3.40%
	美国国库券 0.625%　2026-01-15	3.58%	美国国债 0.125%　2032-01-15	3.39%
	美国国债 0.125%　2032-01-15	3.56%	美国国债 1.625%　2027-10-15	3.34%
	美国国债 0.125%　2025-04-15	3.39%	美国国债 1.25%　2028-04-15	3.23%
	美国国债 0.125%　2027-04-15	3.32%	美国国债 0.125%　2027-04-15	3.17%
	美国国债 0.125%　2026-10-15	3.28%	美国国债 0.125%　2031-07-15	3.15%
持仓数量	52		50	
费率	0.19%		0.03%	
久期/年	6.7		6.8	

①费率：TIP的费率是SCHP的6倍多。

②持仓：TIP和SCHP的持仓数量很接近，持仓集中度也比较相似，前十大持仓占比分别达到35.56%和34.22%。

③久期：TIP和SCHP的久期很接近。

Tips

主流美债ETF如表2-3-13所示。

表2-3-13 主流美债ETF

（超）长期美债ETF		
代码	主要持仓债券到期期限	费率
TLT	20年以上	0.15%
VGLT	10年以上	0.04%
SPTL	10年以上	0.03%
TLH	10~20年	0.15%
BLV	10年以上	0.04%
ZROZ	25年以上	0.15%
中期美债ETF		
代码	主要持仓债券到期期限	费率
VGIT	3~10年	0.04%
IEF	7~10年	0.15%
BIV	5~10年	0.04%
IEI	3~7年	0.15%
短期美债ETF		
代码	主要持仓债券到期期限	费率
VGSH	1~3年	0.04%
SHY	1~3年	0.15%
BSV	1~5年	0.04%
多期限美债ETF		
代码	主要持仓债券到期期限	费率
GOVT	多期限	0.05%
通胀保值债券ETF		
代码	主要持仓债券到期期限	费率
TIP	3~10年	0.19%
SCHP	10年以下	0.03%
VTIP	5年以下	0.04%
STIP	5年以下	0.03%

杠杆及反向			
代码	主要持仓债券到期期限	反向/杠杆	费率
TMF	20年以上	3×	1.04%
TMV	20年以上	−3×	1.01%
TBT	20年以上	−3×	0.90%

第四节 MBS和市政债ETF：美版房贷和城投

相比于底层资产理论上无风险的美债ETF和风险更高、收益也更高的企业债ETF，有些债券ETF在这中间实现了巧妙的平衡。

其中，美国按揭抵押债券ETF和市政债ETF很有代表性。

对美国按揭抵押债券，投资者应该不会感到陌生，MBS被视为2008年次贷危机背后的"真凶"。

当时，华尔街趁着楼市东风，将数百甚至数千项抵押贷款捆绑在一起，将其证券化后出售给投资者。然而随着越来越多的房主拖欠贷款，MBS也难以为继。直到美国联邦政府将专门从事抵押贷款业务的房利美（FNMA）和房地美（FHLMC）国有化，为价值3000亿美元的按揭抵押贷款上了保险，MBS才被套上了"金钟罩"得以继续发展，并且通过ETF进一步拓展了市场。

市政债由美国州政府和相关公共机构发行，以政府的税收收入做担保，旨在为基础设施等公共项目提供资金。通常情况下，市政债ETF被认为是相对安全的投资标的。

但是，市政债产品的安全性取决于具体州政府的财务状况和信用评级，2013年底特律破产导致该市的市政债无法偿还就是一个鲜活的例子，在当时成为美国历史上最大的市政债违约事件，未偿还的市政债金额高达84亿美元。

值得注意的是，市政债ETF还有"免税"的优势。

"免税"意味着市政债ETF的利息收入不计入美国联邦所得税的总收入中，这种特性对投资者有相当大的吸引力，尤其是对富人群体。他们通常有较高的缴税负担，因此"节税"是一项关键的考量因素。

一、美国按揭抵押债券ETF产品一览

目前规模排名靠前的按揭抵押债券ETF分别为贝莱德iShares推出的iShares MBS ETF（MBB）、先锋推出的Vanguard Mortgage-Backed Securities ETF（VMBS）和道富环球推出的SPDR Portfolio Mortgage Backed Bond ETF（SPMB），三者均为被动管理型ETF（表2-3-14）。

表2-3-14 主要美国按揭抵押债券ETF

ETF	MBB		VMBS		SPMB	
跟踪指数	彭博美国抵押支持证券指数		彭博美国抵押支持证券浮动调整指数		彭博美国抵押支持证券指数	
	美元	3.85%	美元	1.29%	道富机构流动性储备基金	7.17%
十大持仓及占比	房地美30年期按揭抵押债券#SD8146 2.000% 2051-05-01 2.0% 2051-05-01	1.08%	吉利美Ⅱ类30年期按揭抵押债券#MA6994 2.000% 2050-11-20 2.0% 2050-11-20	0.46%	房利美30年期按揭抵押债券#MA4701 4.500% 2052-08-01 4.5% 2052-08-01	0.75%
	吉利美Ⅱ类30年期按揭抵押债券#MA7648 2.000% 2051-10-20 2.0% 2051-10-20	0.85%	吉利美Ⅱ类30年期按揭抵押债券#MA6994 2.000% 2050-11-20 2.0% 2050-11-20	0.46%	吉利美Ⅱ类待交割30年期按揭抵押债券 6.5% 4月交割 6.500% 2053-10-01	0.71%
	吉利美Ⅱ类30年期按揭抵押债券#MA7766 2.000% 2051-12-20 2.0% 2051-12-20	0.81%	房利美30年期按揭抵押债券#MA4255 2.000% 2051-02-01 2.0% 2051-02-01	0.37%	房地美30年期按揭抵押债券#SD8177 2.000% 2051-11-01 2.0% 2051-11-01	0.65%
	吉利美Ⅱ类30年期按揭抵押债券#MA7472 2.500% 2051-07-20 2.5% 2051-07-20	0.73%	房地美30年期按揭抵押债券#SD8146 2.000% 2051-05-01 2.0% 2051-05-01	0.37%	房地美30年期按揭抵押债券#SD8167 2.500% 2051-09-01 2.5% 2051-09-01	0.63%
	房利美30年期按揭抵押债券#FS4654 2.000% 2051-07-01 2.0% 2051-07-01	0.66%	房利美30年期按揭抵押债券#MA4208 2.000% 2050-12-01 2.0% 2050-12-01	0.37%	吉利美Ⅱ类待交割30年期按揭抵押债券 6% 4月交割 6.000% 2053-11-01	0.57%
	房利美Ⅱ类待交割30年期按揭抵押债券 6.5% 4月交割 6.500% 2053-10-01	0.56%	房利美Ⅱ类待交割30年期按揭抵押债券 6.5% 12月交割 6.500% 2053-05-01	0.37%	房地美30年期按揭抵押债券#SD8193 2.000% 2052-02-01 2.0% 2052-02-01	0.57%
	吉利美Ⅱ类30年期按揭抵押债券#MA7367 2.500% 2051-05-20 2.5% 2051-05-20	0.56%	房利美Ⅱ类待交割30年期按揭抵押债券 6.5% 12月交割 6.500% 2053-05-01	0.37%	房利美15年期按揭抵押债券#MA4515 1.500% 2037-01-01 1.5% 2037-01-01	0.54%
	房利美30年期按揭抵押债券#CB1919 3.000% 2051-10-01 3.0% 2051-10-01	0.55%	房地美30年期按揭抵押债券#SD8146 2.000% 2051-05-01 2.0% 2051-05-01	0.37%	房利美30年期按揭抵押债券#MA4512 2.500% 2052-01-01 2.5% 2052-01-01	0.54%
	房地美30年期按揭抵押债券#SD8199 2.000% 2052-03-01 2.0% 2052-03-01	0.50%	房利美30年期按揭抵押债券#MA4255 2.000% 2051-02-01 2.0% 2051-02-01	0.37%	房地美30年期按揭抵押债券#SD8178 2.500% 2051-11-01 2.5% 2051-11-01	0.54%

续表

ETF	MBB	VMBS	SPMB
持仓数量	10808	1429	948
费率	0.04%	0.04%	0.04%
平均久期/年	5.73	5.5	6.25

三者的异同在于：

①费率：三支产品的费率一致，均为极低的0.04%。

②持仓：三支产品均重点持仓房地美、房利美和美国政府国民抵押贷款协会（GNMA）等专业机构发行的MBS，但是在持仓数量上相差甚远，MBB持仓数量非常多，分别约为VMBS和SPMB的7.6倍和11.4倍。关于持仓集中度，MBB、VMBS和SPMB的前十大持仓占比分别达到10.15%、4.8%和12.67%。

在持仓债券到期期限方面，三支产品均重点持仓10年期以下的中期MBS。其中MBB和SPMB持仓主要集中在7~10年期MBS，VMBS持仓主要集中在5~10年期MBS。

③跟踪指数：MBB和SPMB均跟踪彭博美国抵押支持证券指数，该指数包括GNMA、FNMA和FHLMC发行的固定利率和浮动利率MBS。VMBS旨在跟踪彭博美国抵押支持证券浮动调整指数的表现。

④平均久期：截至2024年3月，SPMB的平均久期最长，其次是MBB，VMBS最短。

二、市政债ETF产品一览

贝莱德iShares推出的iShares National Muni Bond ETF（MUB）和先锋推出的Vanguard Tax-Exempt Bond Index Fund ETF（VTEB）颇具代表性，资产管理规模遥遥领先，总占比达到市政债ETF市场的一半以上（表2-3-15）。

表2-3-15 主要市政债ETF

ETF	MUB		VTEB	
跟踪指数	洲际交易所免替代性最低税美国国家市政指数		标普国家免替代性最低税市政债券指数	
十大持仓及占比	加利福尼亚州债券 5.0% 2031-09-01	0.28%	共同基金(其他)	0.41%
	美元	0.24%	得克萨斯州债券 5.0% 2044-10-01	0.13%
	纽约市临时金融管理局可变利率债券 2045-08-01	0.23%	伊利诺伊州债券 5.0% 2027-11-01	0.12%
	西北得克萨斯州独立学区债券 5.0% 2048-02-15	0.21%	加利福尼亚州债券 5.0% 2042-10-01	0.11%
	纽约市炮台公园管理局债券 5.0% 2053-11-01	0.20%	纽约市三区大桥和隧道管理局销售税收益债券 5.25% 2064-05-15	0.11%
	亚特兰大市水务和污水处理收益债券 5.0% 2040-11-01	0.20%	加利福尼亚州债券 5.25% 2032-08-01	0.11%
	马萨诸塞州债券 5.0% 2052-11-01	0.19%	纽约市哈德逊广场基建公司第二期债务合约收益债券 5.0% 2042-02-15	0.10%
	纽约市高速公路管理局个人所得税收益债券 5.0% 2048-03-15	0.18%	纽约市三区大桥和隧道管理局销售税收益债券 5.0% 2051-05-15	0.10%
	纽约市临时金融管理局可变利率债券 2045-02-01	0.18%	伊利诺伊州债券 5.0% 2025-11-01	0.10%
	加利福尼亚州可变利率债券 2040-05-01	0.17%	俄克拉荷马州交通管理局债券 5.5% 2053-07-01	0.09%
持仓数量	5659		10429	
费率	0.05%		0.05%	
平均久期/年	6.12		6.4	

①费率：MUB和VTEB的费率均为0.05%。

②持仓：MUB重点持仓纽约市和加利福尼亚州发行的市政债，与VTEB颇为相似，后者主要持仓纽约市、加利福尼亚州和得克萨斯州的市政债。其中纽约市和加利福尼亚州市政债在两个产品中的总占比均超过40%，这反映出大型城市或州政府发行的市政债更具流动性，也有助于降低交易成本。在持仓数量方面，MUB约为VTEB的一半。关于持仓集中度，两者持仓均较为分散，前十

大持仓占比分别为2.08%和1.38%。

③平均久期：两者比较接近。截至2024年3月，平均久期均约为6年。

Tips

主流美国按揭抵押债券ETF和市政债ETF如表2-3-16所示。

表2-3-16　主流美国按揭抵押债券ETF和市政债ETF

美国按揭抵押债券ETF			
代码	主要持仓债券到期期限	费率	类别
MBB	10年以下	0.04%	被动型
VMBS	10年以下	0.04%	被动型
SPMB	10年以下	0.04%	被动型
JMBS	20年以下	0.23%	主动型
市政债ETF			
代码	主要持仓债券到期期限	主要持仓债券发行地区	费率	类别
MUB	10年以上	纽约市、加利福尼亚州	0.05%	被动型
VTEB	10年以上	纽约市、加利福尼亚州、得克萨斯州	0.05%	被动型
SUB	10～20年	加利福尼亚州、纽约市	0.07%	被动型

第五节　美国公司债ETF：要低风险还是高回报？

2020年3月，新冠肺炎疫情阴霾笼罩全球市场，美国企业债券市场的流动状况急剧恶化，新债券发行陷入停滞。

企业发不了债，融不到钱，发不出工资……经济的运转被打断了。在危急时刻，美联储做了一个史无前例的决定，亲自下场买公司债！

但公司债市场那么庞大，流动性参差不齐，很难决定买哪只债、买多少。最终，美联储决定直接入场购买公司债ETF。美联储宣布通过二级市场企业信贷设施（SMCCF）直接购买在二级市场上交易的公司债ETF。

美联储购买最多的公司债ETF包括贝莱德旗下的混合期限产品LQD、先锋旗下的中短期产品VCIT和VCSH，以及高收益产品HYG和JNK（图2-3-3）。

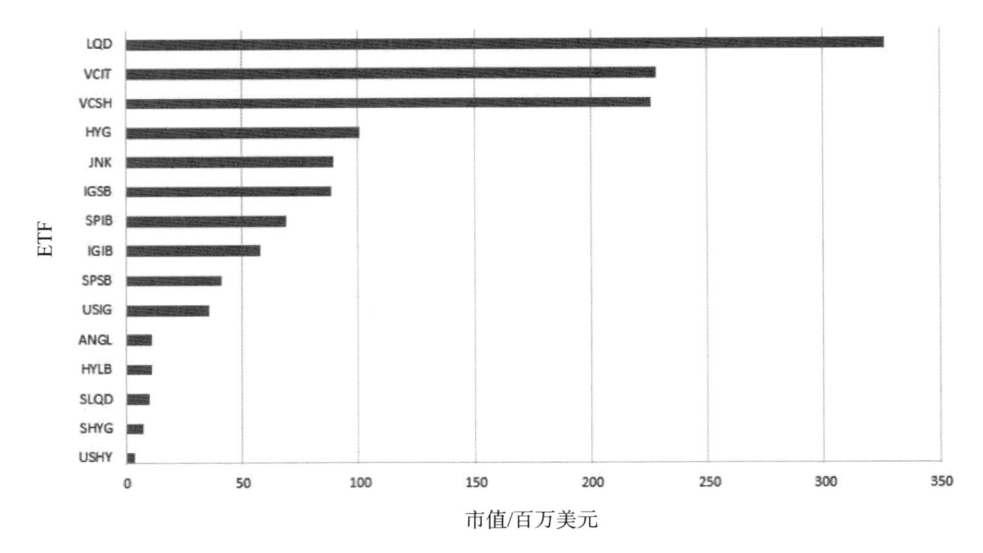

图2-3-3　2020年美联储购买的企业债ETF市值分布（截至2020年5月19日）

（图片来源：S&P Global）

一开始美联储计划只买入投资级公司债ETF，但"被放弃"的垃圾债市场"以死相逼"，到4月初，美联储不得不将垃圾债ETF也纳入资产购买计划。

在那个时刻，决定一支公司债生死的，是它的评级。

评级在公司债市场中扮演着非常重要的角色，是衡量债券发行人信用风险的指标，甚至还直接影响着债券发行人的融资成本和可获得的融资规模。

以标普的分类系统为例，评级在BBB-级及以上的债券被归类为投资级债券，通常代表着较低的违约风险，因此会具有较低的利率。相反，评级低于BBB-级的债券则被视为垃圾债，通常意味着更高的风险和更高的利率，因此也被"友好"地称为高收益债券。

在公司债ETF市场中，主要产品也按底层资产的评级分为投资级和高收益两大阵营。此外，还有一类可转债ETF可以让投资者在股票的成长性和债券的防守性之间做出灵活选择。

一、投资级公司债指数

投资级产品规模在整体公司债ETF市场中占据半壁江山，主要跟踪三大指数，指数在成分债未偿金额、到期期限等方面的不同筛选标准，直接影响相关ETF产品的特点。

贝莱德旗下的iShares iBoxx $ Investment Grade Corporate Bond ETF（LQD）成立于2002年，是历史最悠久的投资级公司债ETF，其追踪的Markit iBoxx美元流动性投资等级指数对成分券的流动性要求最高，这在一定程度上是"时代的印记"，早期交易流动性较低的公司债成本十分高昂（表2-3-17）。

Markit iBoxx美元流动性投资等级指数要求未偿还票面金额不低于7.5亿美元，且发行人的未偿还债务总额至少为20亿美元。相比之下，彭博美国公司债券指数和ICE美国银行企业指数关于单支债券的流动性门槛（未偿还债务总额）分别为3亿美元和2.5亿美元，并且没有发行人级别的门槛。

此外，在到期期限方面，Markit iBoxx美元流动性投资等级指数要求合格债券至少还有三年到期期限，另外两个指数的到期期限要求至少为一年。

因此，Markit iBoxx美元流动性投资等级指数相对来说更能够避开规模较小、风险较高的发行人，并且久期更长。

表2-3-17 三大美国投资级公司债指数比较

指数	Markit iBoxx美元流动性投资等级指数	彭博美国公司债券指数	ICE 美国银行企业指数
相关ETF	LQD	VCSH、VCIT、VCLT	IGSB、IGIB、IGLB
未偿金额	7.5亿美元以上	3亿美元以上	2.5亿美元以上
发行人未偿债务总额	20亿美元以上	—	—
到期期限	三年以上	一年以上	一年以上

二、投资级公司债ETF产品

目前规模排名前三的投资级公司债ETF分别是先锋旗下的中期产品Vanguard Intermediate-Term Corporate Bond ETF (VCIT)、短期产品Vanguard Short-Term Corporate Bond ETF（VCSH）和iShares旗下的LQD。

LQD是混合期限产品，持债横跨短、中、长期，占比最高的是20年以上公司债，其次是7～10年和3～5年公司债。

持仓行业上，占比最大的是银行，其次是非周期性消费品、通信和科技等。

与同类产品相比，LQD费率稍高，为0.14%（表2-3-18）。

表2-3-18 LQD持仓结构

ETF	LQD	
	银行	22.88%
	非周期性消费品	18.52%
	通信	11.36%
	科技	10.58%
	能源	7.95%
	周期性消费品	7.12%
	资本货物	4.81%
	保险	4.67%
	电力	4.10%
行业占比	基础工业	2.10%
	运输	1.64%
	经纪/资产管理公司/交易所	1.38%
	房地产投资信托	0.99%
	现金和/或衍生品	0.77%
	金融公司	0.62%
	天然气	0.27%
	其他工业	0.10%
	其他公用事业	0.08%
	无担保所有权	0.06%
	1~2年	0.08%
	2~3年	0.01%
	3~5年	19.53%
	5~7年	17.00%
到期期限占比	7~10年	19.98%
	10~15年	6.21%
	15~20年	7.94%
	20年以上	28.47%
	现金和衍生品	0.78%
持仓数量	2795	
平均期限	13.31年	
平均久期	8.55年	
费率	0.14%	

先锋投资级公司债ETF按期限可细分为追踪彭博美国1～5年、5～10年和10年以上企业债指数的ETF，如VCSH、VCIT和VCLT。

在持仓行业占比方面，三支ETF均以工业领域公司债为主，其次是金融。

三支产品的费率都是0.04%（表2-3-19）。

表2-3-19　先锋旗下主要细分投资级公司债ETF比较

ETF	VCSH		VCIT		VCLT	
行业占比	工业	48.60%	工业	55.20%	工业	69.30%
	金融	45.30%	金融	36.50%	金融	16.50%
	公用事业	5.70%	公用事业	8.00%	公用事业	12.60%
	美国国债/机构债券	0.40%	美国国债/机构债券	0.30%	其他	1.20%
					美国国债/机构债券	0.40%
持仓数量	2846		2105		2837	
平均期限	2.8年		7.3年		22.6年	
平均久期	2.6年		6.1年		13.1年	
费率	0.04%		0.04%		0.04%	

贝莱德iShares旗下也有类似的期限细分产品IGSB、IGIB和IGLB，分别跟踪的是ICE美国银行1～5年、5～10年、10年以上美国企业指数，规模与先锋系列相比较小，但持仓的多样化程度更高，以银行、非周期性消费品、科技行业债券为主。

三支产品费率也都是0.04%（见表2-3-20）。

表2-3-20　贝莱德旗下主要细分投资级公司债ETF比较

ETF	IGSB		IGIB		IGLB	
行业占比	银行	32.82%	银行	24.76%	非周期性消费品	19.26%
	非周期性消费品	11.27%	非周期性消费品	12.53%	电力	11.87%
	周期性消费品	9.09%	科技	7.78%	通信	10.39%
	科技	7.60%	电力	7.56%	能源	9.30%
	电力	5.47%	能源	7.06%	科技	8.61%
	能源	5.08%	周期性消费品	7.05%	银行	7.60%
	通信	4.97%	通信	6.75%	保险	7.36%
	保险	4.96%	保险	6.10%	资本货物	4.96%
	资本货物	4.76%	资本货物	5.27%	周期性消费品	4.86%
	无担保所有权	2.54%	房地产投资信托	3.60%	无担保所有权	3.77%
	房地产投资信托	2.44%	基础工业	3.40%	运输	3.45%
	金融公司	2.36%	无担保所有权	2.26%	基础工业	3.38%
	基础工业	2.35%	经纪/资产管理公司/交易所	1.88%	天然气	1.06%

续表

ETF	IGSB		IGIB		IGLB	
	运输	1.58%	运输	1.33%	房地产投资信托	1.05%
	经纪/资产管理公司/交易所	1.50%	金融公司	0.78%	其他工业	1.00%
	天然气	0.52%	天然气	0.74%	经纪/资产管理公司/交易所	0.87%
	其他工业	0.35%	现金和/或衍生品	0.63%	现金和/或衍生品	0.85%
	政府资助	0.18%	其他工业	0.40%	其他公用事业	0.24%
	其他公用事业	0.08%	其他公用事业	0.16%	金融公司	0.10%
	其他金融	0.07%	其他金融	0.08%	地方政府	0.02%
	现金和/或衍生品	0.02%	政府资助	0.06%	—	—
	—	—	地方政府	0.02%	—	—
持仓数量	4012		2788		3710	
平均期限	2.94年		7.34年		22.33年	
平均久期	2.61年		6.06年		12.78年	
费率	0.04%		0.04%		0.04%	

三、高收益公司债ETF

2007年，贝莱德旗下的iShares iBoxx $ High Yield Corporate Bond ETF（HYG）和道富旗下的SPDR Bloomberg High Yield Bond ETF (JNK)先后上市，此后HYG在规模上一骑绝尘，稳居垃圾债ETF第一。

2017年，贝莱德推出iShares Broad USD High Yield Corporate Bond ETF (USHY)，打破了双雄争霸的局面。

与投资级产品类似，高收益公司债ETF规模排名前三的产品分别跟踪三大指数，其中JNK追踪的彭博高收益流动性指数对流动性要求最高，要求合格债券未偿金额为5亿美元以上（表2-3-21）。

表2-3-21 美国三大高收益公司债指数比较

指数	Markit iBoxx美元流动性高收益指数	彭博高收益流动性指数	ICE 美国银行美国高收益限制指数
相关ETF	HYG	JNK	USHY
未偿金额	4亿美元以上	5亿美元以上	2.5亿美元以上
发行人未偿债务总额	10亿美元以上	—	—
到期期限	1~15年	1~15年	1年以上

持仓方面，HYG和JNK在持仓数量上接近，持仓行业结构也类似，占比最大的行业都是周期性消费品，其次是通信。相比之下，USHY持仓数量更多，更具多样性。

费率方面，HYG费率为0.49%，稍高于JNK的0.40%。而晚上市的USHY突出重围的撒手锏是超低的费率，仅为0.08%，与"元老"HYG和JNK相比有很大的优势（表2-3-22）。

表2-3-22　主要高收益公司债ETF

ETF	HYG		USHY		JNK	
行业占比	周期性消费品	18.04%	周期性消费品	19.38%	周期性消费品	18.26%
	通信	16.93%	通信	14.43%	通信	14.85%
	非周期性消费品	12.59%	能源	11.89%	能源	12.59%
	能源	12.20%	非周期性消费品	11.75%	非周期性消费品	11.65%
	资本货物	9.96%	资本货物	10.72%	资本货物	10.99%
	科技	7.66%	科技	7.86%	科技	7.88%
	金融公司	4.27%	基础工业	5.48%	基础工业	4.83%
	基础工业	3.72%	金融公司	3.84%	金融公司	4.66%
	保险	3.00%	电力	2.71%	运输	3.29%
	电力	2.88%	保险	2.67%	保险	3.27%
	运输	2.40%	运输	2.43%	电力	2.38%
	房地产投资信托	2.17%	房地产投资信托	2.17%	房地产投资信托	1.75%
	其他金融	1.20%	其他工业	1.25%	其他金融	1.16%
	银行	0.82%	其他金融	1.17%	经纪/资产管理公司/交易所	1.03%
	经纪/资产管理公司/交易所	0.81%	经纪/资产管理公司/交易所	0.93%	其他工业	0.87%
	无担保所有权	0.76%	银行	0.87%	银行	0.44%
	其他工业	0.74%	无担保所有权	0.58%	其他	0.10%
	现金和/或衍生品	-0.16%	现金和/或衍生品	-0.13%	—	—
持仓数量	1258		1879		1103	
平均期限	4.09年		4.25年		4.97年	
平均久期	3.01年		3.10年		3.01年	
费率	0.49%		0.08%		0.40%	

四、可转债ETF

可转债是一种特殊类型的债券，公司以固定的利率向投资者支付利息，并承诺在到期时偿还债务本金。

其特殊之处在于，可转债具有转换为公司股票的权利，在一定条件下，例如股价达到一定水平，可以转换为发行公司的普通股。可以理解为其是一种内嵌了股票看涨期权的债券。

如果公司的股价上涨，投资者可以选择将可转债转换为股票以获得涨幅带来的回报，如果公司股价下跌，投资者仍然可以保留债券，并收取固定的利息。但由于具有这种选择权，可转债支付的利息通常低于传统公司债券。

以可转债为底层资产的ETF在持有的可转债转股问题上有明确的规则。在债券到期前，ETF不会主动将债券转换为股票，在债券到期时，会以票面价值或者转换价值中的较高者进行兑付。ETF会定期重新平衡基金来反映兑付后的变化。

虽然不能将整支ETF转换为股票，但持有可转债ETF也能够从可转债的这种在债券和股票之间灵活切换的特点中受益。

增长与防守兼得：可转债在提供股票增长潜力的同时，也具备传统债券的收益稳定和对冲经济下行风险的特点。

升息环境下有优势：利率上升时，股票通常会比债券表现得更好。由于可转债的价值受其对应股票的影响，所以其受利率波动的影响较小。

投资组合多样性：可转债与传统债券的相关性较低，能够为投资组合带来可观的多样性优势。

目前美国市场上规模最大的两支可转债ETF分别是道富旗下的SPDR® Bloomberg Convertible Securities ETF（CWB）和贝莱德旗下的iShares Convertible Bond ETF（ICVT）。

CWB和ICVT跟踪的指数对合格债券的流动性和到期期限要求接近，均要求未偿还票面金额至少为2.5亿美元，且离到期至少有一个月（表2-3-23）。

表2-3-23 主要美国可转债指数比较

指数	彭博美国可转换流动性债券指数	美国可转换债券现金支付债券>2.5亿美元指数
相关ETF	CWB	ICVT
未偿金额	2.5亿美元以上	2.5亿美元以上
发行总额	3.5亿美元以上	—
到期期限	31天以上	一个月以上

持仓方面，CWB和ICVT持有的债券包括投资级和非投资级，以科技和消费领域为主，其中ICVT在科技行业的持仓占比更高，CWB在金融行业的持仓占比显著高于ICVT。

债券期限方面，CWB持有债券期限范围更广，在0~30年期之间，但80%以上持仓集中在1~5年期公司债；ICVT持有的债券以0~7年的中短期债券为主。

费率方面，CWB为0.40%，是ICVT的两倍（表2-3-24）。

表2-3-24 主要美国可转债ETF比较

ETF	CWB		ICVT	
行业占比	科技	27.81%	科技	36.27%
	周期性消费品	22.02%	周期性消费品	22.24%
	非周期性消费品	12.98%	非周期性消费品	10.73%
	公用事业	9.72%	电力	8.65%
	金融	9.38%	通信	4.86%
	通信	7.67%	房地产投资信托	3.50%
	资本货物	3.94%	资本货物	2.32%
	运输	2.23%	运输	2.26%
	基础工业	1.56%	其他工业	1.77%
	其他工业	1.10%	金融	1.58%
	能源	0.74%	现金和/或衍生品	1.48%
	其他	0.85%	基础工业	1.36%
	—	—	经纪/资产管理公司/交易所	1.36%
	—	—	能源	1.17%
	—	—	其他公用事业	0.45%
持仓数量	304		336	
平均期限	3.46年		2.90年	
平均久期	1.88年		1.52年	
费率	0.40%		0.20%	

Tips

主要美国公司债ETF一览（表2-3-25）。

表2-3-25 主要美国公司债ETF

公司债	到期期限	ETF	费率	杠杆及反向
投资级公司债	混合期限	LQD	0.14%	—
	1～5年	VCSH	0.04%	—
	5～10年	VCIT	0.04%	—
	10年以上	VCLT	0.04%	—
	1～5年	IGSB	0.04%	—
	5～10年	IGIB	0.04%	—
	10年以上	IGLB	0.04%	—
高收益公司债	混合期限	HYG	0.49%	—
	混合期限	USHY	0.08%	—
	0～10年	JNK	0.40%	—
	混合期限	SJB	0.95%	−1×
	混合期限	UJB	0.96%	+2×
可转债	混合期限	CWB	0.40%	—
	0～7年	ICVT	0.20%	—

第四章　全球债券ETF：最被忽视的重要资产

"不要把鸡蛋放在一个篮子里"，人们对于分散化投资的接受度已经非常高了。随着ETF在过去二十年的蓬勃发展，债券甚至商品这样更专业、小众的资产已经成为投资者日常配置的一部分。

比如经典的6040组合，人们对它的期望是：当股票下跌的时候，债券能够上涨，从而使得整个组合能够更加稳健。

但"本土偏好"的存在仍然阻碍着投资组合真正地多元化。"本土偏好"是指各国投资者构建投资组合时对自己熟悉的"本土资产"的偏好，无论是中国投资者还是美国投资者，都是如此。

近年来随着美股、美债的火爆，全球投资者越来越多地参与到美国股债资产的投资中，人们对于英伟达、10年期美债可谓耳熟能详。

但仍然有一块在全球都有重要占比的资产，被很多人忽视。

先锋集团做过一个统计：国际债券约占流动性、可投资市场的24%，占全球债券市场的52%。

如果说大部分投资者对于美国以外的股市还有一定参与的话，那么全球债市就经常被投资者忽略。

全球债市在分散化配置中有着独特价值。全球最大债基PIMCO在2024年4月最新的展望报告中提及：

> 随着主要经济体的发展轨迹差异更加明显，全球投资格局将在未来几个月发生变化。各国央行一致收紧政策以遏制疫情期间的通胀飙升，但在降息时可能会采取不同的路径。尽管许多大型发达市场经济体正在放缓，但美国却保持了令人惊讶的强劲增长势头，几个支撑因素将持续存在。
>
> 在这种不确定性下，债券提供了有吸引力的名义收益率和通胀调整后的收益率，并且具有抵御各种经济状况的潜力。

我们认为美国以外的债券市场特别有吸引力，因为我们认为其他发达市场地区的通胀风险不太明显，而衰退风险则更大。

PIMCO的这段分析点出了全球债券的价值：①增长不确定性下的票息及收益价值。②在经济发展存在差异的情况下，与美国债市的低相关性。

因此，先锋在其目标收益系列产品中将全球债市的配置权重设置为30%。

对于占全球资产比例如此之大的一块资产，普通投资者可以通过以下ETF来实现配置。

第一节 全球债券ETF

目前规模最大的全球债券ETF是先锋集团旗下的BNDW。

BNDW最大的特点是涵盖全球债券市场，其中美国债券权重接近一半。该ETF有很好的流动性，且不对冲汇率（表2-4-1）。

表2-4-1 BNDW持仓结构

ETF	BNDW	
跟踪指数	全球债券指数	
十大投资区域及占比	美国	49.20%
	日本	6.60%
	法国	5.90%
	德国	5.50%
	英国	4.00%
	加拿大	3.80%
	意大利	3.70%
	超国家组织	3.00%
	西班牙	2.80%
	澳大利亚	1.80%
费率	0.05%	

BNDW通过投资两个Vanguard全球债券ETF来提供对全球债券市场的广泛敞口：Vanguard Total Bond Market ETF (BND) 和 Vanguard Total International Bond ETF (BNDX)。这种结构使得BNDW能够覆盖全球债券市场，包括美国和美国以外的国债和企业债等投资级债券。

如果想要通过一支ETF投资全世界债券，那BNDW是一个很合适的选择。

第二节　全球非美元债券ETF

由于以美元发行的债券在全球债券市场中占比非常高，投资者迫切希望市场上出现非美元债券的敞口。其中最有代表性的全球非美元债券ETF是BNDX和IAGG。

先锋旗下的BNDX是全球规模最大的非美元债券ETF之一，贝莱德iShares旗下的IAGG规模也同样庞大。两者都有相同的低费率，并且都广泛投资包括国债、金融债、企业债在内的多种投资级债券。

两支ETF都进行了货币对冲的操作，降低投资者的汇率风险。两者最显著的差异在于BNDX对中国债券的敞口远小于IAGG，后者对中国债券的投资是其最大的持仓，也因此BNDX对日本和欧洲的债券投资权重会更大（表2-4-2）。

表2-4-2　主要全球非美元债券ETF比较

ETF	BNDX		IAGG	
跟踪指数	全球非美元计价债券指数		全球非美元计价债券指数	
十大投资区域及占比	日本	13.10%	中国	18.16%
	法国	12.10%	日本	10.68%
	德国	10.90%	法国	9.77%
	意大利	7.70%	其他	9.55%
	英国	6.90%	德国	8.73%
	加拿大	6.60%	英国	7.43%
	西班牙	5.60%	意大利	6.05%
	超国家组织	4.50%	加拿大	5.68%
	澳大利亚	3.50%	西班牙	4.37%
	美国	3.20%	超国家组织	3.38%
费率	0.07%		0.07%	

第三节　全球非美元国债ETF

在全球非美元债券中，有一类ETF专门投资安全性更高的国债。其中规模较大且较有代表性的两支ETF为IGOV和BWX。

两支ETF费率相同，规模也较为接近，两者都覆盖主要非美元计价国债。两者都没有进行货币对冲，因此投资者会面临汇率风险。

两者的区别在于IGOV覆盖的是发达国家债券，其中欧洲国家债券权重相对较高；而BWX覆盖包括发达国家和新兴市场在内的债券，其中日本债券权重更高，而中国、韩国等也在其十大持仓之内（表2-4-3）。

表2-4-3　主要全球非美元国债ETF比较

ETF	IGOV		BWX	
跟踪指数	发达国家国债指数		彭博全球（非美）国债指数	
十大投资区域及占比	日本	13.12%	日本	23.08%
	法国	8.64%	法国	5.10%
	意大利	7.86%	英国	4.96%
	德国	6.71%	加拿大	4.63%
	英国	5.52%	德国	4.61%
	西班牙	5.15%	西班牙	4.60%
	荷兰	4.64%	韩国	4.59%
	芬兰	4.62%	中国	4.59%
	比利时	4.61%	意大利	4.58%
	奥地利	4.60%	澳大利亚	4.47%
费率	0.35%		0.35%	

第四节　新兴市场债券ETF

在全球债券市场中，由于新兴市场经济增速更快、债券收益率相对较高，同时风险也相对更大，新兴市场债券一直备受关注。

新兴市场债券中，有两类ETF较为主流：新兴市场美元债ETF和新兴市场本币债ETF。

一、新兴市场美元债ETF

规模最大的三支新兴市场美元债ETF分别是EMB、VWOB和PCY。其中，贝莱德iShares旗下的EMB是最知名也是规模最大的新兴市场债券ETF。EMB持仓相对分散，绝大部分投资新兴市场国债，少部分投资企业债券。

先锋旗下的VWOB投资新兴市场国债，费率最低，其持仓中沙特阿拉伯、墨西哥、土耳其和印度尼西亚权重显著较大，接近1/3（表2-4-4）。

景顺旗下的PCY则是一支比较有特点的新兴市场债券ETF，该ETF跟踪的德银新兴市场美元流动性余额指数有些独特。该指数中的所有主权债务都是通过专有指数方法选择的，然后根据理论投资组合的潜在回报进行衡量。整个投资组合每季度重新平衡一次。

表2-4-4 主要新兴市场美元债ETF比较

ETF	EMB		VWOB		PCY	
跟踪指数	摩根大通新兴市场美元债指数		彭博新兴市场美元国债指数		德银新兴市场美元流动性余额指数	
十大投资区域及占比	沙特阿拉伯	5.88%	沙特阿拉伯	11.20%	巴基斯坦	3.49%
	墨西哥	5.85%	墨西哥	10.10%	安哥拉	3.30%
	土耳其	4.96%	土耳其	7.10%	肯尼亚	3.27%
	印度尼西亚	4.92%	印度尼西亚	6.80%	巴拿马	3.21%
	阿拉伯联合酋长国	4.31%	阿拉伯联合酋长国	5.90%	沙特阿拉伯	3.20%
	卡塔尔	3.90%	卡塔尔	4.40%	罗马尼亚	3.20%
	巴西	3.63%	哥伦比亚	3.70%	尼日利亚	3.18%
	中国	3.52%	巴西	3.40%	约旦	3.18%
	阿曼	3.48%	中国	3.40%	哥伦比亚	3.18%
	菲律宾	3.41%	菲律宾	3.20%	哈萨克斯坦	3.18%
费率	0.39%		0.20%		0.50%	

二、新兴市场本币债ETF

规模最大的两支新兴市场本币债ETF分别是EMLC和EBND。VanEck旗下的EMLC是最受欢迎的新兴市场本币债ETF，道富旗下的EBND规模也相对较大。两支ETF费率相同，且都没有做货币对冲，这意味着投资者会面临汇率风险。

两者最大的区别在于EMLC并未将韩国作为新兴市场，而EBND中韩国是最大的投资区域（表2-4-5）。

表2-4-5 主要新兴市场本币债ETF比较

ETF	EMLC		EBND	
跟踪指数	摩根大通新兴市场本币国债指数		彭博新兴市场本币国债指数	
十大投资区域及占比	中国	9.82%	韩国	12.54%
	印度尼西亚	8.97%	中国	12.49%
	马来西亚	7.83%	印度尼西亚	7.44%
	巴西	7.76%	墨西哥	6.56%
	泰国	7.24%	马来西亚	6.54%
	南非	6.03%	波兰	4.62%
	墨西哥	5.77%	巴西	4.62%
	捷克	5.37%	菲律宾	4.61%
	哥伦比亚	5.12%	南非	4.59%
	波兰	5.10%	泰国	4.57%
费率	0.30%		0.30%	

对于笃信长期分散化投资的"博格门徒"们，全球债券ETF是不容忽视的重要资产，对整个组合的分散与多元化有重要的价值。

Tips

主要全球债券ETF一览（表2-4-6）。

表2-4-6 主要全球债券ETF

债券	ETF	费率	是否汇率对冲
全球债券	BNDW	0.05%	
全球非美元债券	BNDX	0.07%	是
	IAGG	0.07%	是
全球非美元国债	IGOV	0.35%	
	BWX	0.35%	
新兴市场美元债	EMB	0.39%	
	VWOB	0.20%	
	PCY	0.50%	
新兴市场本币债	EMLC	0.30%	
	EBND	0.30%	

第五章　大宗商品类ETF

第一节　原油ETF：你以为买的是油价

谁都没能料到，"大宗商品之王"石油会在2020年4月20日这一天，沦为众人避之不及、倒贴钱都要脱手的"烫手山芋"。

当天亚市早盘，美国5月西得克萨斯州轻质原油期货WTI以20%的暴跌拉开了这疯狂一天的序幕。在新冠肺炎疫情重创全球原油市场，"沙俄"内讧狂打价格战，油价动不动就上蹿下跳的当时，这样的跌幅多少有点见怪不怪了。

但到了美国交易时段局势急转直下。短短90分钟内，5月WTI原油期货接连跌穿从10美元到1美元的九道整数位心理关口，并且在距收盘不到半小时前跌为负值，一度下探到-43美元/桶，最终收报-37.63美元/桶，史上第一次出现负油价（图2-5-1）。

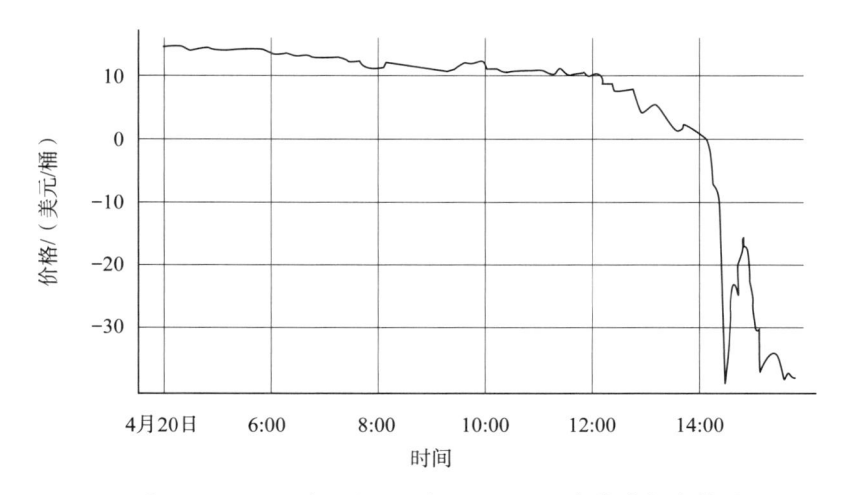

图2-5-1　2020年4月20日美国WTI原油期货价格走势图

（图片来源：Quartz）

这背后是原油库存激增，数千万桶原油无处安放的尴尬。按照交易规则，5月WTI原油期货在4月21日停止交易，合约持有人必须交割实物原油，负油价意味着将原油运到炼油厂或存储的成本，已经大大超过了石油本身的价值。

油价暴跌，原油相关投资品自然"难逃一劫"。

当时闹得沸沸扬扬的"原油宝穿仓事件"中，中行"原油宝"约有6万客户，他们总计42亿元的保证金全部亏光，还倒欠了中行超过58亿元。

相比之下，无论是海外还是国内QDII中的原油相关基金，4月20日、21日两天，跌幅大多在个位数，可以说是不幸中的万幸了（图2-5-2）。

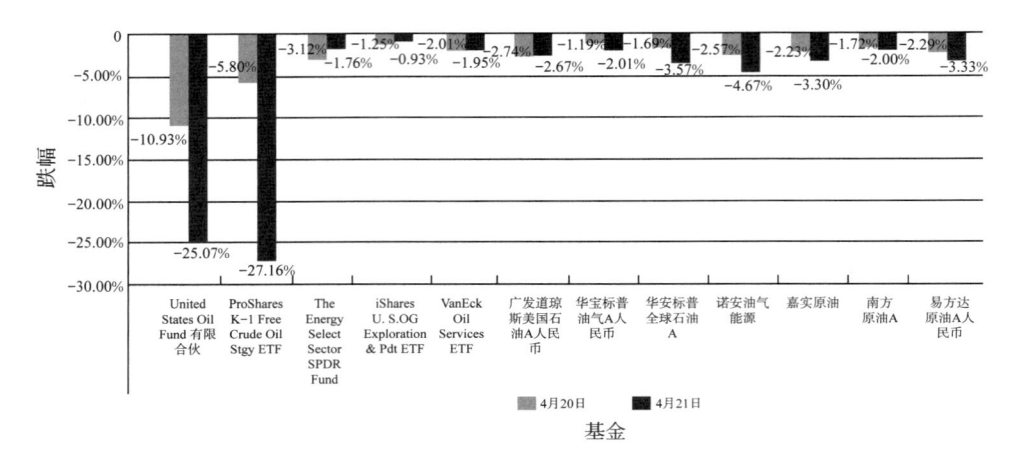

图2-5-2 负油价事件中海内外主要原油基金跌幅

（数据来源：WIND）

但纵观全年，这些基金就没有那么幸运了。2020年，油价下跌约22%，图2-5-3中所列举基金中仅一家略微跑赢，其他全都跑输油价，更有甚者全年跌幅达到68%。

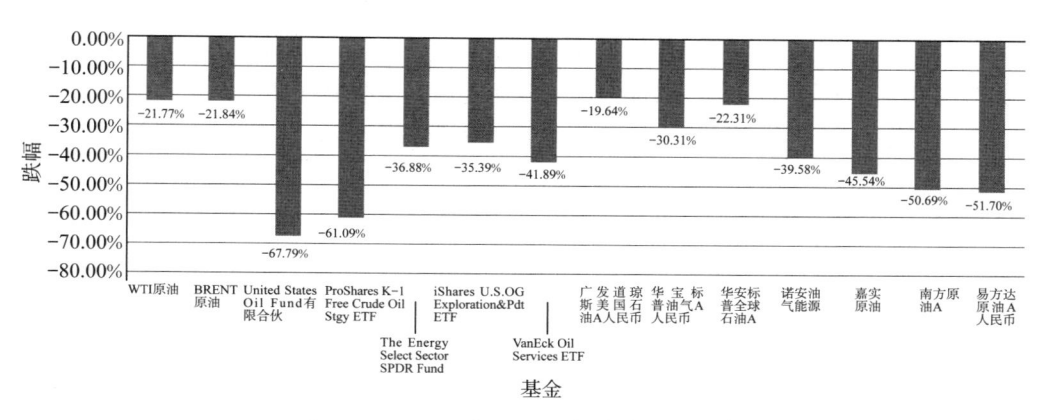

图2-5-3　2020年原油及相关基金业绩表现

（数据来源：WIND）

这些基金为什么"躲过了初一，没躲过十五"？都是原油相关基金，业绩表现为什么差距这么大？

要解答这些问题，投资者要了解投资原油基金到底是在投什么，躲在这些基金背后的收益率"隐形杀手"又是怎么回事。

一、油价跌宕中的USO：躲过了负油价，也错过了反弹

全球最大原油ETF——美国原油基金（USO）在2020年4月20日大跌11%，次日进一步下跌25%。

对投资者来说，坏消息中的好消息是，尽管油价跌到负值，但直接跟踪WTI原油现货价格的USO，净值却没有归零。

这是为什么？

作为一支ETF，USO并不真正持有原油现货，而是通过持有近月原油期货合约来跟踪原油价格的变化。

然而，按照交易规则，原油期货合约到期后，合约持有人必须交割实物原油。想象一下击鼓传花的游戏，鼓声停止也就是期货合约到期的时候，谁手上还有期货合约，就必须按照合约一手交钱一手交货。

这意味着，USO必须在即期月份合约到期前，把这些合约的持仓转移到下

一个月份的合约中，才可以避免因油价跌到负值而导致的净值归零。这种操作称为"移仓换月"，USO一般提前两周开始进行这项操作（表2-5-1）。

表2-5-1 2020年USO移仓换月时间表

基金	展期开始日期	展期结束日期
USO	2020-01-07	2020-01-10
	2020-02-06	2020-02-11
	2020-03-06	2020-03-11
	2020-04-07	2020-04-13
	2020-05-05	2020-05-08
	2020-06-08	2020-06-11
	2020-07-07	2020-07-10
	2020-08-06	2020-08-11
	2020-09-08	2020-09-11
	2020-10-06	2020-10-09
	2020-11-06	2020-11-11
	2020-12-07	2020-12-10

（数据来源：USCF）

按照规则，从2020年4月7日起，USO已经开始卖出5月的期货合约，并买入6月合约，到4月13日完成了"移仓换月"。也就是说，到4月20日，USO已不再持有原油价格跌到负值的5月合约，持有的6月合约的原油价格虽然也大幅下跌，但跌幅远不及5月原油价格。

这一操作让USO躲过了负油价，可是USO也错过了反弹。

当油价暴跌后，大批散户涌入USO，他们心想油价都跌到负值了不能再低了吧，经济不可能永远封锁，原油需求总会反弹吧。4月20日当天，USO净流入创历史新高。在油价持续动荡的短短六天里，USO净流入达到了20亿美元！

但这批想通过USO抄底原油的投资者，终究是错付了。

面对极端动荡的行情，USO采取了一些紧急措施来避免更多的损失。

4月21日，USO管理人美国商品基金（USCF）宣布暂停新份额申购，换言之，该基金将被暂时地转换为封闭式基金。同时，USCF宣布调整基金结构，可能会视情况投资任何月份原油期货合约。

一番操作下来，USO持有近期合约的比例降至近零，甚至持有了到期日长达一年的远期合约，严重偏离了这支基金的"初心"：净值的日均百分比变化尽可能反映现货原油的价格变化。

相比于近期合约，远期合约波动性较小，这番调整降低了USO的风险，但也削弱了回报潜力，而且由于远期合约交易更清淡，建立这些头寸的交易成本也往往更高。

4月22日，原油6月合约大幅反弹20%，USO却依然下跌11%；23日，原油6月合约继续上涨30%，USO仅上涨了12%。

USO错过反弹的另一个原因是"规模的诅咒"。

由于基金规模在短时间内爆炸性增长，USO成为全球6月WTI期货合约的最大单一持有者，占比高达25%，突然之间就成了市场系统性风险的来源。

市场盯着这只"巨鲸"的一举一动，担心USO一旦开始抛售，6月期货合约或步5月期货合约的后尘，跌入负值。

在这期间，6月期货合约持续下跌，价格最低触及6.5美元/桶，直到USO宣布他们已大幅减少6月期货合约持仓后，6月期货合约才开始飙升，全球经济最重要的大宗商品——石油的价格在三分钟内上涨了30%！

风起云涌的2020年油市，直到进入冬季才渐趋平静。

纵观全年，WTI原油由2019年末的61.06美元/桶跌至2020年的-37.63美元/桶的最低点后，逐步反弹至2020年底的47.77美元/桶，全年累计下跌21.77%。

而USO净值全年下跌了67.78%，大批散户"抄底"不成反被"抄家"！也不是USO独惨，ProShares K-1免费原油策略ETF（OILK）2020年暴跌61.09%，两倍做多的彭博原油ETF（UCO）2020年暴跌92.91%，均跑输WTI原油（表2-5-2）。

表2-5-2　USO、OILK、UCO在2020年的回报率统计

代码	简称	2020年回报率
USO	美国原油基金	-67.78%
OILK	ProShares K-1 免费原油策略ETF	-61.09%
UCO	彭博原油ETF (两倍做多)	-92.91%

（数据来源：WIND）

正如上文介绍的，"移仓换月"是这类商品原油基金的基本操作，但这一操作遇上原油期货升水结构，就变成了收益率的"隐形杀手"。

期货升水(contango)，又被称为期货溢价，是指商品的期货价格高于现货

价格的情况。随着合约临近到期，期货价格通常会向现货价格收敛，这导致形成了一条向上倾斜的远期曲线。

期货价格处于升水状态，表示投资者愿意为未来交付的商品支付更高的价格。溢价里包含了市场对未来商品价格上涨的预期、持有的资金成本、商品仓储和运输成本等。对于原油这种储存和运输具有危险性的商品来说，期货价格还包含了一定的危险性溢价。

反之，期货价格低于现货价格的情况，则称为期货贴水（backwardation），表明投资者预计资产价格将随着时间的推移而下跌。供需关系的变化会导致市场在升水和贴水结构之间转换。

回顾2020年，可以看出当时原油市场处于一个极端的期货升水状态。

由于疫情导致需求骤降，现货原油价格暴跌，但随着经济恢复常态，原油未来需求有望快速反弹，再加上库存高企推高石油储存成本，种种因素导致期货相对现货溢价急剧提高。有数据显示，2020年原油远期合约相对近期合约的溢价一度高达72美元/桶！

这给原油商品基金带来了"致命问题"。

由于基金要不断地"移仓换月"，把持有的快要到期的近月合约置换为远期合约，当远期合约价格高于近期合约的时候，就是一个不断地"低抛高买"的过程。

这种摩擦性交易成本会吞噬基金的回报。举个例子：

一个商品的现货价格是50美元，该商品的近月期货价格也是50美元，第二个月期货价格为51美元。

如果一支基金以50美元的价格共投资该商品100万美元，并以51美元的价格滚动到第二个月期货。这个时候，没有任何损失发生，该基金持有的合约虽然变少了，但持有的商品价值依然是100万美元。

然而，随着期货临近到期，期货价格会向现货价格收敛，从51美元的价格跌到50美元，这会导致该基金当月因为"移仓换月"而损失2%。

这种情况按月发生，对基金回报的吞噬是一个渐进累积的过程。

在负油价事件中，仓皇的USO为了降低损失，一度将6月合约以最低6.50美元的价格出售，买入价格为10~15美元的7月和8月合约，导致持有的合约数量大幅缩水。

当然，当市场处于贴水状态时，期货价格低于现货价格，那每一次"移仓换月"都是"高抛低买"，滚动收益率(roll yield)也就由负转正，由收益的"隐形杀手"转变为"贡献者"。

一些基金会优化策略来尽可能降低"移仓换月"带来的影响。

例如，Invesco DB石油基金(DBO)根据期货曲线的形状优化其合约选择，以最大限度地减少期货溢价带来的影响；美国12个月石油基金（USL）持有12种到期时间不同的期货合约，每个月只需要滚动其投资组合的十二分之一，而不是像USO那样滚动整个投资组合，从而降低滚动成本。

在2020年，这两支基金的表现相对没那么惨烈，分别下跌20.99%和25.23%（表2-5-3）。

表2-5-3 主要原油基金2020年表现

代码	简称	2020年回报率
DBO	Invesco DB石油基金	−20.99%
USL	美国12个月石油基金	−25.23%

（数据来源：WIND）

但优化策略带来的问题是，对现货价格的追踪误差会变大，因为近期合约往往更接近现货价格。

总体而言，这类原油商品基金波动大，隐性成本高，并不适合投资者长期持有，更适合希望通过短期价格变动获利的交易者。

二、另一种选择：能源及油气股票型基金

通过能源类股票ETF获得对原油的敞口也是一种投资选择。

能源类股票ETF中规模最大的三支均为泛能源主题产品，分别为Energy Select Sector SPDR Fund（XLE）、Vanguard Energy ETF（VDE）和Alerian MLP ETF（AMLP）。

持仓方面，XLE旨在追踪标普500指数中的能源行业公司的表现，包括石油、天然气以及能源设备和服务领域的大型企业，主要持仓埃克森美孚、雪佛

龙和康菲石油这样的行业巨头。

相比之下，VDE持仓数量更多，不仅覆盖大型能源公司，还涵盖了中小型能源公司，提供更广泛的能源行业敞口。

而AMLP的策略则侧重于投资能源基础设施业主有限合伙企业(MLPs)，这些企业从事的是资产密集型中游业务，如输油管道、储罐、处理厂等，这些设施的投资成本高，但运营比较稳定，因此现金流相对上游勘探开采和下游炼化营销等更为稳定。

此外，更重要的是MLPs不需要在合伙企业层面缴纳联邦所得税，只有合伙人个人需要根据所得缴纳税款，这种"避免双重征税"的结构，使MLPs可以将大部分现金流分配给合伙人，因此AMLP的股息率通常较高。2023年，AMLP的股息率高达7.36%。

费率方面，XLE和VDE相对较低，AMLP则高不少（表2-5-4）。

表2-5-4 主要美股能源股票类ETF

ETF	XLE		VDE		AMLP	
跟踪指数	标普能源精选行业指数		MSCI美国可投资市场能源		Alerian MLP基础设施指数	
十大持仓及占比	埃克森美孚公司	22.40%	埃克森美孚公司	21.50%	西部中游合伙企业	12.31%
	雪佛龙公司	17.50%	雪佛龙公司	14.50%	能源传输合伙企业	12.29%
	康菲石油公司	9.21%	康菲石油公司	7.40%	MPLX合伙企业	12.15%
	依欧格资源公司	4.71%	斯伦贝谢	4.00%	平原美国管道合伙企业	12.03%
	斯伦贝谢有限公司	4.65%	依欧格资源公司	3.80%	企业产品合伙企业	11.91%
	菲利普斯66公司	3.94%	马拉松石油公司	3.20%	太阳石油合伙企业	7.44%
	马拉松石油公司	3.79%	菲利普斯66公司	3.20%	EnLink中游有限责任公司	6.50%
	先锋自然资源公司	3.53%	先锋自然资源公司	2.80%	NuStar能源合伙企业	4.82%
	瓦莱罗能源公司	2.98%	瓦莱罗能源公司	2.50%	赫斯中游合伙企业	4.78%
	威廉姆斯公司	2.85%	威廉姆斯公司	2.30%	切尼尔能源合伙企业	4.52%
持仓数量	23		115		15	
费率	0.09%		0.10%		0.85%	

此外，也有一些ETF产品针对性地追踪油气产业链某个环节的公司，如上游的开采公司或下游的服务公司，其中规模较大的有SPDR S&P Oil & Gas Exploration & Production ETF (XOP)和VanEck Oil Services ETF (OIH)。

在持仓方面，XOP主要持有油气勘探和生产公司股票，这些公司处于产业链上游，受油价波动影响较大。XOP的持仓从大型能源公司到中小型油气勘探和生产公司都有覆盖，集中度较低，前十大持仓占比仅约27%。

OIH则主要投资油气服务公司，如钻井和运输公司，这些公司受油价影响不如勘探和生产公司那么直接。OIH持仓数量相对较少，集中度较高，前十大持仓占比超过70%。

费率方面，两支基金都是0.35%（表2-5-5）。

表2-5-5 XOP vs OIH

ETF	XOP		OIH	
跟踪指数	标普石油和天然气勘探和生产精选行业指数		MVIS美国上市石油服务25指数	
十大持仓及占比	康菲石油公司	2.80%	斯伦贝谢公司	19.26%
	德文能源公司	2.75%	哈里伯顿公司	11.14%
	依欧格资源公司	2.74%	贝克休斯公司	9.19%
	CNX资源公司	2.74%	威瑟福国际公司	4.98%
	墨菲石油公司	2.74%	德希尼布FMC公司	4.96%
	PBF能源公司A类	2.73%	ChampionX公司	4.94%
	Chord能源公司	2.72%	泰纳瑞斯公司	4.73%
	马拉松石油公司	2.72%	Nov公司	4.57%
	先锋自然资源公司	2.71%	诺贝尔公司	4.44%
	埃克森美孚公司	2.71%	越洋钻探公司	4.44%
持仓数量	53		26	
费率	0.35%		0.35%	

Tips

主要美股原油股ETF一览（表2-5-6）。

表2-5-6 主要美股原油股ETF

原油期货ETF		
代码	标的	费率
USO	WTI原油(近月合约)	0.60%
USL	WTI原油	0.85%
DBO	WTI原油	0.77%
BNO	布伦特原油(近月合约)	1%
原油股票ETF		
代码	标的	费率
XLE	泛能源	0.09%

续表

代码	标的		费率
VDE	泛能源		0.10%
AMLP	泛能源		0.85%
XOP	油气上游		0.35%
OIH	油气下游		0.35%
杠杆及反向			
代码	标的	杠杆/反向	费率
UCO	WTI原油	2×	1.43%
SCO	WTI原油	−2×	0.95%
DIG	油气公司	2×	0.95%
DUG		−2×	0.95%
GUSH	油气上游	2×	0.92%
DRIP		−2×	0.95%
NRGU	大型原油公司	3×	0.95%
NRGD		−3×	0.95%
OILU	油气上游	3×	0.95%
OILD		−3×	0.95%

第二节　黄金ETF：真的拥有黄金吗？

2011年8月的一天，美国记者Bob Pisani出现在英国伦敦街头，他交出手机，然后坐上了一辆车窗被遮蔽得严严实实的货车。

Pisani是CNBC的财经记者，一同前行的还有摄影师和制片人，他们这趟是受邀去参观汇丰银行位于伦敦的金库，一个至今没有对外公开具体地址的地方。

这是一场精心策划的公关活动，为了打消外界对全球最大现货黄金ETF的疑虑：SPDR Gold Trust ETF（GLD），这支号称以实物黄金为基础资产的基金，究竟有没有真金？

车子在绕行后终于抵达了目的地，经过层层安检，Pisani一行人被领入一个昏暗的空间，四周都是厚重的钢铁和混凝土。随着灯光亮起，映入他们眼帘的是一排排码放整齐的金条。超过4000万盎司（1盎司约等于31.1035克）的黄金，层层叠叠，熠熠生辉。

Pisani兴奋地拿起一根金条，放在随行摄影师的镜头面前展示，金条背面刻着一行编码：ZJ6752。然而正是这个举动，让这场公关活动最终事与愿违。

相关新闻发布后，擅长"找茬"的网友发现，这条编码ZJ6752的金条，并不在GLD每天公布的金条清单上面，一时间引发了更多的猜测和质疑。

围绕GLD的争议，从它诞生的那天就没有停止过。

作为美国首支黄金ETF，二十年前横空出世的GLD彻底改变了黄金投资方式。在这之前，人们只能通过购买金条、金币、黄金期货或者金矿公司的股票等方式来投资黄金。

GLD的出现让投资者在电脑上一键下单就能直接参与现货黄金价格的涨跌，不用担心物流、储藏和保险，还拥有随买随卖的流动性，最大缺陷是缺失了实物在手的安全感，所以就出现了上文提及的争议。

但这并不能阻挡黄金ETF的势头，无论是对冲通胀还是寻求避险，它都是最受投资者欢迎的获得黄金敞口的方式之一。

一、黄金究竟属于谁？

GLD本质上是一支信托，由世界黄金协会旗下的信托服务公司发起，聘请纽约梅隆银行资产服务部负责日常管理，道富环球市场进行销售代理。

汇丰银行是GLD的黄金保管机构，专门负责保管投资者申购基金份额时存入的黄金，每个工作日通知纽约梅隆银行转入、转出的金条数量，另外有独立的第三方每年对黄金储备进行两次实地审计。

GLD的申赎只能在一级市场进行，由特定的授权参与者（AP）以一篮子黄金与ETF份额进行交换，最小单位为10万份。当申购完成时，基金规模和黄金储量都相应增加，而赎回时，基金规模和黄金储量相应减少。

这也意味着在二级市场买入GLD的零售投资者没有现货黄金的赎回权，实际上投资者购买GLD持有的是信托基金的无记名所有权，即拥有权益份额，每单位份额相当于一定比例的黄金，但并非直接拥有实物黄金。

在2004年GLD推出时，黄金市场处于历史低迷期，价格常年居于400美元/盎司之下，那时候不仅"央妈"不爱，实物黄金高昂的交易和存储费用也让机构和个人投资者望而却步。

ETF的交易形式直击了投资实物黄金的痛点，GLD在上市后的短短三天里，就有超过10亿美元的资金涌入，成为当时历史上最快达到这一成就的ETF。

2011年黄金市场接近顶峰时，GLD一度取代SPDR S&P 500 ETF (SPY)，成为全球最大的ETF，资产规模达到了767亿美元（图2-5-4）。

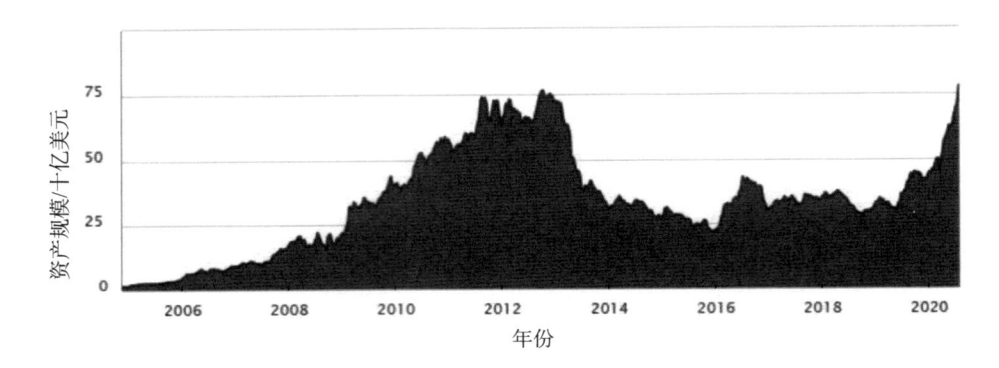

图2-5-4　GLD资产规模变动图(2004—2020年)

（图片来源：ETF Strategy）

GLD和黄金可以说是互相成就。2008年金融危机爆发，随之而来的美联储史无前例大放水、美元贬值，以及央行增加黄金储备，都激发了投资者对黄金避险和保值的需求，而ETF带来的市场流动性和交易便利性对于助推金价上涨"功不可没"。

二、黄金现货ETF的价格之战

现在，GLD已经是世界上直接投资实物黄金的规模最大的ETF。作为美国第一支以商品为资产的ETF，GLD为更多贵金属ETF的出现铺平了道路。

现货黄金ETF净值与现货黄金价格挂钩，因此大多使用伦敦金银市场协会黄金价格(LBMA gold price)作为基准参考价格，因此回报相差不大。

如图2-5-5所示，主要现货黄金ETF 2020—2023年回报没有太大差距。

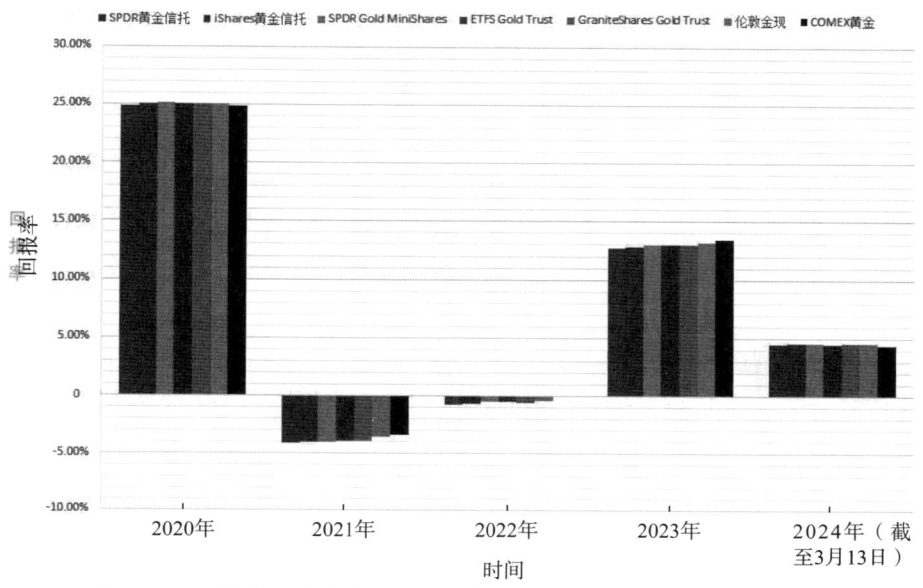

图2-5-5　主要现货黄金ETF回报率比较（2020年—2024年一季度）

（数据来源：WIND）

因此费率、起购门槛，就成了黄金现货ETF寻求差异化的地方。

GLD上市后规模快速增长，此后也从未被超越。领先的规模意味着GLD的流动性更好，更大的交易量使得其买卖价差更小，对投资者来说这降低了交易成本。

几个月后上市的IAU（iShares Gold Trust），只能以更低的费率来弥补规模上的劣势。IAU把费率定在0.25%，比GLD的0.40%低15个基点，这意味着长期持有IAU，投资者每年因管理费用损失的资金比例更低，累积下来对投资回报有明显影响。

2018年，一场激烈的费率价格战在现货黄金ETF之间开打。GLD的迷你份额版SPDR Gold MiniShares(GLDM)和Perth Mint Physical Gold ETF(AAAU) 先后以0.18%的费率推出，该费率是同类产品中最低的。

这迫使本来最便宜的GraniteShares Gold Trust(BAR)将费率从0.2%下调至0.1749%，重新夺回最低费率的标签。但随后，Aberdeen Standard Physical Swiss Gold Shares ETF(SGOL)将费率从0.39%大幅砍至0.17%。

随着黄金价格逐步走高，为了降低门槛吸引更多个人投资者，现货黄金ETF开始在单位份额对应的黄金所有权上"做文章"。

已经凭借GLD坐上现货黄金ETF头把交椅的道富环球投资管理(State Street Global Advisors)，在2018年推出的GLD迷你份额版——GLDM，单位份额对应1/100盎司黄金，相比之下，持有一份GLD相当于持有1/10盎司黄金。（注：2022年，GLDM将单位份额对应的黄金从1/100盎司增加到1/50盎司）

2021年，贝莱德推出迷你份额版IAU——iShares Gold Trust Micro (IAUM)，单位份额同样对应1/100盎司黄金，费率定在0.15%，再度拉低全市场现货黄金ETF的费率下限。

2022年初，在俄乌冲突又一次引爆避险需求之际，现货黄金ETF再度上演抢客大战，GLDM将费率从0.18%降至0.10%，IAUM紧随其后，进一步将费率砍到0.09%，目前是美国市场上费率最低的现货黄金ETF。

除了在费率和份额比例上"做文章"，也有一些产品"另辟蹊径"。

正如上文提及的，对于大多数现货黄金ETF的投资者来说，虽然名义上间接拥有黄金，但并不能用手上的基金份额赎回实物黄金，某种程度上，它们依然是"纸黄金"。

2014年上市的Merk Gold Trust ETF (OUNZ)就不一样了，不仅允许投资者赎回实物黄金，而且最小赎回单位可以是1金衡盎司（约等于1.09714常衡盎司）。

就黄金ETF而言，目前以实物黄金为底层资产的产品是主流，也存在所谓的合成黄金ETF（synthetic gold ETFs），这些产品以期货合约为底层资产，例如Invesco DB Precious Metals Fund（DBP），底层资产是80%的黄金期货合约和20%的白银期货合约。

此外，还有反向和杠杆黄金ETF，它们基本通过持有期货合约来实现做空或放大涨跌幅的目的。正如在原油ETF中介绍过的，以期货合约为底层资产的ETF存在"移仓换月"带来的期货升水或贴水的风险。

三、另一种选择：黄金股ETF

除了现货黄金ETF外，还有一类ETF——黄金股ETF跟踪一篮子从事黄金勘探、开采和生产的矿业公司，底层资产是黄金概念股。

相比于现货黄金ETF直接锚定黄金价格涨跌，黄金股ETF的影响因素就复杂得多了，不仅受到整体股市情况影响，也受到每个矿业公司的经营因素影响。

此外，一些矿业公司会通过金融衍生品来对冲黄金价格波动，降低金价下跌对收入的影响，锁定未来利润，但这么做也会在一定程度上减少金价上涨时的收益。

因此，相比于现货黄金ETF，黄金股ETF与黄金价格的相关度较低，且波动性更大，并不适合想通过黄金来寻求避险和保值的投资者。

如图2-5-6所示，在黄金价格上涨的时候，黄金股ETF并不总是跑赢，而黄金价格下跌的时候，黄金股ETF也有可能跌得更狠。

2024年以来，在国际黄金价格上涨超过5%的情况下，黄金股ETF（GDX）却下跌了约4%。

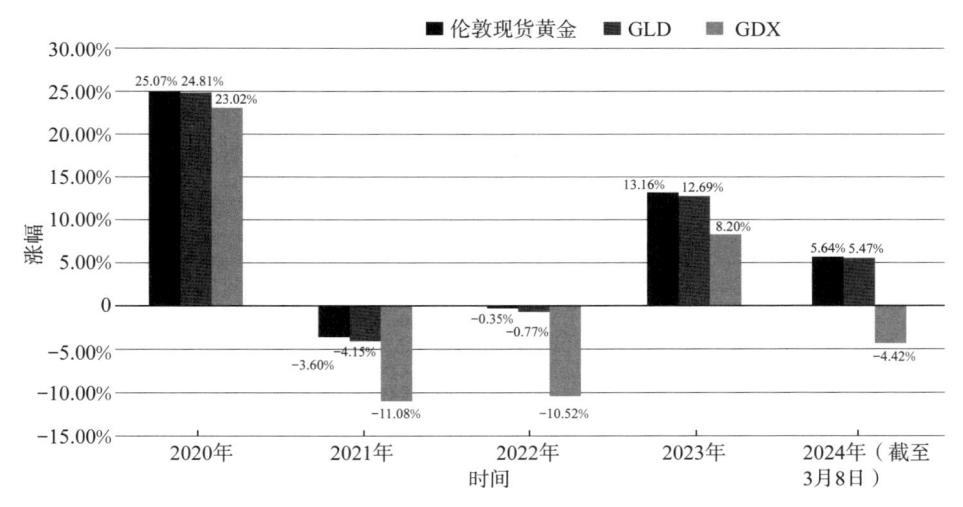

图2-5-6 伦敦现货黄金 vs GLD vs GDX回报率（2020年—2024年一季度）

（数据来源：WIND）

黄金是一种零息资产，因此现货黄金ETF一般没有分红，而黄金股ETF的一个潜在优势是会有额外的分红收益。例如追踪全球最大的蓝筹金矿企业的iShares MSCI Global Gold Miners ETF (RING)股息率达到2%以上，2021—2023年，该基金的平均股息率为30%。

目前美国市场上规模最大、交易最广泛的两支黄金股ETF是VanEck旗下的GDX和GDXJ。

GDX跟踪纽约证券交易所黄金矿商指数(NYSE Arca Gold Miners Index)，持有从事黄金开采业务的大型公司的50多支股票，前十大持仓占比超过60%，包括纽蒙特公司、巴里克黄金公司、亚格尼克鹰矿公司等大型黄金矿业公司。

GDXJ跟踪MVIS全球初级黄金矿商指数（MVIS® Global Junior Gold Miners Index），主要成分公司是规模较小、专注于早期勘探和开发的初级金矿公司。GDXJ持仓数量较多，且集中度较低，前十大持仓占比不到45%。

相比于成熟的大型金矿公司，初级公司拥有更大的上涨潜力，但风险也更大，这些公司的业务多元化程度较低，公司财务实力往往较弱，失败率较高。

费率方面，GDX费率为0.51%，GDXJ费率为0.52%（表2-5-7）。

表2-5-7　GDX vs GDXJ

ETF	GDX		GDXJ	
跟踪指数	纽约证券交易所黄金矿商指数		MVIS全球初级黄金矿商指数	
十大持仓及占比	纽蒙特公司	11.94%	金罗斯黄金公司	8.37%
	亚格尼克鹰矿公司	8.32%	泛美银业公司	7.41%
	巴里克黄金公司	7.37%	阿拉莫斯黄金公司	6.43%
	惠顿贵金属公司	6.30%	哈莫尼黄金矿业公司	5.69%
	法兰西-内华达公司	5.78%	秘鲁矿业公司	4.41%
	紫金矿业集团股份有限公司	4.53%	进化矿业有限公司	2.75%
	金田有限公司	4.42%	佩诺尔斯工业公司	2.62%
	安哥黄金阿山蒂公司	3.88%	B2Gold公司	2.33%
	金罗斯黄金公司	3.77%	奋进矿业公司	2.29%
	北方之星资源有限公司	3.76%	奥西斯科黄金版税有限公司	2.06%
持仓数量	59		94	
费率	0.51%		0.52%	

Tips

主流黄金ETF如表2-5-8所示。

表2-5-8　主流黄金ETF

现货黄金ETF			
代码	底层资产	单位份额对应黄金比例	费率
GLD	实物黄金	1/10盎司	0.40%
GLDM	实物黄金	1/50盎司	0.10%
IAU	实物黄金	1/40盎司	0.25%
IAUM	实物黄金	1/100盎司	0.09%
SGOL	实物黄金	1/100盎司	0.17%
BAR	实物黄金	1/100盎司	0.17%
OUNZ	实物黄金	1/100盎司(可兑换实物)	0.25%
黄金期货ETF			
代码	底层资产	费率	
DBP	80%黄金期货+20%白银期货	0.77%	
黄金股ETF			
代码	追踪指数	费率	
GDX	纽约证券交易所黄金矿商指数	0.51%	
GDXJ	MVIS 全球初级黄金矿商指数	0.52%	
RING	MSCI ACWI精选金矿可投资市场指数	0.39%	
主动型黄金ETF			
代码	标的	特点	费率
IGLD	GLD	投资GLD相关期权的同时，通过投资美债为投资者提供高于一月期美债约3.85%的稳定年收入	0.85%
GLDI	GLD	采用备兑期权策略，一方面持有GLD份额，另一方面每月售出价格略高于当前市价3%的GLD看涨期权，这部分期权费用收入将为投资者提供稳定的月度现金流	0.65%
BGLD	GLD	为投资者带来与GLD相匹配的投资回报，但带有一定的上限，同时为损失提供−15%至−5%区间内的保护性缓冲	0.91%

续表

杠杆及反向			
代码	标的	反向/杠杆	费率
DGZ	Deutsche Bank Liquid Commodity Index–Optimum Yield Gold	$-1\times$	0.75%
DGP	Deutsche Bank Liquid Commodity Index–Optimum Yield Gold	$2\times$	0.75%
DZZ	Deutsche Bank Liquid Commodity Index–Optimum Yield Gold	$-2\times$	0.75%
UGL	Bloomberg Gold Subindex	$2\times$	0.95%
GLL	Bloomberg Gold Subindex	$-2\times$	0.95%
SHNY	GLD	$3\times$	0.95%
DULL	GLD	$-3\times$	0.95%
NUGT	黄金矿商股	$2\times$	1.19%
DUST	黄金矿商股	$-2\times$	1.19%
JNUG	初级黄金矿商股	$2\times$	1.19%
JDST	初级黄金矿商股	$-2\times$	1.02%
GDXU	黄金矿商股	$3\times$	0.95%
GDXD	黄金矿商股	$-3\times$	0.95%

注：Deutsche Bank Liquid Commodity Index–Optimum Yield Gold指数旨在反映黄金期货合约组合的表现以及投资期限为3个月美国国债的回报。

Bloomberg Gold Subindex指数旨在反映黄金期货合约组合的表现。

第三节 商品类ETF：从机构专属到人人可投

2000年12月，一项改变美国金融史的法案被送到了即将结束总统任期的比尔·克林顿面前。

262页的《商品期货现代化法案》(CFMA)作为附加条款，被塞进了一份臃肿的1.1万页的法案中，没有经过太多考虑和审查，就被签署通过了。

八年后，一场金融风暴席卷全球，CFMA遭到"口诛笔伐"，人们认为这份仓促通过的法案放松了对金融衍生品的管制，助长了危机。

也正是这份法案，使对冲基金等金融机构可以合法地使用衍生品进行商品投机。在这之前的很长一段时间里，商品期货只是大宗商品生产商、贸易商和加工商们用来对冲价格波动风险的工具。

商品真正的金融化成为一种资产配置的选择，不过是最近二十多年的事。宽松的监管环境，加上互联网泡沫破裂后投资者对分散投资需求的激增，使得大宗商品成了华尔街的最新宠儿。

2004年，黄金ETF GLD上市，开创了美国商品类ETF的先河。2006年，首支泛商品类ETF——PowerShares DB Commodity Tracking ETF (DBC)成立，同年原油ETF United States Oil Fund (USO)、白银ETF iShares Silver Trust (ISV)相继成立。

这些ETF上市后大受欢迎，从2005年到2010年，美国商品类ETF的交易量增长了三倍，在商品交易中的占比达到了30%。到2013年底，GLD、DBC、ISV和IAU成为全球四大商品类ETF，合计管理资产接近510亿美元。

不可否认的是，ETF大幅降低了商品投资门槛，让普通投资者也能够像买卖股票一样，交易与日常生活息息相关的商品，以对冲天气、战争和通胀等特定风险。那些从未想过购买一船原油或一仓小麦的人，现在可以将这两种商品纳入投资组合中。

但ETF的形式并没有改变大宗商品专业性强，风险、波动性高的本质。很多个人投资者只是冲着ETF的名字进行投资，经常会发现ETF的表现与其名字所对应的资产有巨大差异。

例如，天然气ETF——美国天然气基金（US Natural Gas Fund，UNG）在上市的前三年多里暴跌了85%，同期天然气价格只下跌了40%。

这背后的关键在于商品类ETF的底层资产，到底是现货商品还是期货合约，抑或是相关行业公司的股票。

一般来说，黄金、白银等贵金属ETF的底层资产以现货资产为主，能较好地跟踪市场价格；由于农产品、能源和工业金属等不易储藏，或者仓储成本过高，相关ETF底层资产主要是期货合约，这意味着存在合约展期成本，特别是在期货市场呈现升贴水状态时，会导致跟踪偏差；股票类ETF的影响因素就更复杂了，不仅受到各个公司的经营因素影响，也受到整体股市情况影响。

图2-5-7是2023年主要商品类ETF与底层资产回报率的对比。

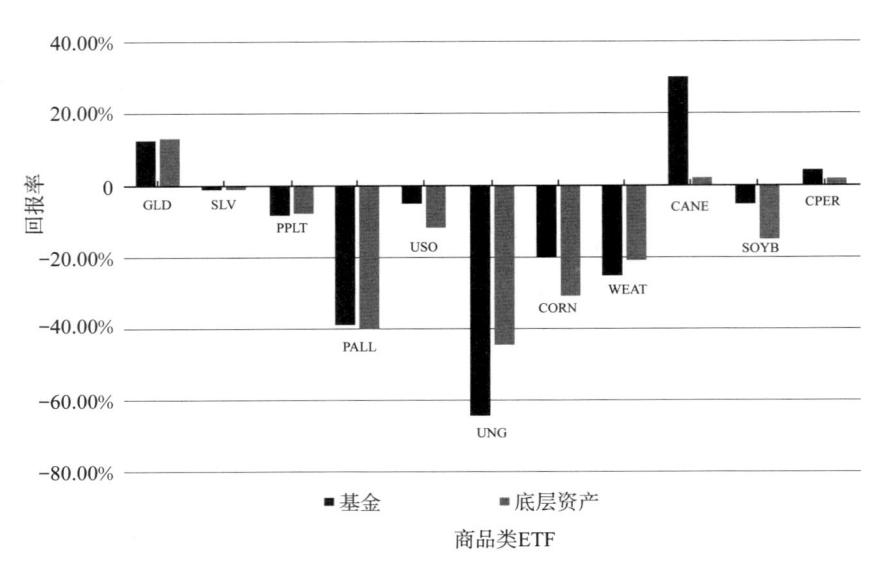

图2-5-7　2023年主要商品类ETF与底层资产回报率对比

目前，美国商品类ETF品类繁多，有针对特定品种的产品，如小麦、玉米、黄豆、白糖、石油、天然气、黄金、白银、铜等ETF；也有泛行业型产品，如农业、能源、贵金属、工业金属等行业ETF；此外还有涵盖多种大宗商品的泛商品类ETF。

一、农业ETF

1. 农业商品类ETF

农业商品类ETF的底层资产基本都是期货合约，规模最大的是景顺旗下的Invesco DB Agriculture Fund（DBA），该基金为追踪多个农产品期货的混合型农业ETF。

DBA于2007年1月5日上市，通过持有10种农产品期货合约来追踪DBIQ多元化农业指数超额收益（DBIQ Diversified Agriculture Index Excess Return）指数的变化，持有的农产品包括玉米、咖啡、大豆、可可、活牛、糖、瘦肉猪、棉花等。

表2-5-9为截至2023年底，DBA的持仓情况。

表2-5-9　DBA持仓情况

ETF	DBA	
跟踪指数	DBIQ多元化农业指数超额收益指数	
期货合约持仓及占比	玉米	12.58%
	咖啡	12.55%
	大豆	12.43%
	可可	12.23%
	活牛	12.11%
	糖	10.65%
	瘦肉猪	7.80%
	小麦	6.43%
	堪萨斯小麦	6.14%
	饲养牛	4.09%
	棉花	2.98%
费率	0.93%	

除了混合型农业商品类ETF外，目前美国市场上还有四支追踪单一农产品（玉米、小麦、大豆和糖）的ETF，均由Teucrium Trading推出（表2-5-10）。

表2-5-10　单一农产品ETF

ETF	CORN		WEAT		SOYB		CANE	
底层资产	芝加哥商品交易所玉米期货合约		芝加哥商品交易所小麦期货合约		芝加哥商品交易所大豆期货合约		美国洲际交易所11号原糖期货合约	
持仓及占比	第二个最近到期月份合约	35%	第二个最近到期月份合约	35%	第二个最近到期月份合约	35%	第二个最近到期月份合约	35%
	第三个最近到期月份合约	30%	第三个最近到期月份合约	30%	第三个最近到期月份合约	30%	第三个最近到期月份合约	30%
	第三个最近到期合约之后的12月到期合约	35%	第三个最近到期合约之后的12月到期合约	35%	第三个最近到期合约之后的11月到期合约	35%	第三个最近到期合约之后的3月到期合约	35%
费率	0.20%		0.28%		0.22%		0.29%	

2. 农业股票类ETF

规模最大的三支农业股票类ETF分别是VanEck Agribusiness ETF（MOO）、iShares MSCI Agriculture Producers ETF（VEGI）、First Trust Indxx

Global Agriculture ETF（FTAG）。

这三支ETF均投资全球农业产业链上的公司，前十大持仓互有重叠，VEGI前十大持仓集中度最高（60.12%），持仓数量也最多，呈现头部集中、尾部分散的特点。

从地域来看，MOO和VEGI超过一半的持股集中在美国公司，FTAG则相对分散，最大的美国敞口为32%，其次为20%的德国敞口。

费率方面，FTAG最高，MOO次之，VEGI最低（表2-5-11）。

表2-5-11 主要农业股票类ETF比较

ETF	MOO		VEGI		FTAG	
跟踪指数	MVIS全球农业综合企业指数		MSCI ACWI精选农业生产者可投资市场指数		Indxx全球农业指数	
十大持仓及占比	硕腾公司	8.62%	迪尔公司	22.26%	迪尔公司	10.16%
	迪尔公司	7.90%	阿彻丹尼尔斯米德兰公司	7.88%	巴斯夫集团	9.67%
	科迪华公司	6.59%	科迪华公司	6.92%	拜耳集团	7.33%
	纳特丽安公司	6.29%	纳特丽安公司	5.69%	科迪华公司	6.79%
	拜耳集团	5.99%	兰登西部控股公司	3.19%	纳特丽安公司	5.61%
	阿彻丹尼尔斯米德兰公司	4.30%	CF工业控股公司	3.12%	卡塔尔工业公司	4.39%
	泰森食品公司	4.14%	邦吉全球有限公司	3.09%	马恒达集团有限公司	4.30%
	久保田公司	3.76%	久保田公司	3.07%	久保田公司	3.63%
	CF工业控股公司	3.65%	凯斯纽荷兰工业公司	2.48%	丰益国际有限公司	3.54%
	凯斯纽荷兰工业公司	3.60%	美盛公司	2.42%	凯斯纽荷兰工业公司	3.32%
持仓数量	61		153		50	
费率	0.53%		0.39%		0.70%	

二、能源（除原油外）ETF

1. 能源商品类ETF

与农业ETF不同，能源行业主流ETF是追踪单一品类的产品，以原油和天然气相关ETF为主，此外还有不少碳信用（carbon credit）相关产品。

美国天然气基金（UNG）是规模仅次于美国原油基金（USO）的第二大能源ETF。UNG成立于2007年，通过持有近月天然气期货合约来跟踪在美国路易斯安那州亨利枢纽交付的天然气现货价格的变化。

随着全球减排压力不断增加，自2019年起美国涌现出一批碳信用主题ETF。

碳信用是一种可以出售和交易的许可证，代表了已核证的温室气体减排量或碳吸收量。持有碳信用的企业或个人，可以在许可的碳交易市场上出售剩余的碳信用以获利，而没有足够碳信用的则需要购买碳信用作为补偿。

比如特斯拉常被戏称为"卖碳翁"，这是因为在节能减排政策的补贴下，其重要的营收来源之一是出售碳排放权。

根据IHS Markit的数据，截至2023年6月30日，全球碳价格为每吨CO_2 52.71美元。据估计，为了将全球变暖的升温幅度限制在1.5℃以内，碳排放权价格需要达到每吨CO_2 147美元。

目前碳信用零售市场还不够发达，通过ETF投资碳市场是最便捷的方式之一。碳信用ETF中规模最大的是KraneShares全球碳策略ETF（KRBN）。

KRBN成立于2020年7月30日，跟踪IHS Markit全球碳指数，覆盖欧洲和北美主要碳排放交易项目的期货合约，包括欧盟碳排放权（EUA）、加州碳排放权（CCA）、区域性温室气体倡议（RGGI）和英国碳排放权（UKA）。

KRBN主要持仓情况如表2-5-12所示。

表2-5-12　KRBN主要持仓情况

ETF	KRBN	
跟踪指数	IHS Markit全球碳指数	
期货合约持仓及占比	EUA 2024	48.48%
	CCA 2024	30.19%
	RGGI 2024	6.32%
	CCA 2025	5.89%
	UKA 2024	4.81%
	EUA 2025	4.41%
费率	0.79%	

除上述针对单一品类的产品外，美国也有泛能源主题的ETF，规模相对

较小。

景顺旗下的Invesco DB Energy Fund（DBE）成立于2007年1月5日，旨在跟踪DBIQ最优收益能源指数超额收益（DBIQ Optimum Yield Energy Index Excess Return）指数的变化，该指数覆盖全球交易最频繁的一些大宗能源商品期货合约，包括WTI原油、布伦特原油、纽约港超低硫柴油、汽油和天然气。该基金和指数每年11月进行重新平衡和重组。

DBE持仓情况如表2-5-13所示。

表2-5-13　DBE持仓情况

ETF	DBE	
跟踪指数	DBIQ最优收益能源指数超额收益指数	
期货合约持仓及占比	汽油	23.40%
	布伦特原油	23.00%
	纽约港超低硫柴油	22.83%
	WTI原油	22.67%
	天然气	8.09%
费率	0.77%	

2. 能源股票类ETF

能源股票类ETF主流产品是泛能源主题产品，规模最大的三支为XLE、VDE和AMLP，在原油ETF相关内容中已有详细介绍，此处不再赘述。

除了泛能源主题产品，以及油气主题ETF外，市面上还有一支纯天然气股票ETF——First Trust Natural Gas ETF（FCG）。

FCG成立于2007年，投资在美国上市的从事天然气勘探和生产的公司，主要持仓公司包括西部中游合伙企业、赫斯中游合伙企业（A类）、康菲石油公司等（表2-5-14）。

表2-5-14 天然气股票ETF

ETF	FCG	
跟踪指数	ISE-REVERE天然气指数	
十大持仓及占比	西部中游合伙企业	4.46%
	赫斯中游合伙企业(A类)	4.41%
	康菲石油公司	3.76%
	奥卡姆石油公司	3.63%
	先锋自然资源公司	3.56%
	赫斯公司	3.52%
	依欧格资源公司	3.45%
	德文能源公司	3.38%
	钻石背能源公司	3.29%
	EQT公司	3.10%
持仓数量	50	
费率	0.60%	

此外，在能源安全担忧推动核能复兴的浪潮下，铀价大涨，铀股票主题ETF也备受关注。目前美国市场上规模最大的三支相关ETF为Global X Uranium ETF (URA)、Sprott Uranium Miners ETF (URNM)和VanEck Vectors Uranium+Nuclear Energy ETF (NLR)。

三支ETF都覆盖铀矿产业链上下游公司，包括铀矿勘探开采、铀投资以及与铀工业相关的公司。其中，URA规模最大，流动性相对更好，URNM规模次之，NLR虽然成立时间最早，但规模最小。

持仓方面，URA和URNM都通过持有Sprott实物铀信托基金而拥有一定的实物铀敞口，其中URNM实物铀在持仓中占比接近15%。

URA和URNM相比，后者持仓集中度更高，URNM持仓数量较少，且前十大持仓占比接近77%。NLR在三者中纯粹度相对较低，其略多于40%的持仓投资使用铀生产核能的普通公用事业股。

费率方面，URNM最高，URA次之，NLR最低（表2-5-15）。

表2-5-15　主要铀股票ETF持仓比较

ETF	URA		URNM		NLR	
跟踪指数	Solactive全球铀矿及核能组件总回报指数		北岸全球铀矿指数		MVIS全球铀矿及核能指数	
十大持仓及占比	卡梅科公司	21.02%	国家原子能公司	15.00%	美国联合能源公司	9.94%
	斯普罗特实体铀信托	8.89%	斯普罗特实体铀信托	14.54%	公共服务企业集团	7.50%
	奈克斯金能源有限公司	5.78%	卡梅科公司	14.26%	PG&E公司	7.35%
	帕拉丁能源有限公司	5.16%	中广核矿业有限公司	6.05%	卡梅科公司	5.57%
	哈萨克斯坦国家原子能工业公司	4.54%	铀能公司	4.96%	CGN电力有限公司	5.41%
	铀能公司	4.42%	奈克斯金能源有限公司	4.68%	BWX技术公司	5.34%
	Yellow Cake公司	3.64%	帕拉丁能源有限公司	4.50%	帕拉丁能源有限公司	5.26%
	丹尼森矿业公司	3.53%	丹尼森矿业公司	4.48%	奈克斯金能源有限公司	4.63%
	三星C&T公司	2.98%	Yellow Cake公司	4.39%	Endesa S.A.	4.46%
	博斯能源有限公司	2.82%	博斯能源有限公司	3.77%	捷克能源集团	4.45%
持仓数量	48		37		28	
费率	0.69%		0.83%		0.61%	

三、贵金属（除黄金外）ETF

1. 贵金属商品类ETF（现货）

贵金属商品类ETF底层资产以现货为主，除了前文介绍过的黄金ETF外，还有白银、铂金、钯金等ETF。

规模最大的分别是贝莱德旗下的白银ETF——iShares Silver Trust (SLV)、铂金ETF——abrdn Physical Platinum Shares ETF (PPLT)和钯金ETF——abrdn Physical Palladium Shares ETF (PALL)。实物类ETF费率都相对较低，为0.5%~0.6%。

除了单一品种ETF外，美国市场上也有混合型贵金属ETF，其中规模最大的是abrdn Physical Precious Metals Basket Shares ETF(GLTR)。

GLTR持有一篮子现货贵金属，包括黄金、白银、铂金和钯金，其中黄金占比高于60%。截至2023年底，该基金持仓情况如表2-5-16所示。

表2-5-16　GLTR持仓情况

ETF	GLTR	
跟踪指数	abrdn实物贵金属篮子股票ETF指数	
持仓及占比	黄金	64.49%
	白银	25.79%
	钯金	5.99%
	铂金	3.72%
费率	0.60%	

2. 贵金属股票类ETF

目前美国有两支跟踪白银矿业公司股票的ETF，分别是Global X Silver Miners ETF（SIL）和Amplify Junior Silver Miners ETF（SILJ）。

SIL投资大中型银矿公司，持仓数量较少，前十大持仓占比较高，而SILJ专注于小型银矿开采公司。

费率方面，SILJ略高（表2-5-17）。

表2-5-17　主要贵金属股票类ETF持仓比较

ETF	SIL		SILJ	
跟踪指数	Solactive 全球白银矿业公司总回报指数		纳斯达克金属焦点白银矿业指数	
十大持仓及占比	惠顿贵金属公司	23.28%	泛美银业公司	13.94%
	泛美银业公司	12.75%	第一银业公司	11.18%
	布埃纳文图拉公司	9.26%	哈莫尼黄金矿业公司	9.12%
	韩国锌业公司	7.63%	赫克拉矿业公司	5.10%
	佩诺尔斯工业公司	5.52%	布埃纳文图拉公司	4.97%
	赫克拉矿业公司	4.18%	卡普斯通铜业公司	4.89%
	第一银业公司	4.08%	Silvercrest金属公司	3.85%
	弗雷斯尼洛公司	3.52%	埃尔多拉多黄金公司	3.81%
	Coeur矿业公司	3.09%	麦格银业公司	3.54%
	Triple Flag贵金属公司	2.72%	Aya金银公司	3.45%
持仓数量	32		58	
费率	0.65%		0.69%	

四、基础金属ETF

1. 基础金属商品类ETF

目前规模最大的基础金属商品类ETT是一支混合基础金属产品——Invesco DB Base Metals Fund（DBB）。

DBB成立于2007年，通过持有铝、锌和A级铜的期货合约来追踪DBIQ最优收益工业金属指数超额收益（DBIQ Optimum Yield Industrial Metals Index Excess Return）指数的变化。

DBB的持仓情况如表2-5-18所示。

表2-5-18　DBB持仓情况

ETF	DBB	
跟踪指数	DBIQ最优收益工业金属指数超额收益指数	
期货合约持仓及占比	铝	33.67%
	铜	33.61%
	锌	32.72%
费率	0.77%	

单一品种基础金属ETF方面，截至2023年底，美国市场只有一支铜ETF——United States Copper Index Fund（CPER）。

CPER通过持有铜期货合约来追踪铜价格波动，跟踪的指数是SummerHaven Copper Index Total Return（SCITR）。

SCITR指数专注于筛选COMEX交易所中流动性强、市场反应灵敏的铜期货合约。该指数每月调整投资组合，基于市场价格信号与定量分析结果，筛选出一个或三个合适的期货合约，以最大化现货溢价（backwardation）的影响，并最小化期货溢价（contango）的影响。

2. 基础金属股票类ETF

基础金属股票类ETF主要追踪基础金属矿业公司，规模最大的两支是iShares MSCI Global Metals & Mining Producers ETF（PICK）和SPDR® S&P®

Metals & Mining ETF（XME）。

持仓方面，PICK主要追踪全球从事多样化金属、铝、钢开采、提取或生产的公司，PICK也持仓贵金属（不包括黄金和白银）和矿物相关公司，但占比极小。相比之下，XME除了跟踪基础金属相关公司外，还覆盖煤炭和消耗性燃料相关公司、黄金等贵金属相关公司，纯度较低。

此外，PICK持仓数量较多，且偏向大型公司股票，XME持仓则以中小型公司为主。

两支产品费率都较低（表2-5-19）。

表2-5-19 主要基础金属股票类ETF持仓比较

ETF	PICK		XME	
跟踪指数	MSCI全球可投资市场精选金属与矿业生产商(除黄金和白银)指数		标普金属与矿业精选行业指数	
十大持仓及占比	必和必拓集团有限公司	15.26%	美铝公司	5.32%
	力拓集团	7.33%	美国钢铁公司	5.31%
	嘉能可集团	5.51%	MP材料公司	4.64%
	自由港麦克莫兰公司	5.34%	克利夫兰克里夫公司	4.60%
	淡水河谷公司	4.74%	ATI公司	4.48%
	纽柯公司	3.78%	Alpha冶金资源公司	4.43%
	力拓集团(有限公司)	3.01%	自由港麦克莫兰公司	4.37%
	福特斯库金属集团有限公司	2.93%	商用金属公司	4.28%
	英美资源集团	2.79%	纽柯公司	4.20%
	韩国浦项制铁公司	2.44%	卡朋特科技公司	4.20%
持仓数量	262		33	
费率	0.39%		0.35%	

市面上还有跟踪铜矿公司股票的ETF，规模最大的是Global X Copper Miners ETF（COPX），跟踪全球铜矿产业上下游（包括铜矿开采、精炼和勘探）公司股票（表2-5-20）。

表2-5-20　COPX持仓情况

ETF	COPX	
跟踪指数	Solactive 全球铜矿公司总回报指数	
十大持仓及占比	安托法加斯塔公司	6.22%
	艾芬豪矿业有限公司-A类	5.97%
	伦丁矿业公司	5.32%
	南方铜业公司	5.03%
	紫金矿业集团-H股	4.91%
	自由港麦克莫兰公司	4.76%
	波兰铜业集团	4.65%
	必和必拓集团有限公司	4.53%
	泰克资源有限公司-B类	4.31%
	住友金属矿山公司	4.21%
持仓数量	38	
费率	0.65%	

五、泛商品类ETF

对于想要"一网囊括"农业、能源、贵金属和基础金属等大宗商品的投资者，美国市场上还有一些泛商品类ETF可供选择。

其中规模最大的Invesco Optimum Yield Diversified Commodity Strategy No K-1 ETF（PDBC）是一支主动管理型ETF，是投资商品相关的衍生金融工具。

通过持有能源、贵金属、基础金属和农业部门的14种商品期货合约，PDBC旨在超越基准指数——DBIQ最优收益多元商品指数超额收益指数（DBIQ Optimum Yield Diversified Commodity Index Excess Return）的表现。

规模第二大的是First Trust Global Tactical Commodity Strategy Fund（FTGC），也是一支主动管理型产品。

FTGC通过未平仓合约数量来筛选10~35种流动性较好的大宗商品，同时通过使用历史数据预测每种商品的预期波动性来构建和优化投资组合。FTGC还根据市场条件，至少每月进行一次资产配置调整。

规模第三大的是最早上市的泛商品类ETF——DBC。

DBC通过持有14种交易最为活跃的商品期货合约来追踪DBIQ最优收益多

元商品指数超额收益指数，持仓包括汽油、原油、柴油、黄金、玉米、铝等。

截至2023年底，DBC的持仓情况如表2-5-21所示。

表2-5-21　DBC持仓情况

ETF	DBC	
跟踪指数	DBIQ最优收益多元商品指数超额收益指数	
期货合约持仓及占比	汽油	12.52%
	布伦特原油	12.32%
	纽约港超低硫柴油	12.19%
	WTI原油	12.12%
	黄金	8.70%
	小麦	5.85%
	玉米	5.71%
	大豆	5.65%
	糖	4.85%
	铝	4.56%
	铜	4.54%
	锌	4.43%
	天然气	4.40%
	白银	2.16%
费率	0.77%	

Tips

主要商品类ETF如表2-5-22所示。

表2-5-22　主要商品类ETF

ETF	备注	费率	实物资产	期货合约
农业商品类				
DBA	混合型	0.93%		是
CORN	玉米	0.20%		是
WEAT	小麦	0.28%		是
SOYB	大豆	0.22%		是
CANE	糖	0.29%		是
农业股票类				
MOO		0.53%		
VEGI		0.39%		
FTAG		0.70%		

续表

ETF	备注	费率	实物资产	期货合约
能源（除原油外）商品类				
UNG	天然气	1.06%		是
BOIL	两倍做多天然气	0.95%		是
KOLD	两倍做空天然气	0.95%		是
KRBN	碳信用	0.79%		是
DEB	混合型	0.77%		是
能源股票类				
XLE	泛能源	0.09%		
VDE	泛能源	0.10%		
AMLP	泛能源	0.85%		
ERX	两倍做多	0.94%		
ERY	两倍做空	1.08%		
FCG	天然气	0.60%		
URA	铀	0.69%		
URNM	铀	0.83%		
NLR	铀	0.61%		
贵金属（除黄金外）商品类				
SLV	白银	0.50%	是	
AGQ	两倍做多白银	0.95%		是
ZSL	两倍做空白银	0.95%		是
PPLT	铂金	0.60%	是	
PALL	钯金	0.60%	是	
GLTR	混合型	0.60%	是	
贵金属（除黄金外）股票类				
SIL	白银	0.65%		
SILJ	白银	0.69%		
基础金属商品类				
DBB	混合型	0.77%		是
CPER	铜	0.97%		是
基础金属股票类				
PICK		0.39%		
XME		0.35%		
UYM	两倍做多	0.95%		
SMN	两倍做空	0.95%		
COPX	铜	0.65%		

续表

ETF	备注	费率	实物资产	期货合约
泛商品类				
PDBC	主动管理型	0.64%		是
FTGC	主动管理型	0.95%		是
DBC		0.77%		是

第六章　比特币ETF："数字黄金"还是"数字郁金香"？

2008年9月，雷曼兄弟轰然倒下，全球金融系统陷入前所未有的危机之中，对传统金融机构的不信任感快速蔓延。

就在一个多月后的10月31日，一份9页、2736个单词的英文论文开始在网上流传，作者中本聪提出了一种不依赖传统金融系统、点对点式的电子现金系统。

两个月后，创世区块诞生，比特币应运而生。一方面，它承载着金融去中心化的乌托邦式的美好愿景；另一方面，它又沦为犯罪、欺诈、洗黑钱的工具，有人因它一夜暴富，也有人因它倾家荡产。

就这样，在"天使与恶魔"的争议中，比特币不断试图走向主流，价格也从零迸发到一度超过7万美元/枚。

十六年后，比特币现货ETF终于通过美国证监会批准上市，比特币正式进入主流投资圈。

2024年1月10日，美国证券交易委员会（SEC）宣布，批准11支比特币现货ETF上市，包括来自贝莱德、富达、景顺、方舟投资等11家资管机构的产品。

从首份申请到最终获批，比特币现货ETF花了10年。

2013年夏天，加密货币交易所 Gemini 联合创始人Winklevoss兄弟提出的申请遭到SEC拒绝，当时比特币的价格是90美元/枚。此后，SEC又拒绝了二十多次类似的申请。

转机出现在2023年。6月，先是资管巨头贝莱德加入了申请行列，点燃市场对"闯关"成功的希望，随后8月，全球最大的数字资产管理公司灰度（Grayscale）在一场针对SEC的关键诉讼中获胜，此前SEC拒绝了灰度将旗下比特币信托转换为现货ETF的申请。

SEC终于妥协了，放弃上诉，为首批比特币现货ETF开了绿灯。但这一批准也多少带着点儿勉强，SEC主席Gary Gensler在声明里强调，虽然批准了比特币现货ETF，但不代表批准或者支持比特币，还"补刀"称：比特币是一种投机性强、不稳定的资产，也被用于包括勒索、洗钱、逃避制裁和恐怖主义融资等在内的非法活动。

这可以说是比特币的"黄金时刻"。正如我们在黄金ETF相关内容中介绍的，黄金ETF的诞生解决了现货黄金投资中物流、储藏和保险的痛点，比特币现货ETF某种程度上也有类似的作用。

抛开比特币是否有价值这一终极争论不谈，想要投资比特币的人仍然有几大顾虑。首先是比特币的合法性问题，比特币在大部分国家依然处于监管的灰色地带。

其次是比特币交易的安全性。比特币交易一般在加密货币交易平台上进行，这些加密货币交易平台大多不受监管，容易出现欺诈和市场操纵行为，而且交易平台失窃、暴雷、倒闭的事件时有发生。2022年底，曾经的全球第三大交易所FTX突然崩塌，短短几天之内走向破产，加剧了市场对于加密货币的信任危机。

最后，加密货币投资的"技术复杂性"也让有些人望而却步，包括设置数字钱包、记住复杂的密钥、在不熟悉的交易平台开户等。

而比特币现货ETF的出现消除了这些阻碍因素。美国监管部门对ETF产品的批准，加上贝莱德等大型金融机构的背书，很大程度上缓解了投资者在合法性和安全性方面的顾虑，同时投资者可以在自己熟悉的平台，通过熟悉的券商，像交易股票一样投资比特币现货ETF，也大大降低了"技术门槛"。

第一节　比特币ETF：数字版黄金ETF？

目前获批的ETF中，除Hashdex Bitcoin Futures ETF (DEFI)尚未从比特币期货ETF转为现货ETF外，其他的10支均已上市。

比特币现货ETF上市后疯狂"吸金"。短短两个月，贝莱德旗下的IBIT管理资产规模就逼近150亿美元。对比之下，当年第一支上市的黄金ETF GLD足足用了三年才达到这一水平。

比特币现货ETF，顾名思义是以比特币为底层资产的信托。与现货黄金类似，比特币现货ETF投资者并不直接拥有比特币，而是拥有对应基金的权益。

与一般ETF采用的实物申赎模式（in-kind creation/redemption）不同的是，比特币现货ETF采用的是现金申赎模式。

假如采用实物申赎模式，授权参与者（AP）在申购时要用一篮子比特币向ETF发行人交换基金份额，赎回时用基金份额换回一篮子比特币。

这种实物申赎流程有助于ETF价格与其资产净值(NAV)保持一致，但由于涉及比特币，所以存在合规问题，这些AP在美国股市中是注册经纪交易商，而法规并没有明确允许经纪交易商处理包括比特币在内的加密货币。

这也是监管部门一直对比特币现货ETF持犹豫态度的原因之一，折中之下采用了现在的现金申赎模式。这意味着当需要创建ETF新份额时，ETF发行人将使用现金购买比特币。相反，当份额被赎回时，发行人将出售比特币以换取现金。

这种现金申赎模式可能会带来额外的成本，并降低ETF的定价效率，从而影响ETF精确跟踪比特币价格的能力，导致资产净值可能出现溢价或折价，尤其是在市场高波动期间。

与现货黄金ETF类似，比特币现货ETF也需要第三方保管人来负责管理比特币现货。在首批11支比特币现货ETF中，有8支选择Coinbase作为托管机构，这些比特币会被存放在一个特殊账户中。

为了防止被黑客窃取，托管机构通常将比特币私钥离线存储在没有连接互联网的冷钱包或介质中，类似数字版的金库。

截至2024年3月19日，10支比特币现货ETF上市以来回报率如下：除了灰度旗下的Grayscale Bitcoin Trust ETF（GBTC）外，其他9支产品的回报率基本都在38%左右。

而GBTC的超额回报或来自此前折价的收敛。在转为现货ETF前，GBTC为封闭式信托基金，由于流动性受限，长期处于折价状态，2023年6月GBTC折价幅度一度达到44%，此后在比特币现货ETF获批的预期下折价持续收敛，到

2024年1月26日GBTC的折价三年来首次收窄至零。

第二节　价格大战，还没上市就已开打

比起现货黄金ETF，比特币现货ETF的价格战来得更早、更猛烈。

在SEC正式官宣批准消息前，Invesco、Bitwise、Valkyrie和WisdomTree等机构就争相更新申请文件下调费率，本来已经最便宜的Bitwise Bitcoin ETF (BITB)将费率从0.24%进一步降到0.2%。但最便宜的优势没持续两天，Franklin Bitcoin ETF (EZBC)就将费率从0.29%骤降到0.19%。

比特币现货ETF上市后，价格战更是激烈，各大平台的费率更新速度已经赶不上降价的速度了，有投资者感叹，这些基金"把两年要打的价格战几天内打完了"。

不仅如此，几乎所有比特币现货ETF都提供了3～12个月不等的费用减免优惠，例如上市以来最吸金的IBIT在费用减免期内费率为0.12%，之后恢复到0.25%，Fidelity Wise Origin Bitcoin ETF (FBTC)、Invesco Galaxy Bitcoin ETF (BTCO)、WisdomTree Bitcoin Fund（BTCW）等另外八支减免费率均低至0.00%。

在产品同质化的情况下，费率、规模和发行人的实力成为投资者挑选产品时最关注的因素。当然，也有"头铁"的基金，坚决不向价格战低头。

这个另类就是GBTC。灰度对SEC的胜诉可以说是助推比特币现货ETF获批的最大功臣，但GBTC却成了比特币现货ETF上市以来最大的输家。

GBTC前身是一支封闭式信托，多年来一直是个人投资者无须直接购买加密货币即可投资比特币的少数选择之一，巅峰时期资产管理规模超过400亿美元。

转换为开放式比特币现货ETF后，GBTC将其费率从2%削减至1.5%，但这在"卷"到极致的对手们面前可以说是毫无竞争力。

从规模来看，GBTC目前（截至2024年3月18日）依然是最大的比特币现货ETF，但自上市以来GBTC持续"失血"。

在美国10支比特币现货ETF的第一个交易日，GBTC占总资产管理规模的

99.5%左右。一个多月内就有 70 亿美元流出该基金，两个月后GBTC的资产管理规模骤降至 262 亿美元，份额跌到了50%以下。

实际上，受伤的不仅仅是GBTC。根据CoinShares International Ltd的数据，截至2024年3月16日，投资者已从德国、加拿大和瑞典交易所的比特币相关基金中撤资总计7.38亿美元，以追求费率更低的产品。

第三节　比特币期货ETF：沦为时代的眼泪？

在比特币现货ETF登场前，比特币期货ETF是投资者获得比特币敞口为数不多的选择之一，其底层资产是在芝加哥商品交易所上市的比特币期货合约。

2021年10月19日，美国首支比特币ETF——ProShares Bitcoin Strategy ETF (BITO) 上市，在短短两天内就吸引了10亿美元的资金流入，成为当时最快达到这一成就的ETF。

BITO的高光时刻出现在比特币现货ETF获批前夕。2024年1月9日，BITO资产管理规模达到20亿美元的历史新高。

之后，随着比特币价格上涨，BITO的资产管理规模还在膨胀，但这掩盖不了它遭到投资者抛弃的事实。

据彭博社的数据，比特币现货产品推出后，BITO交易量激增，2024年1月11日交易量达到8860万份的高位，然而大部分交易量都是卖出该基金，仅1月31日一天，BITO就出现了1.43亿美元的巨额资金外流，到2月初，超过3.5亿美元的资金流出了该基金。

比特币现货ETF的到来给比特币期货ETF带来了生存挑战。与现货基金相比，期货ETF不仅费率较高，而且存在"移仓换月"导致的期货合约展期成本，从而可能拖累基金表现。

以2023年为例，比特币价格上涨了160%，同期BITO的回报率为137.33%，大幅跑输。

2024年1月中旬，比特币现货ETF 产品上市后，VanEck宣布关闭其旗舰比特币期货ETF——Bitcoin Strategy ETF（XBTF），该公司认为："投资者的兴趣将从提供比特币期货敞口的产品转向直接提供比特币敞口的产品。"此外，正如上文提及的，DEFI也将从比特币期货ETF转为现货ETF。

第四节　另一种选择：比特币或其他加密货币股票ETF

比特币或其他加密货币股票ETF，即投资与比特币或其他加密货币相关的公司股票的交易所交易基金，为投资者提供了一种间接参与加密货币交易的方式，无须直接购买比特币或其他加密货币。

目前市面上有一支跟踪比特币矿工的产品Valkyrie Bitcoin Miners ETF(WGMI)，更多的是泛数字货币主题的产品，其中规模最大的是Bitwise Crypto Industry Innovators ETF（BITQ）。

1. Valkyrie Bitcoin Miners ETF(WGMI)

WGMI是一支主动管理型ETF，将至少80%的净资产投资比特币挖矿产业链上的公司，筛选公司的标准是至少50%的收入或利润来自比特币挖矿运营，或提供比特币挖矿专用芯片、硬件和软件或其他服务。

其持仓公司包括比特币挖矿公司Cleanspark、Iris能源有限公司和显卡被广泛用于虚拟货币挖矿的英伟达等。

WGMI费率为0.75%（表2-6-1）。

表2-6-1　WGMI持仓情况

ETF	WGMI	
十大持仓及占比	Cleanspark公司	17.65%
	Iris能源有限公司	14.21%
	马拉松数字控股公司	9.08%
	Cipher矿业公司	8.81%
	核心科学公司	6.42%
	比特农场有限公司(加拿大)	4.89%
	比特数字公司	4.53%
	英伟达公司	4.49%
	比特小鹿科技集团	4.48%
	Riot平台公司	4.36%
持仓数量	21	
费率	0.75%	

2. Bitwise Crypto Industry Innovators ETF（BITQ）

BITQ采用被动管理策略，追踪一个包括全球30家涉足加密领域的公司在内的指数，这些公司来自包括新兴市场在内的多个国家和地区，业务领域涉及加密货币挖矿、挖矿设备供应、加密金融服务等。

根据其与加密资产业务的关联程度，这些公司被分为一级和二级两类：一级公司主要是那些以加密资产为主营业务，超过75%的收入来源为主营业务的纯加密公司，或者超过75%的净资产为直接持有的加密资产，这类公司在指数中的占比为85%；二级公司则是大型综合企业中那些至少有一个重要业务单元关注加密经济的公司，这类公司在指数中的占比为15%。

BITQ前十大持仓包括商务智能软件公司MicroStrategy（微策略）、数字货币交易平台Coinbase、挖矿公司Marathon Digital Holdings（马拉松数字控股公司）等。

BITQ费率为0.85%（表2-6-2）。

表2-6-2　BITQ持仓情况

ETF	BITQ	
十大持仓及占比	微策略公司	15.20%
	Coinbase全球公司	11.25%
	马拉松数字控股公司	7.65%
	核心科学公司	5.63%
	银河数字控股公司	4.42%
	Cleanspark公司	4.33%
	Cipher矿业公司	3.99%
	北方数据公司	3.56%
	Iris能源有限公司	3.15%
	Riot平台公司	3.15%
持仓数量	30	
费率	0.85%	

Tips

主要加密货币相关ETF如表2-6-3所示。

表2-6-3　主要加密货币相关ETF

比特币现货ETF		
代码	底层资产	(优惠期过后)费率
GBTC	比特币现货	1.50%

续表

比特币现货ETF		
代码	底层资产	(优惠期过后)费率
IBIT	比特币现货	0.25%
FBTC	比特币现货	0.25%
ARKB	比特币现货	0.21%
BITB	比特币现货	0.20%
HODL	比特币现货	0.20%
BRRR	比特币现货	0.25%
BTCO	比特币现货	0.25%
EZBC	比特币现货	0.19%
BTCW	比特币现货	0.25%
比特币期货ETF		
代码	底层资产	费率
BITO	比特币近月期货	0.95%
BITC	比特币期货	0.85%
比特币或其他加密货币股票ETF		
代码	底层资产	费率
WGMI	比特币挖矿公司	0.75%
BITQ	加密货币相关公司	0.85%

主动管理型比特币ETF			
代码	底层资产	特点	费率
MAXI	比特币期货及其他	投资比特币期货，同时通过卖出股票及固收产品的短期看涨/看跌期权组合生成收入	11.18%
杠杆及反向			
代码	底层资产	反向/杠杆	费率
BITI	两倍做空比特币	−2×	1.33%
BITX	两倍做多比特币	2×	1.85%
BTFX	两倍做多比特币	2×	1.85%

第七章　货币ETF：全球投资汇率对冲利器

2023年，日本股市距离走出"失去的三十年"仅一步之遥，日经225指数全年大涨近30%，海外投资者闻讯蜂拥而至，火速押注日股ETF，希望能赶上这波红利。

可惜的是，日股最大规模ETF——iShares MSCI Japan ETF（EWJ）的全年涨幅只达到19%，和日经225指数的差距不可谓不大，这和日元屡创新低有莫大的关系。

在这种情况下，如果海外投资者想要享受更多日股红利，可以选择对冲日元汇率波动，货币ETF因此受到关注。

货币ETF旨在追踪外汇兑美元或一篮子货币的表现，底层资产主要包括现金类（现金、货币存款和以某种货币计价的短期债券）和外汇期货合约，以此提供外币敞口。

货币ETF的重要作用之一，便是对冲外汇风险，抵消外汇波动造成的投资组合收益损失。此外，货币ETF的基础作用还包括帮助投资者直接参与外汇市场，获得不同货币的敞口，并利用外汇市场的波动，实现投资组合的多样化。

第一节　货币ETF的主要类别

货币ETF种类颇多，若根据底层资产进行分类，可分为以下几种。

1. 现金类

这类ETF的底层资产主要是现金或现金等价物（货币存款和短期债券等），通常持有美元、欧元、日元等货币，投资者可以通过这类ETF来直接投资某一特定货币。

代表性产品包括Invesco CurrencyShares Japanese Yen Trust（FXY）和Invesco CurrencyShares Euro Trust（FXE）。

FXY为日元ETF，底层资产为日元，旨在追踪日元兑美元的汇率表现。FXE为欧元ETF，资产组合以欧元为主，重点追踪欧元兑美元的汇率波动。

2. 期货合约类

这类ETF的底层资产为外汇期货合约，代表性产品为Invesco DB US Dollar Index Bullish Fund（UUP）。

UUP通过德意志银行美元多头货币组合指数（简称USDX）期货合约，来追踪美元相对于一篮子货币的变动，并且在通过USDX期货合约做多美元的同时，还做空一篮子货币。

第二节 货币ETF主要产品

为满足不同投资者需求，货币ETF通常还会根据货币种类分成美元ETF、欧元ETF和日元ETF等。这为投资者提供了更加灵活且更有针对性的选择，以便更好地构建多元化的外汇投资组合，降低整体投资风险。

1. 美元ETF

美元ETF旨在追踪美元或美元指数的表现，是流动性最强的货币ETF之一。

美元ETF通常追踪美元兑换其他货币（如欧元、日元、英镑等）的汇率表现，或是追踪美元相对于一篮子货币的表现。投资方式众多，包括持有现金、货币存款、短期债券以及与美元相关的外汇期货合约。

在具体产品方面，上文提及的UUP和WisdomTree Bloomberg US Dollar Bullish Fund（USDU）颇具代表性。

其中UUP作为被动管理型ETF，是资金管理规模最大的美元ETF。USDU规模也位居前列，它的基准指数为彭博美元总回报指数（简称BBDXT），类型为主动管理型ETF。

截至2024年4月，UUP持仓情况如表2-7-1所示。

表2-7-1　UUP持仓情况

ETF	UUP	
跟踪指数	德意志银行美元多头货币组合指数	
期货合约持仓及占比	欧元	57.60%
	日元	13.60%
	英镑	11.90%
	加拿大元	9.10%
	瑞典克朗	4.20%
	瑞士法郎	3.60%
费率	0.77%	

费率：UUP的费率比USDU高，前者费率为0.77%，后者费率为0.5%。

持仓：UUP和USDU在持仓方面差异明显。UUP重点关注G10发达国家货币。在其期货合约持仓中，欧元权重接近60%，没有对澳元或其他新兴经济体货币的敞口。USDU的持仓包括短期、高质量的固收产品（比如短期美债）和期货合约。在其期货合约持仓中，欧元的权重被大幅缩减，但包含了被UUP剔除在外的澳元和墨西哥比索，此外还提供对人民币、韩元等新兴市场货币的敞口。

2. 欧元ETF

欧元ETF旨在追踪欧元相对于其他货币（通常是美元）的表现，通常投资与欧元相关的金融资产，如欧元存款、欧元债券等。如果投资组合中有和欧元挂钩的资产，持有欧元ETF则有利于降低欧元与其他货币的汇率波动对组合收益的影响。

Invesco CurrencyShares Euro Trust（FXE）是欧元ETF中资金管理规模最大的产品，FXE允许投资者通过在存款账户中持有实物欧元来获取收益。这意味着，FXE可能采取了一种直接持有外汇的形式，而不是像其他ETF那样持有期货合约或其他金融资产，让投资者可以在存款账户中持有欧元。

截至2024年4月，FXE的持仓情况如表2-7-2所示。

表2-7-2　FXE持仓情况

ETF	FXE	
跟踪标的	欧元兑换美元汇率	
主要持仓及占比	欧元	100%
费率	0.40%	

3.日元ETF

与欧元ETF相似，日元ETF旨在追踪日元兑换美元或其他货币的表现，通常使用日元兑换美元或其他货币的汇率作为基准指数，以反映日元相对于其他货币的价值变化。

通常日元ETF通过购买以日元计价的现金存款、期货合约或与日元相关的金融资产（如日本国债）来获得日元敞口。

其中，Invesco CurrencyShares Japanese Yen Trust（FXY）在规模上遥遥领先，通过持有日元存款来获得日元敞口。截至2024年4月，FXY的持仓情况如表2-7-3所示。

表2-7-3　FXY持仓情况

ETF	FXY	
跟踪标的	日元兑换美元汇率	
主要持仓及占比	日元	100%
费率	0.40%	

Tips

主要美国货币ETF一览（表2-7-4）。

表2-7-4　主要美国货币ETF

ETF		费率	杠杆及反向	底层资产
美元ETF	UUP	0.77%	—	期货合约
	USDU	0.50%	—	期货合约
	UDN	0.78%	−1×	期货合约
欧元ETF	FXE	0.40%	—	现金类
	ULE	0.95%	2×	期货合约
	EUO	0.95%	−2×	期货合约

续表

ETF		费率	杠杆及反向	底层资产
日元ETF	FXY	0.40%	—	现金类
	YCL	0.95%	2×	期货合约
	YCS	0.95%	−2×	期货合约

后　记

对很多国内投资者来说，2023年是开启多元化配置和海外投资的元年。

这一年，QDII基金的产品发行、成立数量创下近10年来的新高，总规模超过4700亿元。懒猫也在这一年上线了"懒猫全球配置组合"以及"懒猫全球稳健组合"。

在与基金投资者的交流过程中，我们明显感觉到大家对海外市场的兴趣越来越浓厚。之所以有这种兴趣，不仅是因为垂涎海外多年大牛市带来的丰厚回报，更是因为希望分散单一市场带来的风险。

资产配置之父Gary Brinson曾说过："做投资决策，最重要的是要着眼于市场，确定好投资类别。从长远看，大约90%的投资收益都来自成功的资产配置。"

资产配置最大的好处是降低组合的波动与回撤，只有找到低相关性的不同资产进行合理搭配，才是控制波动的最佳方法。从历史数据来看，国内资产与海外资产呈现明显更低的相关性。

在投资工具方面，国内也有QDII基金供投资者选择，但常常会面临额度限制、费率偏高、申赎时间较长等问题，产品类别也有较大的拓展空间。

当把视野打开向外探索时，你会发现，海外金融市场提供的工具之丰富、费率之低廉、玩法之多样，远超想象。

如果你是一位激进的科技浪潮追逐者，这里有三倍做多/做空纳指的工具，也有"木头姐"的主动创新ETF；如果你想买点大宗商品抵御通胀风险，这里有黄金、白银、原油、天然气、铜、玉米等不同底层资产的ETF；若你只想退休后每月多一点收入，这里有定期分红的红利ETF和结构化产品可供选择。

ETFGI的统计数据显示，截至2024年2月底，全球ETF行业共有12063种产品、24216个上市品种，总规模达到惊人的12.25万亿美元，创历史新高。

面对纷繁复杂的金融产品，刚接触海外市场的投资者常常感到一头雾水，无从下手，市面上极少有完整体系的投资手册可供参考。想摸清楚这2万多支产品的脉络，显然不是一件容易的事。

本书恰好提供了一份珍贵的指引，从ETF的崛起，到不同产品的入门科普，再到同类产品的详细对比，投资者可以轻松地按图索骥，在本书中找到想要的答案。

本书并未就ETF的发展泛泛而谈，而是用鲜活生动的故事反映资管行业过去50年来翻天覆地的变化，更可贵的是，本书落地到具体产品，打通了海外投资的最后一公里。

无论是对散户投资者，还是对机构投资顾问来说，本书都极具价值，是投资者"出海"的最佳导航手册。

基金博主：懒猫的丰收日
2024年9月